Inhaltsverzeichnis

Achim Zimmermann

Die Abänderbarkeit von Entscheidungen in der freiwilligen Gerichtsbarkeit

PL ACADEMIC RESEARCH

Bibliografische Information der Deutschen Nationalbibliothek
Die Deutsche Nationalbibliothek verzeichnet diese Publikation in der Deutschen Nationalbibliografie; detaillierte bibliografische Daten sind im Internet über http://dnb.d-nb.de abrufbar.

Zugl.: Bayreuth, Univ., Diss., 2012

D 703
ISSN 0531-7312
ISBN 978-3-631-64027-2

www.peterlang.de

Meinen Eltern

Vorwort

Auch nach der Reform der freiwilligen Gerichtsbarkeit ist die Frage der Abänderbarkeit von Entscheidungen eine strittige Materie. Auch in Zukunft wird dieses Thema ein Gebiet für die rechtswissenschaftliche Forschung bleiben. Dies schon deshalb, weil der Gesetzgeber die Vereinheitlichung der Verfahrensordnungen weiterhin im Blick haben wird. Von daher kann diese Arbeit nur einen Beitrag zur Diskussion leisten.

Die Arbeit wurde im Januar 2012 fertig gestellt und hat der Rechts- und Wirtschaftswissenschaftlichen Fakultät im Sommersemester 2012 vorgelegen. Meinem Doktorvater, Herrn Professor Dr. Wolfgang Brehm danke für die fachliche Diskussion, zu der er jederzeit bereitstand. Gleichzeitig möchte ich ihm für die größtmögliche akademische Freiheit danken, die er mir am Lehrstuhl gewährte und von deren Erfahrungen ich heute noch profitiere.

Mein besonderer Dank gilt zudem Herrn Professor Dr. Lutz Michalski für die bereitwillige und sehr zügige Erstellung des Zweitgutachtens sowie Herrn Professor Dr. Karl-Georg Loritz für die Übernahme des Vorsitzes in der Prüfungskommission.

Bayreuth, im Dezember 2012 Achim Zimmermann

Abkürzungsverzeichnis

AöR	Archiv des öffentlichen Rechts
BayObLGZ	Entscheidungen des Bayerischen Obersten Landesgerichts in Zivilsachen
BetrAVG	Gesetz zur Verbesserung der betrieblichen Altersversorgung
BGHZ	Entscheidungen des Bundesgerichtshofes in Zivilsachen
BRAO	Bundesrechtsanwaltsordnung
BT-Drs.	Bundestags-Drucksache
BVerfGE	Entscheidungen des Bundesverfassungsgerichts
CPO	Civilprozeßordnung
DAVorm	Der Amtsvormund
DNotZ	Deutsche Notar-Zeitung
DR	Deutsches Recht, Jahr, Seite
DRiG	Deutsches Richtergesetz
DVBl	Deutsches Verwaltungsblatt
FamFG	Gesetz über das Verfahren in Familiensachen und in den Angelegenheiten der freiwilligen Gerichtsbarkeit
FamRÄndG	Familienrechtsänderungsgesetz
FamRZ	Zeitschrift für das gesamte Familienrecht
FGG	Gesetz über die Angelegenheiten der freiwilligen Gerichtsbarkeit
FGPrax	Praxis der Freiwilligen Gerichtsbarkeit
FrhEntzG	Gesetz über das gerichtliche Verfahren bei Freiheitsentziehung
GBO	Grundbuchordnung
GmbHR	GmbH-Rundschau
HöfeVfO	Verfahrensordnung für Höfesachen
JFG	Jahrbuch für Entscheidungen in Angelegenheiten der freiwilligen Gerichtsbarkeit und des Grundbuchrechts
JR	Juristische Rundschau
JW	Juristische Wochenschrift
JZ	Juristen-Zeitung

KGJ	Jahrbuch für Entscheidungen des Kammergerichts in Sachen der nichtstreitigen freiwilligen Gerichtsbarkeit in Kosten-, Stempel- und Strafsachen
LVO	Verfahrensordnung für Landwirtschaftssachen
LwVG	Gesetz über das gerichtliche Verfahren in Landwirtschaftssachen (LandwirtschaftsverfG)
MDR	Monatsschrift für Deutsches Recht
MittBayNot	Mitteilungen des Bayerischen Notarvereins, der Notarkasse und der Landesnotarkammer Bayern
NdsRpfl	Niedersächsische Rechtspflege
NJW	Neue Juristische Wochenschrift
NJWE-FER	NJW-Entscheidungsdienst Familien- und Erbrecht
NJW-RR	NJW-Rechtsprechungs-Report
NVwZ	Neue Zeitschrift für Verwaltungsrecht
NZI	Neue Zeitschrift für das Recht der Insolvenz und Sanierung
OLGRspr	Die Rechtsprechung der Oberlandesgerichte auf dem Gebiete des Zivilrechts
OLGZ	Entscheidungen der Oberlandesgerichte in Zivilsachen einschließlich der Freiwilligen Gerichtsbarkeit
PrFGG	Preußisches Gesetz über die freiwillige Gerichtsbarkeit vom 21. September 1899
Recht	Das Recht
RGZ	Entscheidungen des Reichsgerichts in Zivilsachen
RJA	Entscheidungen in Angelegenheiten der freiwilligen Gerichtsbarkeit und des Grundbuchrechts, zusammengest. im Reichsjustizamt
RNotZ	Rheinische Notar-Zeitschrift
ROHGE	Entscheidungen des Reichs-Oberhandelsgerichts
Rpfleger	Der deutsche Rechtspfleger
SchiffsRegO	Schiffsregisterordnung
SchlHA	Schleswig-Holsteinische Anzeigen
SeuffA	Seufferts Archiv für Entscheidungen der obersten Gerichte in den deutschen Staaten

StAZ	Zeitschrift für Standesamtswesen (ab 1949: Das Standesamt)
VerschÄndG	Gesetz zur Änderung von Vorschriften des Verschollenheitsrechts
VerschG	Verschollenheitsgesetz
VersR	Zeitschrift für Versicherungsrecht, Haftungs- und Schadensrecht
VIZ	Zeitschrift für Vermögens- und Immobilienrecht
VwGO	Verwaltungsgerichtsordnung
VwVfG	Verwaltungsverfahrensgesetz
WEG	Gesetz über das Wohnungseigentum und das Dauerwohnrecht (Wohnungseigentumsgesetz)
WuM	Wohnungswirtschaft und Mietrecht
ZBlFG	Zentralblatt für freiwillige Gerichtsbarkeit, Notariat und Zwangsversteigerung
ZEV	Zeitschrift für Erbrecht und Vermögensnachfolge
ZRP	Zeitschrift für Rechtspolitik
ZZP	Zeitschrift für Zivilprozeß

A. Einleitung

Schon im Jahre 1937 wurde das FGG als grundsätzlich reformbedürftig angesehen.[1] Jedoch erst im Jahre 1964 wurde eine Kommission für das Recht der freiwilligen Gerichtsbarkeit durch das Bundesministerium der Justiz eingerichtet. Deren Aufgabe war es, „Vorschläge zur Verbesserung des Verfahrens in Angelegenheiten der freiwilligen Gerichtsbarkeit“ zu erarbeiten.[2] Ergebnis der Arbeit dieser Kommission war der Entwurf einer Verfahrensordnung für die freiwillige Gerichtsbarkeit (FrGO). Diese sollte das FGG ablösen.[3] Zwar wurde zur Überprüfung der Überlegungen ein Praxistest durchgeführt. Dennoch konnte sich der Entwurf nicht durchsetzen. Denn im Jahre 1979 wurde das Gesetz[4] zur Neuregelung des Rechts der elterlichen Sorge verabschiedet. Daraufhin wurde eine Reform der freiwilligen Gerichtsbarkeit nicht mehr als notwendig erachtet, zumal das Beurkundungsrecht bereits mit einem eigenen Gesetz reformiert worden war.[5]

Ein neuer Schub für eine Novellierung kam im Jahre 2000 mit einer Entscheidung des Bundesverfassungsgerichts[6] zum Vorbescheid. Daraufhin folgten über die Jahre verteilt mehrere Expertentagungen, woraus verschiedene Probleme der bestehenden Rechtslage benannt wurden. Die Vorschriften freiwillige Gerichtsbarkeit wurden allgemein als wenig systematisch angesehen.[7] Zu diesen Schwächen zählte unter anderem die Anfechtbarkeit von Zwischenentscheidungen sowie das unklare Verhältnis von § 18 FGG zu den Rechtsmitteln.[8] Mitte 2005 wurde der Referentenentwurf des Gesetzes zur Reform des Verfahrens in Familiensachen und in den Angelegenheiten der freiwilligen Gerichtsbarkeit (FGG-Reformgesetz) veröffentlicht. Dieser Entwurf wurde später nochmals erweitert und teilweise auch überarbeitet.[9] Dabei enthielt dieser Entwurf in Art. 1 das Gesetz über das Verfahren in Familiensachen und in den Angelegenheiten der freiwilligen Gerichtsbarkeit (FamFG). Zum 1. September 2009 trat dieser Entwurf mit einzelnen Modifikationen in Kraft.

---

1 Jansen/v. Schuckmann, Einl., Rn. 38.
2 Vogel, Kommissionsbericht, S. 3.
3 Jansen/v. Schuckmann, Einl., Rn. 41.
4 Gesetz zur Neuregelegung des Rechts der elterlichen Sorge vom 18. Juli 1979 (BGBl. I S. 1061).
5 v. Schuckmann, RpflStud 2002, 170.
6 BVerfG Rpfleger 2000, 205 ff.
7 Unberath, FS Werner, S. 570.
8 v. Schuckmann, RpflStud 2002, 171.
9 Jansen/v. Schuckmann, Einl., Rn. 64.

B. Bindungswirkung im Verfahren

I. Innerprozessuale Bindung

§ 318 ZPO enthält eine Regelung, nach der ein Gericht an die von ihm im selben Verfahren erlassenen Entscheidungen, die in End- und Zwischenurteilen enthalten sind, gebunden ist. Dies hat zur Folge, dass das Gericht dieses Urteil nicht selbst aufheben oder abändern kann – abgesehen von einzelnen Ausnahmen wie etwa einer Berichtigung oder Ergänzung im Rahmen der §§ 319 ff. ZPO[10] –, also weder durch einen Widerruf der Verkündung noch durch eine neue Entscheidung in derselben Sache.[11] Sofern das Gericht neue Erkenntnisse in der Sache erlangt, sind diese für dieses Gericht unbeachtlich. Umgekehrt muss das Gericht die von ihm ausgesprochene Rechtsfolge für das weitere Verfahren zu Grunde legen, soweit über die gestellten Anträge entschieden wurde.[12]

Diese Bindung innerhalb der Instanz hat inhaltlich dieselbe Bedeutung wie die materielle Rechtskraft für das Gericht eines neuen Prozesses.[13] Jedoch unterscheidet sich diese von der materiellen Rechtskraft dadurch, dass sie zu ihrer Wirksamkeit nicht die formelle Rechtskraft im Sinne des § 705 ZPO voraussetzt, sondern bereits bei Erlass des Urteils eintritt.[14] Die Gründe für diese Bindung sind verschieden: Zunächst kommt die Rechtssicherheit in den Blickwinkel. Die Gerichte beanspruchen als Träger hoheitlicher Gewalt im Interesse der ihnen zugewiesenen Aufgaben eine Autorität und bekommen zugleich vom Rechtssuchenden ein Vertrauen entgegengebracht, womit eine Aufhebung oder Abänderung der Entscheidung durch das jeweilige erkennende Gericht unvereinbar wäre.[15] Ferner setzt ein effektiver Rechtsschutz die Möglichkeit voraus, private Rechte in jeder Hinsicht verbindlich festzustellen.[16] Die innerprozessuale Bindung ist dadurch gerechtfertigt, dass den Parteien das Rechtsmittelverfahren offen steht, innerhalb dessen eine Aufhebung oder Änderung der Entscheidung möglich ist.[17]

In der freiwilligen Gerichtsbarkeit findet sich keine der Vorschrift des § 318 ZPO entsprechende Norm. Lediglich in Ehesachen und Familienstreitsachen verweist § 113 Abs. 1 Satz 2 FamFG auf die ZPO-Vorschriften über das landge-

10 Stein/Jonas/Leipold, § 318, Rn. 16.
11 BGH NJW 1966, 931 [932]; MDR 1969, 1016 [1017].
12 BGH NJW 1969, 1253 [1254 f.].
13 BGH LM Nr. 7; LM § 301 Nr. 22; BGHZ 51, 131.
14 Stein/Jonas/Leipold, § 318, Rn. 1.
15 Musielak, § 318, Rn. 1.
16 Wieczorek/Schütze/Rensen, § 318, Rn. 1.
17 Hk-ZPO/Saenger, § 318, Rn. 1.

richtliche Verfahren. Ausdrücklich nicht in das FamFG übernommen wurde vom Gesetzgeber eine Vorschrift nach dem Vorbild des § 18 FGG, der es dem Gericht erlaubt, eine von ihm erlassene Entscheidung abzuändern, wenn sich diese nachträglich als unrichtig erweist.[18] Auch im FGG war eine dem § 318 ZPO entsprechende Regelung nicht normiert. Deshalb wurde zunächst eine Unterscheidung nach den einzelnen Verfahrensarten getroffen.

1. Bindungswirkung in Streitsachen

In Literatur[19] und Rechtsprechung[20] bestand für das FGG Einigkeit darüber, in den echten Streitsachen eine innerprozessuale Bindungswirkung in Anlehnung an die Grundsätze des § 318 ZPO anzuerkennen. Die Gründe liegen hier in der Rechtssicherheit. Da sich bei den Streitsachen die Beteiligten wie im Zivilprozess auch gegenüberstehen, ist eine entsprechende Interessenlage auch in den entsprechenden Fällen der freiwilligen Gerichtsbarkeit gegeben. Durch das FamFG hat sich an dieser Situation nichts geändert. Jedoch ist die Antwort auf die Frage nach einer innerprozessualen Bindungswirkung außerhalb der Streitsachen unklar.

2. Bindungswirkung außerhalb der Streitsachen

Außerhalb der Streitsachen entsprach es allgemeiner Meinung, dass eine innerprozessuale Bindung in den Verfahren der freiwilligen Gerichtsbarkeit nicht bestand.[21] Vielmehr wurde davon ausgegangen, dass § 18 Abs. 1 FGG die jederzeitige freie Abänderung zuließ.[22] Insofern wurde sogar von der Spiegelbildlichkeit des § 18 Abs. 1 FGG zu § 318 ZPO gesprochen.[23] Grund hierfür war der Charakter der freiwilligen Gerichtsbarkeit im Gegensatz zum Zivilprozess: Diese ist geprägt durch die Fürsorge gegenüber den Beteiligten. Dabei steht die Wahrung des öffentlichen Interesses oder des zu einem öffentlichen Anliegen gemachten Privatinteresses im Vordergrund.[24] *Baur* forderte deshalb eine der Verwaltung ähnliche „Beweglichkeit". Denn der Verfahrenszweck würde nicht

---

18 Regierungsbegründung, S. 436.
19 Baur, § 24 A II, Gäbelein, JZ 1955, 260; Bötticher, JZ 1956, 582 [584]; Dorndorf, S. 136 f.
20 BayObLG FGPrax 2005, 10.
21 Baur, § 24 B I 2; Habscheid, § 27 II 1; Brehm, Rn. 362.
22 Lent, 3. Aufl., § 18 I; Habscheid, § 27 I 2.
23 Dorndorf, S. 135.
24 Baur, § 24 A II 2.

erreicht werden, wenn der Richter dazu gezwungen wäre, unter allen Umständen an der einmal getroffenen Entscheidung festzuhalten. *Habscheid*[25] führte ferner an, dass eine innerprozessuale Bindung für diese Verfahren schon deshalb abzulehnen sei, um zu vermeiden, dass Irrtümer des Gerichts zu Lasten der Beteiligten gehen sollen.

a.) Meinungsstand

Auch für die Verfahren des FamFG sollen diese Grundsätze Anwendung finden. Sofern das Gericht noch mit der Angelegenheit befasst ist, also noch keine formelle Rechtskraft eingetreten ist und eine höhere Instanz damit noch nicht angerufen wurde, darf das Gericht seine Entscheidung im gleichen Verfahren noch abändern.[26] *Brehm*[27] fordert in diesem Zusammenhang, den Beteiligten rechtliches Gehör zu gewähren. Durch diese Voraussetzung verengt sich jedoch der Zeitraum, in dem eine Abänderung der Entscheidung noch möglich ist. Als Gründe hierfür führt *Brehm* an, dass einerseits eine Abänderung nicht davon abhängen kann, dass einer der Beteiligten gegen den Beschluss ein Rechtsmittel einlegt. Andererseits dürfen Fehler des Gerichts im Fürsorgeverfahren nicht auf die Beteiligten abgewälzt werden.

Andere[28] stellen zunächst fest, dass im FamFG eine klare, dem § 318 ZPO entsprechende Regelung über die innerprozessuale Bindung nicht existiere. Eine Norm, die einen dem § 18 Abs. 1 FGG ähnlichen Regelungsgehalt vorgibt, wollte der Gesetzgeber bewusst nicht einführen; § 18 Abs. 1 FGG sollte nicht vollständig übernommen werden.[29] Auch eine dem § 318 ZPO entsprechende Norm lässt sich somit im FamFG nicht finden, abgesehen von der Verweisungsnorm des § 113 Abs. 1 Satz 2 FamFG auf die ZPO-Vorschrift. Insofern wird die Aussage des § 318 ZPO lediglich als eine Selbstverständlichkeit betrachtet. Die Norm muss für verfahrensabschließende Entscheidungen gelten, damit der Verfahrenszweck erreicht werden kann.[30] Insofern stellt *Ulrici* fest, dass eine innerprozessuale Bindungswirkung in allen Verfahren auch ohne die Anordnung des § 318 ZPO bestehe. Eine Ausnahme soll nur dort bestehen, wo die Eigenart des Verfahrens eine solche Bindungswirkung ausschließe. *Ulrici* benennt hierfür aber keine konkreten Ausnahmefälle. Vertreten wird ferner, dass der Gesetzgeber in Abkehr von der Regelung des § 18 Abs. 1 FGG nunmehr nur noch den

---

25 Habscheid, § 27 I 2.

26 Brehm, 4. Aufl., § 16, Rn. 3.

27 Brehm, 4. Aufl., § 16, Rn. 3.

28 MüKo-ZPO/Ulrici, § 48 FamFG, Rn. 23; Jacoby, FamRZ 2007, 1707.

29 BT-Drs. 16/6308, S. 198.

30 MüKo-ZPO/Ulrici, § 48 FamFG, Rn. 23.

Gehalt des § 18 Abs. 2 FGG in das FamFG übernehmen wollte. Für § 18 Abs. 2 FGG wurde jedoch die innerprozessuale Bindungswirkung zugunsten des Rechtsmittelgerichts bejaht.[31] Diesem Umstand soll ferner entnommen werden können, dass selbst in Fürsorgesachen kein genereller Bedarf für eine Selbstkorrektur festzustellen war. Weiterhin wird das Argument, Fehler in der gerichtlichen Entscheidung insbesondere in Fürsorgesachen sollen nicht zu Lasten der Beteiligten gehen, als Scheinargument bezeichnet.[32] Denn dieses Argument gehe davon aus, dass die spätere Entscheidung richtig und die frühere Entscheidung falsch ist. Dies sei jedoch nicht die zwangsläufige Konsequenz. Zusammenfassend wird davon ausgegangen, dass die Eigenarten der Verfahren der freiwilligen Gerichtsbarkeit einer innerprozessualen Bindungswirkung nicht entgegenstehen. Ein Abänderungsverbot im Sinne des § 318 ZPO bestehe auch im FamFG-Verfahren, soweit das Gesetz nichts Gegenteiliges normiert.

b.) Stellungnahme

Die innerprozessuale Bindungswirkung stellt keine Selbstverständlichkeit dar. Zwar mag sie aus Gründen der Zweckmäßigkeit notwendig sein, ein Prozess lässt sich jedoch auch ohne diese Wirkung führen.

Auch aus den Materialien zur Zivilprozessordnung ergibt sich nicht, dass es sich bei der innerprozessualen Bindung um eine schon immer vorhandene Selbstverständlichkeit handelt. Dort wird lediglich festgestellt, dass diese Wirkung „in Übereinstimmung mit § 279[33] von den neueren Prozeßgesetzen und Prozeßgesetzentwürfen anerkannt"[34] wird. Dies zeigt, dass bis zu diesem Entwurf von ganz anderen Voraussetzungen ausgegangen wurde. Erst § 279 des ZPO-Entwurfes statuierte diese Bindungswirkung, die im Folgenden von anderen Prozessordnungen aufgegriffen wurde.

Zur Beschreibung der Prinzipien der freiwilligen Gerichtsbarkeit wird – zumindest für Teilbereiche des Öfteren ein Vergleich zum Verwaltungsrecht gezogen.[35] Wird dieses Argument jedoch einer näheren Betrachtung unterzogen, so ist zu erkennen, dass auch dort verfahrensabschließende Entscheidungen vorliegen, aber eine inner-„prozessuale" Bindungswirkung nicht etabliert ist. Im Gegenteil: Das Verwaltungsrecht kennt ausdrückliche Abänderungsmöglichkeiten, die trotz Bestandskraft eine Korrektur von Entscheidungen zulassen. Zu nennen sind hier einerseits §§ 48, 49 VwVfG sowie andererseits § 51 VwVfG. Im Rah-

31 Rothe, S. 53; Klüsener, Rn. 103.
32 MüKo-ZPO/Ulrici, § 48 FamFG, Rn. 23.
33 Gemeint ist § 279 des Entwurfes, aus dem später § 318 ZPO hervorging.
34 Hahn/Mugdan, S. 288.
35 Brehm, § 1, Rn. 10 ff.

men der §§ 48 und 49 VwVfG wird der Verwaltungsbehörde die Möglichkeit eingeräumt, rechtswidrige bzw. rechtmäßige unanfechtbare Verwaltungsakte aufzuheben. § 51 VwVfG lässt zu, dass auf Antrag des Adressaten eines Verwaltungsaktes dieser aufgehoben oder geändert werden kann, selbst wenn er bereits unanfechtbar ist. Insofern stellt die innerprozessuale Bindungswirkung keine Selbstverständlichkeit dar, wie die Vertreter der Gegenansicht darstellen. Die Möglichkeiten der Verwaltungsbehörde zur Änderung ihrer eigenen Entscheidungen sind lediglich durch den Vertrauensschutz sowie durch zwingende Regelungen des materiellen Rechts beschränkt. Ansonsten kann die Verwaltung ihre Entscheidungen nach pflichtgemäßem Ermessen revidieren.[36] Insofern kann noch lange nicht von einer (prozessrechtlichen) Selbstverständlichkeit gesprochen werden, die § 318 ZPO ausdrücken soll.

Ferner enthält § 318 ZPO nicht nur eine Bindung an die Entscheidungen, die in Endurteilen ergangen sind. Sondern diese bezieht sich auch auf Zwischenurteile. Insofern erstreckt sich eine Regelung auf letztlich zwei verschiedene Arten von Entscheidungen. Was von der Gesetzgebungstechnik zu einer Vereinfachung führt, bringt jedoch auch Unklarheiten mit sich. So ist die Bindung des Gerichts an seine eigenen Zwischenentscheidungen noch eher eine Selbstverständlichkeit als die an seine Endentscheidungen. Denn die Gefahr von widersprüchlichen Urteilen ist bei Ersteren um einiges höher anzusetzen als bei Letzteren.

Weiterhin lässt sich nicht erklären, warum doch so viele Ausnahmen für die innerprozessuale Bindungswirkung bestehen, wenn sie solch eine Selbstverständlichkeit darstellen soll. Und diese Ausnahmen sind teilweise erheblich – und das umso mehr für die Praxis. Zu nennen ist in diesem Zusammenhang der Einspruch gegen ein Versäumnisurteil nach den §§ 338, 342 ZPO. Dieser Rechtsbehelf stellt die in der Praxis am häufigsten angewandte Ausnahme dar. Aber auch die Wiedereinsetzung in den vorigen Stand (§ 233 ZPO) ist nicht weniger relevant. Auch im einstweiligen Rechtsschutz kann das erkennende Gericht seine Entscheidung auf Antrag überdenken und sie wegen veränderter Umstände abändern (§ 927 Abs. 1 ZPO). Weitere Ausnahmen bestehen im Wiederaufnahmeverfahren (§§ 584, 590 Abs. 1 ZPO) und bei Zwischenurteilen über Prozessvoraussetzungen, die nur über die jeweilige Sachlage entscheiden.[37] Die §§ 319 ff. ZPO lassen ebenso eine Korrektur durch das erkennende Gericht im Rahmen des ursprünglichen Urteils zu.[38] Wenn so viele Ausnahmen existieren,

36 Stelkens/Bonk/Sachs, § 43, Rn. 33.
37 Stein/Jonas/Leipold, § 318, Rn. 14.
38 Stein/Jonas/Leipold, § 318, Rn. 16.

die teils erhebliche Relevanz besitzen, dann kann nur noch schwer von einer Selbstverständlichkeit gesprochen werden.

Selbst das Verfassungsrecht sieht eine innerprozessuale Bindungswirkung nicht als zwangsläufig an. Zwar sind die Entscheidungen der Gerichte in besonderem Maße auf Beständigkeit angewiesen, um den Rechtsfrieden dauerhaft zu sichern. Dem steht jedoch gegenüber, dass die gerichtlichen Entscheidungen dem Grundsatz der Gesetzmäßigkeit entsprechen müssen. Dieses Spannungsverhältnis lässt sich zwar durch Aufhebungs- und Abänderungs- sowie Abweichungsverbote auflösen.[39] Daraus folgt jedoch nicht, dass die innerprozessuale Bindungswirkung eine Selbstverständlichkeit darstellt. Vielmehr zeigt dies, dass sie nur ein Aspekt unter vielen in einem Geflecht aus mannigfaltigen Regelungen ist, das dazu gestrickt wurde, Prozesse sachnah, effektiv und unter rechtsstaatlichen Gesichtspunkten für alle Parteien zufriedenstellend durchführen zu können.

Eine innerprozessuale Bindungswirkung widerspricht in weiten Bereichen den Grundsätzen und Eigenarten der freiwilligen Gerichtsbarkeit. Hier überwiegt der Aspekt der Fürsorge zugunsten der jeweiligen Beteiligten. Eine Konstellation wie im Zivilprozess, in der sich zwei Parteien gegenüberstehen und es im Rahmen einer kontradiktorischen Entscheidung von vornherein darum geht, zu klären, wer in dem jeweiligen Rechtsstreit obsiegt, ist der freiwilligen Gerichtsbarkeit in weiten Zügen fremd. Hier geht es vielmehr darum, eine Lösung für die Beteiligten zu finden, die einerseits der materiellen Lage gerecht wird, andererseits aber auch auf die individuelle Situation der Beteiligten eingeht. Und diese Suche nach solch einer adäquaten Lösung muss dem Gericht auch die Möglichkeit eröffnen, seine eigenen Entscheidungen auch nach deren Erlass nochmals zu überprüfen und gegebenenfalls zu korrigieren. Ansonsten wären sowohl das Gericht als auch die Beteiligten der Gefahr ausgesetzt, dass eine Entscheidung getroffen wird, die der jeweiligen Lebenslage eklatant widerspricht, aber nicht mehr korrigiert werden kann. Das Argument, statt einer Abänderung einer Entscheidung unter Umgehung der innerprozessualen Bindungswirkung stehe den Beteiligten auch die Möglichkeit zur Verfügung, Rechtmittel einzulegen, kann nicht überzeugen. Schon aus prozessökonomischen Gründen ist die Forderung nach deren Einlegung nicht nachvollziehbar. Hier stellt sich die Frage, warum eine höhere Instanz sich mit einer Entscheidung neu befassen sollte, wenn die Ausgangsinstanz bereits den notwendigen Prozessstoff gesichtet hat, etwaige Zeugen vernommen und sich mit entsprechenden Sachverständigengutachten auseinandergesetzt hat. Insofern ist die erste Instanz erheblich sachnäher als jede nachfolgende. Auch sollte dabei die örtli-

39 Maunz/Dürig/Greszick, Art. 20 VII, Rn. 101.

che Nähe nicht übersehen werden. Zumal wenn es darum geht, einzelne Beteiligte persönlich kennenzulernen. Gerade bei den Entscheidungen in der freiwilligen Gerichtsbarkeit ist die persönliche Präsenz der Beteiligten ein für die Entscheidungsfindung nicht zu unterschätzender Faktor. Gerade bei älteren Menschen ist es besonders wichtig, dass das Gericht so nah wie möglich an deren Wohnsitzen tagen kann; lange Wege sind für diesen Personenkreis oft beschwerlich.

Ferner stellt sich die Frage, ob es den Beteiligten zuzumuten ist, wenn diese für teilweise mehrere Jahre auf eine Entscheidung warten müssen. Vor allem die freiwillige Gerichtsbarkeit sieht sich der Forderung nach einer schnellen Entscheidung ausgesetzt. Denn hier sind oft existenzielle Fragen zu beantworten, welche die Beteiligten in ihrem Alltagsleben grundlegend berühren. Für den Rechtsschutzsuchenden ist es dann nicht nachvollziehbar, warum er allein aus Gründen der Prozessrechtsdogmatik gegen die ihn betreffende Entscheidung Rechtsmittel erheben soll, wenn doch ein Gericht existiert, dass diese schneller und effektiver anpassen könnte.

Ein weiterer Gedanke, der in diesem Zusammenhang nicht aus den Augen verloren werden sollte, ist die aus dem Verwaltungsrecht stammende Selbstkontrolle der Ausgangsinstanz. Dahinter verbirgt sich die Überlegung, dass dieser die Möglichkeit gegeben werden soll, den Fall gründlicher zu prüfen und eine weitere Sachaufklärung voranzutreiben.[40] Ein weiterer Vorteil liegt in der Entlastung der Gerichte.[41] Die Ausgangsinstanz, die sich bereits mit der Sache auseinandergesetzt hat, prüft den Sachverhalt nochmals. Dahingegen muss die höhere Instanz sich in den Fall von Anfang an gänzlich neu einarbeiten; sie besitzt noch keinerlei Sachkenntnis. Die Ausgangsinstanz kann im Vergleich zu den höheren Instanzen somit viel schneller und flexibler auf eine Änderung der Sachlage reagieren.

II. Materielle Rechtskraft

1. Materielle Rechtskraft in der freiwilligen Gerichtsbarkeit

Das FGG enthielt keine Regelung zur materiellen Rechtskraft. Ebenso verhält es sich beim FamFG. Der Gesetzgeber wollte an diesem Umstand auch nichts ändern. Diesbezüglich lässt sich den Gesetzesmaterialien nichts Entsprechendes

40 BVerwG NJW 1966, 750.

41 v. Mutius, S. 125; Bettermann, DVBl. 1959, 311.

entnehmen.[42] Allerdings stellt das FamFG nunmehr den Beteiligten für alle verfahrensabschließenden Entscheidungen ein befristetes Rechtsmittel zur Verfügung, jedoch nicht mehr die Möglichkeit einer Abänderung wie im Rahmen des § 18 Abs. 1 FGG.

Die materielle Rechtskraft ist eine von mehreren Wirkungen, die eine gerichtliche Entscheidung entfalten kann. Die Gesamtheit dieser Wirkungen kann als Urteilskraft,[43] oder übertragen auf die freiwillige Gerichtsbarkeit, als Entscheidungswirkung bezeichnet werden. Zu diesen Wirkungen zählt neben der materiellen Rechtskraft auch die innerprozessuale Bindungswirkung. Dabei bezieht sich letztere auf die Frage, inwiefern Zwischen- und Endurteile bereits vor Eintritt der formellen Rechtskraft innerhalb der Instanz das Gericht binden. Ein Vergleich der innerprozessualen Bindungswirkung mit der materiellen Rechtskraft führt zu dem Ergebnis, dass erstere innerhalb der Instanz dieselbe Wirkung entfaltet wie letztere für das Gericht eines zweiten Prozesses.[44]

Die materielle Rechtskraft zeitigt wiederum ihre eigene Wirkung, die sich insbesondere bei der Erhebung einer späteren Klage auswirkt. In diesem Fall stellt sich die Frage, inwiefern eine Rechtsfolge, über die bereits positiv oder negativ entschieden wurde, in diesem späteren Prozess zu berücksichtigen ist; ob also die vorherige Entscheidung im nachfolgenden Verfahren als Vorfrage von Bedeutung ist.[45] Bestandteil der materiellen Rechtskraft ist demnach die Präjudizialität.[46] Diese ist ein wesentlicher Bestandteil der materiellen Rechtskraft im Zivilprozess. Sie führt dazu, dass eine im ersten Prozess rechtskräftig festgestellte Rechtsfolge einem zweiten Prozess zugrundegelegt und im Folgeprozess nicht mehr in Frage gestellt werden kann, da über sie bereits bindend erkannt wurde.[47] Für die streitigen Verfahren der freiwilligen Gerichtsbarkeit ist mit der Anerkennung der materiellen Rechtskraft auch die Präjudizialitätswirkung verbunden.[48] Diese Wirkung hat auch denselben Inhalt wie im Zivilprozess.[49]

Die Funktion der materiellen Rechtskraft besteht darin, die Beteiligten daran zu hindern, den jeweiligen Rechtsstreit nach einer bereits ergangenen Entschei-

---

42 Prütting/Helms/Abramenko, § 45 FamFG, Rn. 9.

43 Stein/Jonas/Leipold, § 322, Rn. 7; Leipold, Urteilswirkung und Rechtsfortbildung, S. 165.

44 Stein/Jonas/Leipold, § 318, Rn. 1.

45 Stein/Jonas/Leipold, § 322, Rn. 194.

46 Stein/Jonas/Leipold, § 322, Rn. 40.

47 Wieczorek/Schütze, § 322, Rn. 66; Stein/Jonas/Leipold, § 322, Rn. 40; BGHZ 42, 340, 351, Koussoulis, S. 229 ff.

48 Habscheid, § 29 I 1; Baur, § 25 II 2c; Brehm, 4. Aufl., § 17, Rn. 7.

49 Habscheid, § 29 I 1; Smid, JuS 1996, 54.

dung nochmals vor Gericht zu bringen. Dabei sind zwei Voraussetzungen für den Eintritt der materiellen Rechtskraft zu erfüllen: Zunächst muss die formelle Rechtskraft eingetreten sein. Weiterhin müssen die Beteiligten identisch sein.[50] Ausreichend ist hier, dass die maßgeblichen Schriftsätze wie auch die Entscheidung selbst zugestellt wurden und der entsprechende Adressat dadurch die Möglichkeit erhielt, einerseits zum Verfahren Stellung zu nehmen und andererseits die Entscheidung anzufechten.[51] Dies bedeutet im Umkehrschluss, dass gegenüber Personen, die am jeweiligen Verfahren nicht beteiligt waren, eine Entscheidung auch keine materielle Rechtskraft entfalten kann.

Ohne die materielle Rechtskraft würde der Zweck des Prozesses in Frage gestellt werden. Dieser Zweck liegt darin, zwischen den Beteiligten den Schutz privater Rechte zu gewährleisten sowie Rechtsfrieden und Rechtssicherheit herzustellen.[52] Daraus lässt sich wiederum die prozessuale Wirkung der materiellen Rechtskraft ableiten: Diese ist durch die Einmaligkeit des zu gewährenden Rechtsschutzes geprägt, was dazu führt, dass bei einem erneuten Rechtsschutzgesuch mit demselben Streitgegenstand die Klage als unzulässig anzusehen ist.[53] Dieser Umstand, ohne den der Zivilprozess nicht auskommt, führt jedoch in der freiwilligen Gerichtsbarkeit zu Problemen. Hier gibt es Konstellationen, bei denen es unumgänglich ist, über ein Rechtsschutzgesuch, bezüglich dessen bereits abschließend eine Entscheidung getroffen wurde, nochmals in einem neuen Verfahren zu entscheiden. Dies verschärft sich noch durch den Umstand, dass die freiwillige Gerichtsbarkeit – im Gegensatz etwa zur ZPO – verschiedenartige Verfahren zusammenfasst[54] und insofern keine einheitlichen Verfahrensgrundsätze aufweist. Als weiteres Problem kommt hinzu, dass der Anwendungsbereich im Laufe der Zeit immer mehr erweitert wurde. Zu den zunächst bestehenden „klassischen" Bereichen der freiwilligen Gerichtsbarkeit, nämlich den Vormundschafts-, Nachlass-, Register- und Urkundssachen wurden weitere Gebiete hinzugefügt, wie zum Beispiel die Wohnungseigentumssachen.[55] Gerade diese neuen Elemente führten dazu, dass in der freiwilligen Gerichtsbarkeit zunehmend streitige Entscheidungen getroffen wurden. Dies warf immer drängender die Frage nach einer materiellen Rechtskraft von Verfügungen nach dem FGG auf. Gerade diese Verschiedenartigkeit der einzelnen Verfahrensbereiche in der freiwilligen Gerichtsbarkeit lässt es nicht zu, die Frage, ob und unter welchen

---

50 BayObLG NJW 1996, 3217 [3218]; NJWE-FER 1998, 66.

51 BGH NJW 1981, 282.

52 Stein/Jonas/Leipold, § 322, Rn. 27.

53 Stein/Jonas/Leipold, § 322, Rn. 36.

54 Brehm, Rn. 3.

55 Keidel/Kuntze/Schmidt, Einl., Rn. 5; nunmehr wieder aus der freiwilligen Gerichtsbarkeit ausgegliedert.

Bedingungen eine materielle Rechtskraft in dieser Gerichtsbarkeit wirkt, auf das gesamte FG-Verfahren bezogen zu beantworten. Aufgrund einer fehlenden Regelung im FamFG sind nunmehr die zur bisherigen Rechtslage entwickelten Grundsätze zur Beurteilung der Frage nach einer materiellen Rechtskraft in der freiwilligen Gerichtsbarkeit heranzuziehen.[56]

2. Ablehnung der materiellen Rechtskraft

Vor allem in der älteren Literatur und Rechtsprechung wurde für das Verfahren der freiwilligen Gerichtsbarkeit die Entstehung materieller Rechtskraft gänzlich verneint.

Begründet wurde dies zunächst mit dem Argument, das öffentliche Interesse an der Möglichkeit, eine bereits getroffene – insbesondere unrichtige – Entscheidung später noch aus der Welt zu schaffen, überwiege das Interesse der Beteiligten, Rechtssicherheit zu erlangen. Dabei müsse die Rechtssicherheit schon deshalb zurücktreten, weil das FGG nicht der Schlichtung von Privatstreitfällen diene. Vielmehr gehe es dabei um Verfügungen, die durch das öffentliche Interesse getragen werden. Im Gegensatz dazu stelle die Entscheidung über Privatstreitigkeiten keine Handlung im öffentlichen Interesse dar, sondern es werde lediglich das bestehende staatliche System genutzt. Dies zeige vor allem der Umstand, dass über Privatfälle auch vor Schiedsgerichten entschieden werden kann, während ein solches für die der freiwilligen Gerichtsbarkeit zugewiesenen Fälle nicht möglich sei. In der freiwilligen Gerichtsbarkeit seien ferner Erwägungen zur Zweckmäßigkeit der einzelnen Entscheidung notwendig. Dies sei dem Zivilprozess völlig fremd.[57]

Auch bei den sog. echten Streitsachen scheidet nach dieser Ansicht eine materielle Rechtskraft aus. Dies soll sich daran zeigen, dass im FGG keine materielle Rechtskraft vorgesehen war; es sei bewusst darauf verzichtet worden. Grund hierfür war, dass das Gesetz diesen Streitsachen eine Sonderstellung einräumen wollte. Diese Sonderstellung solle dem Richter die Möglichkeit eröffnen, ungebunden zu entscheiden. Insbesondere sollte dieser nicht daran gehindert werden, der objektiven Wahrheit nachzuspüren und dementsprechende Regelungen zu treffen.

Letztlich spreche auch gegen eine materielle Rechtskraft in der freiwilligen Gerichtsbarkeit, dass seitens des Gesetzgebers deren Umfang nicht festgelegt wurde. Hätte eine solche Wirkung verankert werden sollen, so wären diesbezüglich auch entsprechende Regelungen getroffen worden, wie es bei §§ 325 bis

56 Prütting/Helms/Abramenko, § 45 FamFG, Rn. 9.
57 Schlegelberger, § 16, Rn. 8.

327 ZPO der Fall sei. Diese fehlten jedoch im FamFG. Vielmehr kenne die freiwillige Gerichtsbarkeit den Begriff der materiellen Rechtskraft gar nicht.[58] Geregelt sei nur die Frage der Wirksamkeit einer Verfügung, also der Zeitpunkt, zu dem die beabsichtigte Wirkung eintritt.[59] Diese Überlegung habe ihren Ursprung im Sinn und Zweck der freiwilligen Gerichtsbarkeit: Diese ist auf eine verwaltende Tätigkeit gerichtet. Insofern besäßen auch die jeweiligen Maßnahmen weder Einmaligkeit noch Endgültigkeit.[60]

Das Kammergericht geht in einem seiner früheren Beschlüssen zunächst davon aus, dass eine materiell rechtskräftige Entscheidung eine erneute richterliche Beurteilung desselben Sachverhaltes für den gleichen Anspruch sowohl ausschließe wie auch erübrige. Das Gericht stellt im weiteren fest, dass damit im Gegenzug jedoch nicht ausgeschlossen sei, dass trotz rechtskräftiger Zurückweisung des Antrags aufgrund neuer, im früheren Verfahren nicht verwendbarer aber erheblicher Tatsachen eine erneute Entscheidung ergehen könne und dabei zur Unterstützung und Ergänzung des neuen Vorbringens auf den Tatbestand des ursprünglichen Antrags zurückgegriffen werden könne.[61]

Wenn im Rahmen der freiwilligen Gerichtsbarkeit von materieller Rechtskraft gesprochen wird, dann sei das mit einem Fehler behaftet: Im Zivilprozess bedeutete diese den Ausschluss jedweder anderen Entscheidung. In der freiwilligen Gerichtsbarkeit bedeute dies hingegen, dass eine erneute Entscheidung nur dann zulässig sei, wenn sich der zugrunde liegende Sachverhalt geändert hat. Insofern stellt *Münzel* fest, dass „nicht anders entschieden werden kann, solange dieselben Verhältnisse bestehen."[62] Zusammenfassend meint *Münzel*: Die materielle Rechtskraft habe im Zivilprozess die Endgültigkeit zur Folge, in der freiwilligen Gerichtsbarkeit jedoch die Zweckmäßigkeit. Denn die Bindung des Gerichts an seine frühere Entscheidung solle dann dort enden, wo sich die Verhältnisse geändert haben. Dadurch sollte vermieden werden, dass sich die Gerichte mit immer neuen – u. U. schnell aufeinanderfolgenden – Anträgen auseinandersetzen müssten, obwohl sich der zugrundeliegende Sachverhalt überhaupt nicht oder nur unwesentlich geändert habe.[63]

Münzel[64] stellt zwar ebenso fest, dass eine materielle Rechtskraft in der freiwilligen Gerichtsbarkeit nicht existiere. Sofern von einer „Bindung" in der freiwilligen Gerichtsbarkeit gesprochen werde, sei diese mit der des Zivilprozes-

---

58 KGJ 45, A 85 [92].
59 Münzel, NJW 1952, 721 [723].
60 Münzel, ZZP 66, 334 [369].
61 KGJ 24, A 35 [A 36]; 32, A 76 [A 78 f.].
62 Münzel, ZZP 66, 334 [369 f.].
63 Münzel, ZZP 66, 334 [370].
64 Münzel, ZZP 66, 334 [369].

ses nicht deckungsgleich; sie sei „nicht verfahrensrechtlicher, sondern materiellrechtlicher Art". Trotzdem geht er in bestimmten Bereichen von einer Wirkung aus, die er als „Unentziehbarkeit wohlerworbener Rechte Dritter" bezeichnet. Dies soll bei der Genehmigung zu einem Rechtsgeschäft durch das Vormundschaftsgericht und gleichzeitiger Mitteilung gegenüber dem Dritten sowie bei Ermächtigung zur Vornahme eines Rechtsgeschäfts der Fall sein. Würde nun nach der Vornahme des Rechtsgeschäfts die Genehmigung oder Ermächtigung zurückgenommen werden, dann würde auch in die Rechte eines Dritten – des Geschäftspartners – eingegriffen werden.

Weiterhin – so *Münzel*[65] – würde die materielle Rechtskraft dazu führen, dass auch Personen gebunden werden, die nicht direkt an dem Verfahren beteiligt wurden. Im Gegensatz zum Zivilprozess, bei dem die Parteien jeweils wissen, wer Beteiligter ist und sich somit auch erkennen lässt, zwischen welchen Personen das Urteil seine Wirkung entfaltet, kenne die freiwillige Gerichtsbarkeit dieses Zwei-Parteien-System nicht. Hier lasse sich nicht eindeutig feststellen, wie weit der Kreis der Beteiligten reicht. Dies führt in der Konsequenz dazu, dass eine materielle Rechtskraft sich auch auf Personen erstrecken kann, die nicht am Verfahren beteiligten wurden. Diesen gegenüber erginge somit ebenso eine wirksame Entscheidung, ohne diesen jedoch rechtliches Gehör gewährt zu haben.

3. Materielle Rechtskraft nur in echten Streitverfahren

Eine weitere in Literatur[66] und Rechtsprechung[67] vertretene Ansicht zeichnet sich dadurch aus, dass sich nach dieser eine materielle Rechtskraft nur in sog. echten Streitverfahren entfalte. Dabei werden unter dem Begriff der echten Streitverfahren solche verstanden, die der Durchsetzung subjektiver Rechte der Beteiligten, die mit entgegengesetzten Interessen gegenüberstehen, dienen.[68] Es spiele es keine Rolle, ob sie das Gericht einverständlich anrufen oder ob eine streitige Verhandlung stattfindet.[69]

Gegenstand des echten Streitverfahrens seien subjektive Rechte. Diese werden in einem Zwei-Parteien-Verfahren durchgesetzt, was dem Zivil- und Ver-

---

65 Münzel, NJW 1952, 721 [724].

66 Prütting/Helms/Abramenko, § 45 FamFG, Rn. 12; Schneider, ZZP 29, 153 f.; Jansen/v. König, § 31, Rn. 10 a.E.; zum FamFG: Brehm, 4. Aufl., § 17, Rn. 14; Bork, ZZP 117, 418 f.

67 OLG Hamm DNotZ 1953, 201 [202].

68 Bumiller/Winkler, § 1, Rn. 4.

69 Keidel/Kuntze/Schmidt, § 12, Rn. 226.

waltungsprozess gleicht. Von ihrem Inhalt her würden diese Verfahren vor einem Zivilgericht verhandelt werden, wenn sie nicht ausdrücklich der freiwilligen Gerichtsbarkeit zugewiesen worden wären.[70] Auch das öffentliche Interesse an der Richtigkeit der Entscheidung und das Bedürfnis nach Rechtssicherheit und Rechtsfrieden stünden nicht gegeneinander. Es spiele insofern keine Rolle, ob ein Streit vor dem Zivilrichter oder dem der freiwilligen Gerichtsbarkeit ausgetragen werde, sofern es sich hierbei um die Durchsetzung subjektiver Rechte handele. Denn solche Auseinandersetzungen müssten immer endgültig entschieden werden. Nur so ließe sich Rechtssicherheit erzielen und der Rechtsfrieden wahren. Untermauert sei dies ferner dadurch, dass es ein „Grundpfeiler der staatlichen Ordnung überhaupt ist“, dass eine endgültige Rechtsfeststellung getroffen werde.[71] Weiterhin seien verschiedene echte Streitsachen der freiwilligen Gerichtsbarkeit zugewiesen, die vor der Zuweisung im Zivilprozess entschieden würden oder dort genauso entschieden werden könnten. Grund hierfür seien in erster Linie Zweckmäßigkeitserwägungen.[72]

Auch sei kein Unterschied zwischen Zivilprozess und freiwilliger Gerichtsbarkeit hinsichtlich der Aufgaben des Richters zu sehen. Dabei sei es nicht Kennzeichen des FGG-Verfahrens, dass der Richter weniger dazu berufen sei, die Rechtslage festzustellen als einen Ausgleich zwischen den Beteiligten herzustellen. Denn hierbei gehe es ebenso um die Durchsetzung subjektiver Rechte.[73] *Habscheid* vergleicht hier unter anderem die Tätigkeit des Richters im Rahmen des damals noch in Kraft befindlichen Vertragshilfegesetzes. Dort konnte ein Beteiligter mit Hilfe des Gerichts sein Recht auf Abänderung eines Rechtsverhältnisses durchsetzen. So konnte eine Verbindlichkeit gemäß § 1 Vertragshilfegesetz ggf. i. V. m. § 16 Umstellungsgesetz[74] in Reichsmark auf Deutsche Mark umgestellt bzw. vor allem herabgesetzt werden. Aber gerade eine solche Herabsetzung sei auch dem Zivilrichter nicht fremd. So könne dieser eine Vertragsstrafe nach § 346 BGB in gleichem Maße herabsetzen. Als weiteres Beispiel führt *Habscheid* das Verfahren in Restitutions- und Landwirtschaftssachen an. Dort seien ebenso subjektive Rechte Gegenstand des Verfahrens. Dann nämlich, wenn etwa ein Wiedergutmachungsanspruch in Streit stehe. In all diesen Verfahren füllten die Beteiligten die gleiche Rolle aus wie die Parteien eines Zivil-

70 Habscheid, § 28 IV 1; Jansen/v. König, § 31, Rn. 10 a.E.

71 Habscheid, § 28 IV 2.

72 Habscheid, ZZP 66, 188 [191]; Bosch, AcP 149, 32 [41].

73 Habscheid, ZZP 66, 188 [192].

74 Drittes Gesetz zur Neuordnung des Geldwesens.

prozesses: Diese erwarteten letztlich eine endgültige Entscheidung über ihre vorgebrachte Frage.[75]

4. Materielle Rechtskraft in Abhängigkeit vom Einzelfall

Insbesondere in der Rechtsprechung hat sich die Ansicht herausgebildet, dass sich die Fähigkeit zur materiellen Rechtskraft nicht systematisch bejahen oder verneinen lässt. Vielmehr ist hierfür eine Entscheidung im Einzelfall notwendig.

Die Rechtsprechung begründet dies damit, dass der Richter der freiwilligen Gerichtsbarkeit Entscheidungen verschiedenster Art treffe.[76] Schon aus diesem Grund verbiete sich eine einheitliche Beantwortung dieser Frage. Dieses Dilemma zeige sich gerade daran, dass nicht nur über privatrechtliche Ansprüche entschieden werde, sondern dass auch Entscheidungen im öffentlichen Interesse getroffen werden. Früher wären im Rahmen der freiwilligen Gerichtsbarkeit ebenso Strafen erlassen worden (Art. 15 PrFGG). Insofern könne für all diese Verfahren eine einheitliche Wirkung der materiellen Rechtskraft nicht angenommen werden.[77] Diese Ansicht werde weiterhin dadurch untermauert, dass schon allein aufgrund des Fehlens einer gesetzlichen Normierung nicht die Wirkung der materiellen Rechtskraft auf alle Verfahren gleichartig bezogen werden könne, sondern sich diese aus der Natur des jeweils zugrunde liegenden Rechtsverhältnisses ergeben müsse.[78] Insofern fordert *Bärmann* selbständig zu prüfen, „ob die Zwecke des Verfahrens der FG zur Anerkennung oder zur Ablehnung des Grundsatzes der materiellen Rechtskraft führen.“[79]

Die Entscheidung, ob sich nun die materielle Rechtskraft entfalte, solle sich an dem öffentlichen Interesse an einer objektiv richtigen Entscheidung einerseits und dem Interesse der Beteiligten an einer endgültigen und abschließenden Entscheidung andererseits orientieren.[80] Dies bringt zwangsläufig die Konsequenz mit sich, dass in den echten Streitsachen generell materielle Rechtskraft zu bejahen sei. Insbesondere im fürsorgenden Bereich, wie bei Betreuungs-, Unterbringungs- oder Freiheitsentziehungssachen, würde eine materielle Rechtskraft eine Abänderung ausschließen. Aber gerade in diesen Bereichen könne die Verneinung einer Möglichkeit zur Abänderung den tatsächlichen Gegebenheiten wi-

---

75 Habscheid, ZZP 66, 188 [192].

76 KGJ 32, A 76 [A 80]; 37, A 182 [A 186 f.]; OLG Frankfurt NJW 1953, 1713.

77 KGJ 32, A 76 [A 80].

78 KGJ 39, A 41 [A 45].

79 Bärmann, AcP 154, 373 [407 f.].

80 Siméon-David, § 29 9 b; Bärmann, Freiwillige Gerichtsbarkeit, § 22 I 3; Bassenge/Roth, § 31, Rn. 7; Pikart/Henn, D III 6 b.

dersprechen. *Abramenko*[81] führt hier als Beispiel den Fall an, dass ein unter Betreuung gestellter Beteiligter wieder gesundet ist.

Diese Notwendigkeit zu einer einzelfallbezogenen Abwägung ergebe sich umso mehr aus dem Umstand, dass der Gesetzgeber der freiwilligen Gerichtsbarkeit über die Zeit hinweg immer mehr Bereiche übertragen habe und schon aus diesem Umstand heraus keine eindeutige Aussage über die materielle Rechtskraft getroffen werden könne. Zumal die ursprüngliche Aufgabe der freiwilligen Gerichtsbarkeit im Bereich der fürsorgenden Akte liege, heute aber auch Entscheidungen getroffen würden, die ebenso der Zivilrichter aussprechen könnte.[82] Dies zeigt insbesondere der Umstand, dass nunmehr das zunächst in der ZPO angesiedelte familiengerichtliche Verfahren in das FamFG übertragen wurde. Weiterhin weist *Bärmann* darauf hin, dass selbst im Zivilprozess die materielle Rechtskraft auf einer Zweckmäßigkeitserwägung beruhe und für diese Verfahren nicht ohne weiteres zwangsläufig sei. Schon aus diesem Grund müsse auch in der freiwilligen Gerichtsbarkeit nach dem Bedürfnis für eine materielle Rechtskraft gefragt werden.[83]

5. Materielle Rechtskraft in allen Verfahrensarten

Mit der Reform der freiwilligen Gerichtsbarkeit ist die Frage aufgekommen, ob nunmehr nicht in allen Verfahrensarten materielle Rechtskraft eintritt. Als Argument – und zugleich als Einwand gegen die Ablehnung einer materiellen Rechtskraft – wird das Strafverfahren herangezogen. Dort wird ebenso nicht über einen Streit zwischen Beteiligten entschieden. Dieser Umstand soll zeigen, dass dennoch über die rechtliche Stellung eines einzigen Beteiligten im Verhältnis zum Staat rechtskräftig entschieden werden kann; eine Entscheidung des Streits zwischen Staatsanwaltschaft und Angeklagtem ist darin jedoch nicht zu erkennen.[84]

Ferner bestehe in der freiwilligen Gerichtsbarkeit auch kein Interesse an materiell richtigen Entscheidungen. Denn niemand könne garantieren, dass die zweite, erneute Entscheidung „richtiger" sei als die Ausgangsentscheidung. Dieses Argument bezieht sich dabei einerseits auf die rechtliche Beurteilung des Falles wie auch andererseits die tatsächlichen Entscheidungsgrundlagen. Als Argument wird angeführt, dass die Beweislage im Laufe der Zeit nicht besser, sondern eher schlechter werde, insbesondere, weil die Erinnerung von Zeugen

81 Prütting/Helms/Abramenko, § 45 FamFG, Rn. 11.

82 OLG Frankfurt NJW 1953, 1713.

83 Bärmann, Freiwillige Gerichtsbarkeit, § 22 I 3.

84 MüKo-ZPO/Ulrici, § 48 FamFG, Rn. 31, 36.

immer mehr verblasse. Zur Untermauerung wird ein Bogen zu § 580 ZPO gespannt, dessen Regelung ebenso eine tatsachenbezogene Durchbrechung der Rechtskraft nicht vollumfänglich, sondern nur in einem begrenzten Umfang zulässt.[85] Dieses Bedürfnis nach Richtigkeit – etwa bei § 1666 BGB – soll ferner deshalb unbeachtlich sein, weil § 166 Abs. 3 FamFG eine Abänderung ohne jegliche Grenzen zulässt. Auch bei Verfahren auf Ausstellung oder Erteilung einer gerichtlichen Bescheinigung solle nichts anderes gelten. Denn eine solche Bescheinigung soll nur beschränkt materiell rechtskräftig werden, da diese nur eine Auskunft erteile. Insofern soll sich eine Antwort auf das Richtigkeitsbedürfnis nicht im Zusammenhang mit der materiellen Rechtskraft, sondern mit einem Abweichungs- und Zweitentscheidungsrecht auf Grundlage des materiellen oder Verfahrensrecht ergeben.[86]

Auch soll weder der Beteiligtenbegriff im FamFG noch die Rechtssicherheit die materielle Rechtskraft ausschließen. Der Beteiligtenbegriff wurde im Zuge der Reform im Vergleich zum FGG entsprechend formalisiert. Somit sollen die subjektiven Grenzen der Rechtskraft auf einen gesetzlich genau bestimmbaren Personenkreis ausstrahlen.[87] Ferner wird die Lösung des Spannungsverhältnisses eines erneuten Antrags nach dessen (erstmaliger) Ablehnung einerseits und die Forderung nach einer Entlastung der Gerichte andererseits, durch Einschaltung des Rechtsschutzbedürfnisses abgelehnt. Denn dies könne nur im Antragsverfahren und dort auch nur bei einem abgelehnten Antrag umgesetzt werden. Im Amtsverfahren steht dem Gericht jedoch die Möglichkeit zu, jederzeit das Verfahren erneut durchzuführen. Dadurch soll jedoch der Schutz der Beteiligten zu gering ausfallen: Zwar werde das Gericht geschützt, die Beteiligten müssen jedoch kontinuierlich mit einem neuen Verfahren rechnen.[88]

6. Stellungnahme

Die Frage nach der materiellen Rechtskraft in der freiwilligen Gerichtsbarkeit lässt sich nicht einheitlich beantworten. Das Problem wird noch dadurch verstärkt, dass die Begriffe „materielle Rechtskraft“ und „Unabänderbarkeit“ teilweise vermengt werden, obwohl diese jeweils einen anderen Inhalt aufweisen. Deshalb wurde in der Literatur versucht, statt des Begriffs „materielle Rechtskraft“ andere Umschreibungen zu finden. *Dorndorf* verwendet insofern den

85 MüKo-ZPO/Ulrici, § 48 FamFG, Rn. 32.
86 MüKo-ZPO/Ulrici, § 48 FamFG, Rn. 33.
87 MüKo-ZPO/Ulrici, § 48 FamFG, Rn. 34.
88 MüKo-ZPO/Ulrici, § 48 FamFG, Rn. 35.

Begriff der materiellen Rechtsbeständigkeit und meint damit die Endgültigkeit von Entscheidungen.[89]

Zunächst ist festzustellen, dass das FGG keinerlei Regelung enthielt, die die materielle Rechtskraft betrifft. Weder ließ sich § 18 Abs. 1 FGG etwas Diesbezügliches entnehmen, noch Absatz 2. Umgekehrt fand sich in § 18 Abs. 1 FGG ebenso kein Verbot der materiellen Rechtskraft, wie etwa teilweise in der Literatur[90] behauptet wurde. Im FamFG verhält sich dies ebenso: Dort lässt sich ebenfalls keine Regelung zur materiellen Rechtskraft finden.

Die vollständige Verneinung der materiellen Rechtskraft in der freiwilligen Gerichtsbarkeit ist abzulehnen. Diese Ansicht übersieht das Bedürfnis der Beteiligten in echten Streitsachen nach Rechtssicherheit und einer abschließenden und endgültigen Entscheidung. Würde man hier ebenso eine jederzeitige Korrektur ohne spezielle Voraussetzungen uneingeschränkt zulassen, würden sich die Beteiligten kontinuierlich der Gefahr ausgesetzt sehen, dass eine Entscheidung, auf die diese sich bereits eingerichtet haben, wiederum abgeändert wird. Dieser unsichere Zustand kann sich in bestimmten Fällen bis hin zur Unerträglichkeit steigern, was etwa dann geschehen kann, wenn die ursprüngliche Entscheidung nicht das erste Mal geändert wird, sondern vielleicht das zweite oder gar dritte Mal. Gewiss sind solche Fälle nicht an der Tagesordnung, ausschließen lassen sich diese aber dennoch nicht. Denkbar ist etwa der Fall, dass sich die beiden Beteiligten gegenseitig versuchen das Leben schwer zu machen und dabei jede Gelegenheit nutzen, die gerichtliche Entscheidung wieder von neuem zu unterwandern.

Schlegelberger[91] hat zunächst die materielle Rechtskraft in der freiwilligen Gerichtsbarkeit strikt ablehnt. Seine ursprüngliche Ansicht war von einem nationalsozialistischen Menschenbild geprägt.[92] Ein Menschenbild, in dem der Staat über allem steht und der Einzelne zum Objekt eines Willkürstaates degradiert wurde. Die damalige Lehre ging davon aus, dass der Staat jederzeit die Möglichkeit haben müsse, Entscheidungen, die ihm missfielen, ändern zu können ohne dass es dabei um die Frage der rechtsstaatlich gebotenen Rechtssicherheit ging. Eine Diktatur ist niemals an Rechtssicherheit für den Bürger interessiert. Für einen Willkürstaat ist Rechtssicherheit einer der grundlegenden Feinde. Später hat er seine Ansicht im Hinblick auf die zunehmende Zahl der echten Streitverfahren angepasst.[93] Zwar sieht dieser hier auch die Notwendigkeit, dem Ge-

89 Dorndorf, S. 146.
90 Josef, ZZP 31, 74 ff.
91 Schlegelberger, § 16, Rn. 8.
92 Wulff, S. 118 ff.
93 Schlegelberger, 7. Aufl., § 16, Rn. 8a.

richt die Möglichkeit zu Verfügung zu stellen, den tatsächlichen Sachverhalt zu erforschen und eine dementsprechende Entscheidung zu treffen. Andererseits wird von ihm jedoch auch das Interesse der Beteiligten an einer endgültigen Streitbeilegung anerkannt. Aus letzterem Grund heraus sieht *Schlegelberger* im Falle der echten Streitsachen ebenso, dass diese in materielle Rechtskraft erwachsen.

Die freiwillige Gerichtsbarkeit ist heutzutage schon lange nicht mehr mit ihren ursprünglichen Aufgaben befasst. Diese waren in erster Linie die Lösung von Fragen des Vormundschafts-, Nachlass-, Register- und Urkundswesens.[94] *Bärmann*[95] bezeichnet diese Rechtsgebiete als die „traditionellen Bereiche". Erst im Laufe der Zeit erweiterte sich der Anwendungsbereich des Verfahrensrechts der freiwilligen Gerichtsbarkeit. Es kamen immer mehr Gebiete hinzu, die mit den ursprünglichen keine Ähnlichkeit mehr aufwiesen. Dies zeigt sich insbesondere durch die Aufnahme von öffentlich-rechtlichen Streitsachen.[96] Diese könnten ebenso gut vor den Verwaltungsgerichten ausgetragen werden, ohne dass den Beteiligten dadurch ein Nachteil entstehen würde. Beispiele hierfür sind etwa die standesrechtlichen Entscheidungen der Anwalts- bzw. Patentanwaltskammern, insbesondere in Zulassungssachen, die ihrer Form nach der Entscheidung einer Verwaltungsbehörde ähneln. Der Grund für eine Zuweisung an die freiwillige Gerichtsbarkeit waren hier ausnahmslos Zweckmäßigkeitserwägungen.[97] Hier wurde im Rahmen der Reform der freiwilligen Gerichtsbarkeit deren ausschließlicher öffentlich-rechtlicher Charakter erkannt und diese Verfahren aus der freiwilligen Gerichtsbarkeit entnommen und der Verwaltungsgerichtsbarkeit zugeschlagen.[98]

So wurden etwa die Entscheidungen im Rahmen des Gewaltschutzgesetzes aus Gründen der Wahrung der Vertraulichkeit an die freiwillige Gerichtsbarkeit überwiesen. Der Gesetzgeber sah nur dadurch den Schutz der Beteiligten und deren privaten Bereiche gewährleistet. Auch wurde das FG-Verfahren im Gegensatz zum stark formalisierten Zivilprozess als „einfacher, elastischer und flexibler"[99] erachtet. Ein weiteres Beispiel hierfür ist § 40 Abs. 4 BRAO, der für das Verfahren vor dem Anwaltsgerichtshof in das FGG verwies. Dieser Verweis wurde in der Literatur als anachronistisch und rechtsstaatlich defizitär bezeichnet und ließ sich nur noch damit begründen, dass zum Zeitpunkt des Inkrafttre-

94 Keidel/Kuntze/Schmidt, Einl., Rn. 5.
95 Bärmann, § 1 IV 3.
96 Keidel/Kuntze/Schmidt, Einl., Rn. 6.
97 Bärmann, § 1 IV 3.
98 BT-Drs. 16/6308, S. 163.
99 BT-Drs. 14/5429, S. 22.

tens der BRAO die VwGO noch nicht existierte.[100] Insofern war auch hier die Zuweisung an die freiwillige Gerichtsbarkeit letztlich eine Behelfslösung, da das anwaltsgerichtliche Verfahren mit den eigentlichen Aufgaben des FGG nicht mehr in Verbindung gebracht werden kann. Ähnlich verhält es sich mit dem dritten Beispiel: dem Verfahren zur Anfechtung von Bescheiden der Landesjustizverwaltung über die Anerkennung ausländischer Entscheidungen in Ehesachen nach Art. 7 § 1 FamRÄndG. Dabei handelt es sich um eine Streitsache des öffentlichen Rechts.[101] Dies wurde jedoch ebenso aus Zweckmäßigkeitsgründen der freiwilligen Gerichtsbarkeit zugewiesen, da diese das formfreieste und anpassungsfähigste Verfahren zulässt.[102]

Im Rahmen der nicht-streitigen FG-Sachen stellt sich die Frage, wem gegenüber sich die materielle Rechtskraft entfalten soll. Im Gegensatz zu den echten Streitsachen mit ihrer Zwei-Beteiligten-Konstellation gibt es bei den nicht-streitigen Sachen nur einen Beteiligten. Soll nun also gegenüber dem Gericht materielle Rechtskraft entstehen? In der Zwei-Beteiligten-Konstellation ist die materielle Rechtskraft unumgänglich, um zwischen den Beteiligten für Rechtsfrieden zu sorgen. Bei der Ein-Beteiligten-Konstellation hingegen besteht kein Bedürfnis nach Rechtskraft, denn es muss kein Rechtsfrieden zwischen zwei Beteiligten hergestellt werden. Auch im Verhältnis zwischen Gericht einerseits und Beteiligten andererseits kann keine materielle Rechtskraft entstehen.

Dem stehen auch nicht die Grundzüge des Strafprozesses entgegen. Dort gibt es zwar auch eine materielle Rechtskraft. Jedoch hat diese in weiten Zügen einen anderen Inhalt als die des Zivilprozesses bzw. der freiwilligen Gerichtsbarkeit. Die materielle Rechtskraft des Strafprozesses wird dominiert vom Dogma der Sperrwirkung des Urteils (auch als „ne bis in idem“ oder „Verbrauch der Strafklage“ bezeichnet) gegenüber einer erneuten Verurteilung des Angeklagten in der gleichen Sache und fußt auf Art. 103 Abs. 3 GG.[103]

Auch der Grundsatz der Amtsermittlung nach § 26 FamFG spricht nicht generell gegen die materielle Rechtskraft. Dies zeigt ein Blick in andere Prozessordnungen, die ebenso die entscheidungserheblichen Tatsachen in das Verfahren einführen. Mit dem Untersuchungsgrundsatz hängt im Gegenzug die Frage zusammen, inwiefern die Beteiligten mit nicht in das Verfahren eingeführtem, aber bereits vorliegendem Verfahrensstoff in einem späteren Verfahren ausgeschlossen sind oder werden können. In der gesamten Prozessrechtsdogmatik wird dieser ausschlaggebende Punkt als Präklusionswirkung bezeichnet. Dadurch wer-

100 Kleine-Cosack, Einl., Rn. 72.
101 Staudinger/Spellenberg, Art. 7 § 2 FamRÄndG, Rn. 748.
102 Zimmermann, Rpfleger 1978, 285 [290].
103 LR-Kühne, Einl. Abschn. K, Rn. 74.

den die Parteien insbesondere im Zivilprozess mit allem Vorbringen ausgeschlossen, das sich auf Tatsachen bezieht, die im Widerspruch zu den Feststellungen des Urteils stehen und bereits vor Schluss der letzten mündlichen Verhandlung vorlagen.[104] Diese Wirkung hat allerdings ihre Grundlage im sog. Beibringungsgrundsatz. Nach diesem sind zwar die Parteien nicht verpflichtet, den jeweiligen Prozessstoff einzuführen. Diese Beibringung ist jedoch in deren ureigensten Interessen. Denn die Parteien führen den Prozess zur Durchsetzung ihrer Privatrechte und sollten allein schon aus diesem Grund darauf bedacht sein, einerseits die jeweils für sie günstigen Tatsachen dem Gericht vorzulegen und andererseits wiederum für den eigenen Prozessausgang ungünstige Tatsachen der Gegenseite gegenüber dem Gericht zu widerlegen. Dieser Grundsatz des Zivilprozesses steht jedoch im direkten Widerspruch zum Grundsatz der Amtsermittlung mit dem Auftrag an das Gericht, den notwendigen Verfahrensstoff selbst aufzuklären. Denn im Zivilprozess ist es nicht Aufgabe des Gerichts, den jeweiligen Prozessstoff zu ermitteln und im Gegenzug dazu sollen die Parteien, die die Beibringung nicht fördern, mit dem späteren Vortrag dieser bereits bekannten Tatsachen im Prozess ausgeschlossen werden. Insofern stellt der Beibringungsgrundsatz die Grundlage für die Präklusionswirkung dar.

Ein weiterer Grund, der gegen eine materielle Rechtskraft außerhalb der echten Streitsachen sprach, war deren Reichweite. Dabei stellte sich insbesondere die Frage, ob die Rechtskraft auch gegenüber den Beteiligten wirken sollte, die nicht am Verfahren beteiligt waren. Schon diese Unsicherheit zeigte, dass eine unreflektierte Anwendung einzelner bestimmter Institute nicht auf alle möglichen Konstellationen vorgenommen werden kann. Verstärkt wurde dieses Problem noch dadurch, dass das FGG keinerlei Definition des Begriffs des Beteiligten enthielt.[105] Zwar ließ sich dieser Kreis der Beteiligten in den echten Streitsachen anhand der Zwei-Personen-Konstellation problemlos feststellen. In den anderen Verfahrensbereichen war dies schon nicht mehr so einfach. Denn dort war der Kreis der Beteiligten hinsichtlich Größe und Zahl offen.[106] Diese machte es einerseits dem Gericht, andererseits auch den Beteiligten schwer, wenn nicht sogar unmöglich, zu bestimmen, wem gegenüber nun die jeweilige Entscheidung wirkte bzw. wirken sollte. Das Gericht war dabei immer der Gefahr ausgesetzt, einen (materiell) Beteiligten übersehen zu haben. Auch die Beschränkung auf die nur formell Beteiligten konnte an diesem Problem nichts ändern. Denn hiervon gab es Ausnahmen in verschiedenen Vorschriften, welche

104 Jauernig/Hess, § 62, Rn. 22.
105 Bärmann, Freiwillige Gerichtsbarkeit, § 8 I; Keidel/Kuntze/Zimmermann, § 6, Rn. 18.
106 Nothdurft, S. 93.

die Rechtskraft auch auf Dritte erstreckten. § 45 Abs. 2 Satz 2 WEG a.F.[107] kann hier als Beispiel genannt werden. Nach dieser Vorschrift waren Entscheidungen des Amtsgerichts in Wohnungseigentumssachen gegenüber allen formell[108] Beteiligten bindend.

Ulrici führt an, dass gegen die materielle Rechtskraft eingewandt werde, dass ihr „im Hinblick auf den materiellen Beteiligtenbegriff die Unbestimmtheit ihrer subjektiven Grenzen“[109] entgegenstehe. Er zieht dabei eine Parallele zum arbeitsgerichtlichen Beschlussverfahren. Dort kommt auch Beschlüssen in diesem Verfahren eine materielle Rechtskraftwirkung zu.[110] Gleichzeitig gilt im arbeitsgerichtlichen Beschlussverfahren ebenso ein materieller Beteiligtenbegriff.[111] Weiterhin wurde im Rahmen der Reform der freiwilligen Gerichtsbarkeit der Begriff des Beteiligten definiert. Dies galt als ein Kernstück der Reform. Seitens des Gesetzgebers sollten dadurch die verfassungsrechtlichen Vorgaben umgesetzt werden und dadurch den Beteiligten eine aktive und effektive Verfahrensteilhabe ermöglicht werden.[112] Damit geht eine Ausrichtung der Beteiligtenstellung mehr an formalen Aspekten einher.[113] Demnach ist Beteiligter nach § 7 FamFG, entweder wer im Antragsverfahren einen Antrag gestellt hat oder wer vom Gericht als Beteiligter hinzugezogen wurde. Daraus ergeben sich zugleich die subjektiven Grenzen der materiellen Rechtskraft. Diese erstrecken sich lediglich auf den Kreis der Beteiligten.[114]

In Fürsorgesachen wird von manchen materielle Rechtskraft gefordert. Begründet wird dies damit, dass in diesem Bereich ein Bedürfnis danach besteht. Jedoch kann ein Bedürfnis nicht das maßgebliche Kriterium für die Entscheidung sein, ob sich in einem Verfahren materielle Rechtskraft entfaltet. Nur da, wo das Verfahren durch einen Streitgegenstand gekennzeichnet ist, über den rechtskräftig entschieden werden kann, ist die materielle Rechtskraft notwendig und zweckmäßig.[115] Dies hat sich auch im österreichischen Rechtskreis so durchgesetzt. Im dortigen Außerstreitverfahren, das mit der deutschen freiwilligen Gerichtsbarkeit vergleichbar ist, wird ebenso die materielle Rechtskraft im

107 Bezogen auf die vor dem 1. Juli 2007 gültige Fassung.
108 Bärmann/Pick/Merle, § 45, Rn. 119.
109 MüKo-ZPO/Ulrici, § 48 FamFG, Rn. 34.
110 GMP/Matthes, § 84, Rn. 24.
111 GMP/Matthes, § 83, Rn. 11.
112 BT-Drs. 16/6308, S. 177.
113 MüKo-ZPO/Pabst, § 7 FamFG, Rn. 1.
114 MüKo-ZPO/Ulrici, § 48 FamFG, Rn. 34.
115 Brehm, Rn. 414.

Bereich des Fürsorgewesens abgelehnt. Hierbei erfolgt der Hinweis auf den schwerwiegenden Eingriff in die Interessen des Schutzbefohlenen.[116]

III. Zweitentscheidung in einem neuen Verfahren

Mit den Konsequenzen, die aus der materiellen Rechtskraft folgen, hängt die Frage zusammen, ob in der gleichen Sache in einem neuen bzw. weiteren Verfahren eine zweite Entscheidung getroffen werden kann. Im Gegensatz zu einer Abänderung der Entscheidung im ursprünglichen Verfahren wird hier ein neues in Gang gesetzt. Dabei sind verschiedene Aspekte zu unterscheiden: Zunächst stellt sich die Frage, ob ein solches Zweitverfahren vor dem Abschluss des ersten durchgeführt werden kann. Dies wird jedoch nur dann der Fall sein, wenn zwei verschiedene Gerichte mit der Sache befasst werden. Ansonsten hindert schon die Vorgriffszuständigkeit des ersten Gerichts, dass ein weiteres sich der Sache annimmt.[117]

Ferner ist festzustellen, dass der Eintritt der formellen Rechtskraft einem neuen Verfahren nicht entgegensteht. Denn um die Endgültigkeit einer Entscheidung zu gewährleisten, reicht allein die formelle Rechtskraft nicht aus. Hinzutreten muss zumindest auch die materielle Rechtskraft.[118] Auch besteht keine Präklusionswirkung, was bedeutet, dass ein Vortrag hinsichtlich neuer Tatsachen oder Beweismittel unterbleiben kann. Würde dies gefordert werden, so käme dies in der Wirkung praktisch einer materiellen Rechtskraft gleich.[119]

Hier handelt es sich um nichts anderes als das Nachschieben von Gründen. Dies geschieht nur zu einem anderen Zeitpunkt, nämlich nicht im ursprünglichen Verfahren. Ein Ausschluss dieses späteren Sachvortrags kann nur im Rahmen einer Präklusion stattfinden. Hierfür besteht jedoch in der freiwilligen Gerichtsbarkeit keine gesetzliche Grundlage. Einer solchen bedarf es jedoch wegen der damit verbundenen Einschränkung des Anspruchs auf rechtliches Gehör.[120] Eine solche Wirkung würde auch im Gegensatz zu Praktikabilitätsgründen stehen: Die Beteiligten wären gezwungen, im Rahmen der Darlegung der ihrer Ansicht nach relevanten Gesichtspunkte nicht nur auf die für diese als wesentlich erachteten tatsächlichen und rechtlichen Aspekte zu beschränken. Vielmehr müssten die Beteiligten alle denkbaren tatsächlichen wie auch rechtlichen Facet-

---

116 Klicka/Oberhammer, Rn. 52.

117 Brehm, 4. Aufl., § 16, Rn. 11.

118 Gaul, FS Habscheid, S. 103.

119 KG VIZ 1999, 755 [756].

120 Bork/Jacoby/Schwab, § 26, Rn. 10.

ten vorsorglich vortragen;[121] der Amtsermittlungsgrundsatz wäre ad absurdum geführt.

Die gleichen Grundsätze können ebenso auf die Antragsverfahren übertragen werden, bei denen die Endentscheidung nicht in materieller Rechtskraft erwächst. Allerdings ist dies insofern einzuschränken, als ein Rechtsschutzbedürfnis hinsichtlich des neuen Antrags bestehen muss. Dieses liegt jedoch immer dann vor, wenn neue Gesichtspunkte vorgebracht werden, die eine Entscheidung rechtfertigen, die von der ursprünglichen abweicht.[122]

Das FamFG hat an dieser Sichtweise nichts geändert. Zunächst lässt sich aus der Streichung des § 18 FGG nicht ableiten, dass eine Zweitentscheidung nunmehr als unzulässig anzusehen ist. Denn § 18 FGG regelte ausschließlich die Abänderung einer Entscheidung innerhalb desselben Verfahrens. Auch die Befristung der Beschwerde ist kein Anzeichen für die Unzulässigkeit einer solchen Entscheidung; eine Präklusion in Fürsorgesachen ist darin nicht zu erblicken.[123] Damit sollte lediglich Rechtsklarheit über den dauerhaften Zustand der Entscheidung für alle Beteiligten gesichert werden.[124] Damit ist jedoch keine über das jeweilige Verfahren hinaus gemeinte Bestandssicherheit verbunden. Denn dies würde einer materiellen Rechtskraft gleichkommen, die jedoch mit den Prinzipien des Fürsorgeverfahrens nicht in Übereinstimmung zu bringen ist. Ansonsten würde dies dazu führen, dass einem schutzbedürftigen Beteiligten der Rechtsschutz versagt bleiben würde, nur weil nicht alle Tatsachen und Beweismittel ordnungsgemäß vorgetragen wurden.[125]

Bei einer Untersuchung des § 48 Abs. 1 FamFG könnte der Eindruck entstehen, dieser verbiete eine Zweitentscheidung. Dieser legt jedoch nur den Maßstab fest, ab wann eine Aufhebung oder Abänderung einer Entscheidung stattfinden kann. Dessen Zweck ist es lediglich zu verhindern, dass nicht schon bei einer unerheblichen Änderung der Sach- oder Rechtslage im Rahmen eines neuen Verfahrens zu entscheiden ist.[126]

Auch aus dem Umstand, dass in § 48 Abs. 2 FamFG das Verfahren zur Wiederaufnahme nunmehr ausdrücklich geregelt ist, lässt sich nicht entnehmen, dass eine Zweitentscheidung ausgeschlossen sein soll. Zunächst ist die Wiederaufnahme nur für die Verfahren gedacht, deren Entscheidungen in Rechtskraft erwachsen. Ferner würde ansonsten der Zweck dieses Verfahrens verkannt werden: Es dient lediglich zur Fehlerkorrektur. Um die Rechtskraft durchbrechen zu

---

121 BGH NJW 2004, 1805 [1806].
122 Brehm, 4. Aufl., § 16, Rn. 14.
123 Brehm, 4. Aufl., § 16, Rn. 15.
124 Regierungsbegründung, S. 453.
125 Brehm, 4. Aufl., § 16, Rn. 15.
126 Brehm, 4. Aufl., § 16, Rn. 16.

können, müssen eng umgrenzte, ausdrücklich genannte Verfahrensfehler vorliegen. Insofern ist ein zweites Verfahren erheblich flexibler, da es keine mangelhafte Entscheidung erfordert.

Eine Zweitentscheidung ist auch anderen Verfahrensordnungen nicht fremd. So ist diese im Verwaltungsverfahren explizit geregelt. Das Wiederaufgreifen (§ 51 VwVfG) erlaubt eine Durchbrechung der Bestandskraft in einem neuen Verwaltungsverfahren durch eine neue Sachentscheidung unter anderem bei einer Änderung der ursprünglichen Sach- oder Rechtslage.[127] Sofern die Voraussetzungen dieser Vorschrift erfüllt sind, entscheidet die Behörde ebenso in einem neuen Verfahren. Dieses ist nicht mehr identisch mit dem durch den Erstbescheid abgeschlossenen Verfahren.[128]

VI. Zusammenfassung

Weder zur innerprozessualen Bindung noch zur materiellen Rechtskraft enthält das FamFG eine eindeutige Aussage. Vielmehr ging der Gesetzgeber davon aus, dass die Rechtsprechung die bereits zum FGG entwickelten Grundsätze auch weiterhin anwenden werde.

Trotz vieler gegenteiliger Stimmen existiert außerhalb der Streitsachen der freiwilligen Gerichtsbarkeit keine innerprozessuale Bindung ähnlich der ZPO. Viele gehen zwar davon aus, dass diese Wirkung eine Selbstverständlichkeit des Prozessrechts darstelle. Gründe, die dies untermauern, werden hier in weiten Zügen jedoch nicht angeführt. Dabei sprechen erhebliche Argumente dafür, dass die freiwillige Gerichtsbarkeit in diesem Bereich nicht durch die Wirkung einer innerprozessualen Bindung geprägt ist. Entscheidendes Argument gegen dieses Institut ist die Prozessökonomie. Gerade außerhalb der Streitsachen ist es Aufgabe des Gerichts, eine schnellstmögliche Klärung der Rechtslage herbeizuführen, zumal in diesem Bereich oft existenzielle Fragen berührt werden. Eine innerprozessuale Bindung würde in diesem Fall dem Gericht die Möglichkeit nehmen, schnell und effektiv zu entscheiden und dabei sich ändernde Gegebenheiten in die Entscheidung einfließen zu lassen.

Ähnlich verhält es sich mit der materiellen Rechtskraft in der freiwilligen Gerichtsbarkeit. Auch hier hat sich der Gesetzgeber nicht auf eine eindeutige Aussage festlegen wollen. Die zum FGG entwickelten Grundsätze können demnach auch auf das FamFG übertragen werden. Dort war umstritten, in welchen Bereichen sich die Wirkungen der materiellen Rechtskraft entfalten sollten.

127 Erichsen/Ruffert, § 26, Rn. 1.

128 Stelkens/Bonk/Sachs, § 51, Rn. 28; Knack/Henneke, § 51, Rn. 9.

Manche lehnten diese generell ab und wollten dadurch dem Gericht eine unbeschränkte Abänderbarkeit zugestehen. Andere wiederum bejahten diese Rechtskraft nur für die echten Streitsachen. Dieser Bereich soll von der Nähe zum Zivilprozess dominiert sein.

Letztlich lässt sich eine eindeutige Aussage, in welchen Bereichen der freiwilligen Gerichtsbarkeit nunmehr die materielle Rechtskraft ihre Wirkungen entfaltet, nur in Abhängigkeit vom jeweiligen Verfahren machen. Zwar wird es im Rahmen der echten Streitsachen wegen ihrer Nähe zum Zivilprozess nur wenige Ausnahmen geben, in denen die materielle Rechtskraft zu verneinen ist. Jedoch gibt es außerhalb dieser Verfahren erhebliche Bedenken gegen dieses Institut. Im Widerstreit stehen hier einerseits das öffentliche Interesse an einer materiell richtigen Entscheidung und andererseits die Rechtssicherheit der am Verfahren Beteiligten. Dieser Konflikt lässt sich nur dadurch lösen, dass die Frage der materiellen Rechtskraft in Abhängigkeit vom jeweiligen Einzelfall, bezogen auf die entsprechende Verfahrensart, beantwortet wird. Dies zeigt ein Blick insbesondere in die Fürsorgesachen. Würde man dort der Entscheidung die materielle Rechtskraft zusprechen, hätte man den Beteiligten zwar Rechtssicherheit versprochen. Im Gegenzug dazu würde sich das Gericht jedoch die Möglichkeit nehmen, der materiell richtigen, „besseren“ Entscheidung zur Durchsetzung zu verhelfen.

Auch stehen die Regelungen des FamFG nicht einer Zweitentscheidung in einem neuen Verfahren in der gleichen Sache entgegen. Aus § 48 FamFG lässt sich nichts Gegenteiliges entnehmen.

C. Abänderung nach § 48 FamFG

Die Vorschrift des § 48 FamFG enthält für das Gericht die Befugnis, Endentscheidungen, deren zugrundeliegender Sachverhalt sich nachträglich geändert hat, aufzuheben oder zu ändern. Dabei wird in Abs. 1 Satz 1 dieser Norm danach unterschieden, ob die vom Gericht unterlassene Verfügung auf Antrag eines Beteiligten erfolgte. Soweit ein Antrag entbehrlich ist, kann das Gericht im Gegenzug eine Abänderung ebenso von Amts wegen vornehmen. Diese Möglichkeit zur Abänderung von Amts wegen stellt eine Besonderheit der freiwilligen Gerichtsbarkeit dar und ergibt sich aus den Eigenarten dieses Verfahrensrechts. Durch die Gewährung eines Rechts auf Abänderung durch das Gericht einerseits und der Eröffnung eines Rechtsmittels andererseits entsteht ein neues Verhältnis zwischen diesen beiden Möglichkeiten. Ob § 48 FamFG ebenso die Pflicht zur Abänderung enthält, ist noch zu erörtern.

I. Anwendbarkeit und Voraussetzungen

1. Gegenstand der Änderung

Von der Möglichkeit der Änderung sind rechtskräftige Endentscheidungen jeglicher Art umfasst. War im FGG noch problematisch, ob dieser Begriff – anders als etwa im Zivilverfahrensrecht[129] – über die verfahrensleitenden Anordnungen hinaus auch auf Sachentscheidungen Anwendung finden solle, hat dies der Gesetzgeber mittlerweile eindeutig geklärt. Im FGG bezog sich der Begriff der Verfügung nur auf Entscheidungen, „durch die das Gericht mit rechtlicher Wirkung für die Beteiligten in der Sache oder über Verfahrensfragen befindet, egal ob in Form einer Zwischen- oder Endentscheidung."[130] Verfügungen in diesem Sinne waren also einerseits bestimmt und andererseits geeignet, eine rechtliche Wirkung zwischen den Verfahrensbeteiligten herbeizuführen.[131] Nunmehr stellt § 48 FamFG ausdrücklich fest, dass nur noch rechtskräftige Endentscheidungen nach dieser Norm abänderbar sind.

Dabei ist unter dem Begriff der Änderung die Veränderung des sachlichen Inhalts der früheren Entscheidung zu verstehen; wenn das Gericht also nachträglich zu einer anderen Rechtsauffassung kommt.[132]

---

129 Brehm, Rn. 322.

130 Keidel/Kuntze/Meyer-Holz, Vorb. §§ 8-18, Rn. 15.

131 KG NJW 1955, 1233; Baur, § 23 B I.

132 Keidel/Kuntze/Schmidt, § 18, Rn. 1; Jansen/Briesemeister, § 18, Rn. 8.

2. Wesentliche Änderung der Sach- und Rechtslage

Um im FGG eine Änderung der Entscheidung vornehmen zu können, musste das Gericht diese gemäß § 18 Abs. 1 Halbs. 1 FGG als ungerechtfertigt erachten. Jedoch enthielt das Gesetz diesbezüglich keinen Anhaltspunkt, was unter diesem Begriff zu verstehen war. Insbesondere über den Zeitpunkt, zu dem die Entscheidung ungerechtfertigt sein soll, schwieg das Gesetz.[133] Diese Unklarheit im FGG führte dazu, dass dort die Möglichkeit der Abänderung umstritten war. Insofern waren die Voraussetzungen ungeklärt, bei denen eine Änderung nach § 18 FGG erfolgen konnte. Deshalb sollen zunächst die hierzu im FGG vertretenen Grundsätze dargestellt werden, um darauf aufbauend diese zur Erläuterung der neuen Rechtslage heranziehen zu können.

a.) Berücksichtigung veränderter Umstände

Veränderte Umstände (auch „facta supervenientia“ genannt) liegen vor, wenn sich nach Erlass einer gerichtlichen Entscheidung die dieser Entscheidung zugrundeliegenden Umstände ändern. Dabei weist die ursprüngliche Entscheidung keinen Mangel auf. Zum Zeitpunkt ihres Erlasses war sie vollumfänglich korrekt. Erst zu einem späteren Moment sollen nun die neuen Umstände berücksichtigt und die Entscheidung angepasst werden. Hinsichtlich der Behandlung dieser Fallgruppe im FGG gingen die Ansichten in Rechtsprechung und Literatur auseinander.

aa.) Weite Auslegung des § 18 Abs. 1 FGG

So sahen manche in Rechtsprechung[134] und Literatur[135] § 18 Abs. 1 FGG als eine Norm an, die eine Änderung auch in diesem Fall vorsieht. Dabei wurde zunächst auf die Entstehungsgeschichte dieser Norm Bezug genommen.[136] § 18 FGG wurde dem in § 571 a. F. ZPO (§ 572 Abs. 1 n. F. ZPO) normierten Abhilferecht nachgebildet, ohne dass es dabei einer Beschwerde bedurfte.[137] Zum gleichen Schluss kam auch *Dorndorf*. Dieser begründete seine Ansicht jedoch nicht mit historischen Argumenten, sondern versuchte die Norm teleologisch zu ergründen. Er sah in § 18 FGG eine Erweiterung des Abhilferechts des § 571 a.F. ZPO.[138]

---

133 Bonvie, S. 36.

134 OLG Karlsruhe OLGRspr. 35, 341; OLG München JFG 14, 61 [66].

135 Bötticher, JZ 1956, 582; Schneider/Ehard, § 18, Rn. 2; Staudinger/Donau, § 1696, Rn. 11.

136 Bötticher, JZ 1956, 582 [584].

137 Jansen/Briesemeister, § 18, Rn. 9; Bumiller/Winkler, § 18, Rn. 1; Bärmann, § 21 III 2.

138 Dorndorf, S. 84 f.

Weiterhin ergab sich auch aus Gründen der Zweckmäßigkeit, dass § 18 FGG eine umfassende Abänderungsbefugnis darstellen sollte.[139] *Bärmann* verglich diesbezüglich die Verhältnisse bei der Beschwerde: Nach § 23 FGG konnten in deren Rahmen neue Tatsachen und Beweise vorgebracht werden. Deshalb fragte *Bärmann*, ob „die Befugnis und Pflicht des erstinstanzlichen Richters, der Beschwerde gemäß § 18 Abs. 1 FGG abzuhelfen, nur auf die Fälle beschränkt sein [soll], in denen erst alte und neue Tatsachen vorgebracht werden."[140] Dies wurde als unzweckmäßig und unpraktisch erachtet. Weiterhin mag es Fälle gegeben haben, in denen nur die alten und die neuen Tatsachen zusammen eine Änderung rechtfertigen konnten.

Ferner brachte *Rothe* ein praktisches Argument ins Spiel: Eine Unterscheidung zwischen anfänglicher und nachträglicher Unrichtigkeit sei undurchführbar.[141] Er legte im Weiteren dar, dass es willkürlich sei und dem Fürsorgegedanken der freiwilligen Gerichtsbarkeit widerspreche, den Zeitpunkt der Erstentscheidung als Kriterium für die Frage der Abänderbarkeit heranzuziehen.[142] *Rothe* ging noch weiter und wollte die Befugnis des § 18 FGG auch auf die Möglichkeit einer Änderung nach einer sachlichen Beschwerdeentscheidung ausdehnen.[143]

Eingeschränkt wurde diese Ansicht jedoch für den Fall, in dem für die ursprüngliche Entscheidung ein Antrag notwendig war. Dann konnte die erneute Verfügung auf Grundlage des § 18 Abs. 1 Halbs. 2 FGG ebenso nur durch einen Antrag erfolgen.[144]

Von den Befürwortern der weiten Auslegung wurde angeführt, § 18 Abs. 1 FGG entspreche seinem Wesen nach dem § 571 a. F. ZPO.[145] Dies brachte mit sich, dass neue Tatsachen auch nach Erlass der Entscheidung zu berücksichtigen waren. Die Befürworter dieser Ansicht verwiesen dabei jeweils auf die Materialien zum FGG. Dort wurde zwar § 534 CPO angeführt. Jedoch wurde nichts darüber ausgesagt, ob im Rahmen des § 18 FGG auch neue Tatsachen zu berücksichtigen waren.[146] Dort heißt es: „Es ist dies eine den besonderen Bedürfnissen der nichtstreitigen Rechtspflege entsprechende Fortbildung der von verschiedenen Landesgesetzen aus dem § 534 CPO. übernommenen Vorschrift, daß das Gericht, gegen dessen Entscheidung Beschwerde eingelegt wird, der Be-

139 Bärmann, § 21 III 2.
140 Bärmann, § 21 III 2.
141 Rothe, S. 53 („Beispiel").
142 Rothe, S. 46, 53.
143 Rothe, S. 69.
144 OLG Frankfurt FamRZ 1960, 77.
145 Bei Hahn/Mugdan, S. 39 wird auf § 534 CPO verwiesen.
146 Hahn/Mugdan, S. 39.

schwerde abhelfen darf." Die Motive verlieren hier kein Wort über die Berücksichtigung neuer Tatsachen. Es gibt dort nur Äußerungen zur eigenen Abhilfemöglichkeit. Aus dieser Passage lässt sich insofern nichts über den Umgang mit neuen Tatsachen entnehmen. Hätte man auch die Möglichkeit eröffnen wollen, dass neue Tatsachen eingebracht werden können, so hätte man im weiteren auf § 533 CPO[147] verweisen können. Dies geschah insgesamt nicht. Ferner wird in den Motiven zu § 17 FGG des Entwurfes – dem späteren § 18 FGG – hinsichtlich der CPO-Beschwerde lediglich auf § 534 CPO zurückgegriffen. Hätte man die gesamte Systematik der CPO-Beschwerde auf § 18 FGG übertragen wollen, so wäre dies in den Motiven zumindest kurz erwähnt worden. Somit lässt sich allein aufgrund des Verweises auf § 534 CPO nicht darauf schließen, dass auch § 533 CPO Anwendung finden soll und somit neue Tatsachen auch nach Erlass der Entscheidung zu berücksichtigen sind. Eine Änderung im ursprünglichen Verfahren darf durch das Gericht jedoch dann erfolgen, wenn dieses einer Beschwerde abhilft.[148]

bb.) Enge Auslegung des § 18 Abs. 1 FGG

Im Gegensatz dazu wurde eine Abänderung wegen veränderter Umstände von anderen Teilen in Rechtsprechung und Literatur[149] abgelehnt. Begründet wurde dies damit, dass beim Vorliegen neuer Tatsachen nach Erlass der Entscheidung im ursprünglichen Verfahren keine unrichtige Verfügung gefällt wurde und diese somit auch nicht korrigiert werden müsse.[150] Demnach ist § 18 FGG lediglich zur Korrektur von Fehlern heranzuziehen, die im Rahmen des Verfahrens dem Gericht unterlaufen sind.[151] *Baur* sieht die Notwendigkeit einer Änderung von Verfügungen. Diese muss jedoch außerhalb des § 18 FGG stattfinden. Daher bemühte er für eine Änderung die materiell-rechtlichen Normen.[152]

Allgemein anerkannt war, dass die freiwillige Gerichtsbarkeit im Gegensatz zum Zivilprozess weitaus elastischer ausgestaltet ist. Dieser Gedanke lässt sich ebenso den Motiven entnehmen. Diesbezüglich wird etwa von den „besonderen Bedürfnissen der nichtstreitigen Rechtspflege"[153] gesprochen. Dies bedeutet aber nicht, dass dem Gericht eine Art Freibrief an die Hand gegeben werden sollte, mit Hilfe dessen es ihm nicht mehr zusagende Entscheidungen nach Be-

---

147 Dieser hatte folgenden Wortlaut: „Die Beschwerde kann auf neue Thatsachen und Beweise gestützt werden."

148 Brehm, Rn. 368.

149 Soergel/Strätz, § 1696, Rn. 2.

150 BayObLG 1955, 124 [130]; Brehm, Rn. 372.

151 Habscheid, § 27 III; Baur, § 24 A I 3.

152 Baur, § 24 C I 2.

153 Hahn/Mugdan, S. 39.

lieben wieder ändern kann. Allein der Umstand, dass von Teilen der Literatur auch eine Änderung nach § 18 FGG für möglich gehalten wird, wenn sich nach Erlass die Literaturmeinung ändert, zeigt, dass § 18 FGG in einer Art und Weise gehandhabt wird, die vom Gesetzgeber nicht bezweckt wurde. Den Motiven lässt sich über eine solch weite Auslegung nichts entnehmen.

Auch aus dem Wortlaut ließ sich nichts Anderweitiges entnehmen. Die entscheidende Passage ist hier: „Erachtet [...] nachträglich für ungerechtfertigt,...“. Daraus lässt sich lediglich entnehmen, dass nach Erlass die Verfügung dann abgeändert werden konnte, wenn sie sich als ungerechtfertigt erwies. Unter keinen Umständen lässt sich dem jedoch entnehmen, dass nach Erlass der Entscheidung auch neue Tatsachen zu berücksichtigen waren. Das Wort „nachträglich“ grenzt nur die Zeiträume vor und nach Erlass ab. Es enthält allerdings nicht die Aussage, dass auch neue Umstände zu berücksichtigen sind. „Nachträglich“ bedeutet hier: Das Gericht hat nach Erlass der Entscheidung erkannt, dass ihm vor deren Erlass ein Fehler unterlaufen ist.

Auch aus dem systematischen Blickwinkel konnte eine Berücksichtigung nach Erlass eingetretener Umstände nicht erfolgen. § 18 FGG ist eine Vorschrift des Allgemeinen Teils („Allgemeine Vorschriften“). Sie befindet sich unmittelbar vor den Normen zur Beschwerde, die sich mit § 19 FGG anschließen. § 18 FGG gab dem Gericht die Möglichkeit, seine eigene Verfügung im selben Verfahren zu ändern. Aber allein daraus ließ sich nicht der Umstand entnehmen, dass deshalb auch neue Tatsachen Berücksichtigung finden mussten. Eine solche Möglichkeit war auch nicht notwendig. Den Beteiligten stand der Weg zur Beschwerde offen. Und diese Möglichkeit konnte sogar ohne jegliche zeitliche Schranken ausgestaltet sein. Die Beschwerdeinstanz war als zweite Tatsacheninstanz ausgestaltet.[154] Darin waren auch Tatsachen zu berücksichtigen, die erst nach Erlass der Ausgangsentscheidung entstanden sind.[155] Selbst *Schmidt*[156] – als Vertreter der Gegenansicht – musste feststellen, dass bei nachträglich neu eingetretenen Tatsachen auch außerhalb des Anwendungsbereichs des § 18 FGG Möglichkeiten zur Abänderung einer Entscheidung bestanden. Bei § 18 FGG ging es gerade um die Korrektur von Verfahrensfehlern. Dies beinhaltete gerade nicht die Berücksichtigung von nach Erlass veränderten Umständen. Sollten diese der einzige Grund zur Änderung der Verfügung sein, so war diese im Zeitpunkt des Erlasses aus verfahrens- und materiell-rechtlicher Sicht richtig.

154 Keidel/Kuntze/Kahl, Vorb. §§ 19-30, Rn. 2a; Bassenge/Roth, Vor §§ 19-30, Rn. 4.
155 BayObLG NJW-RR, 1994, 1032 [1033].
156 Keidel/Kuntze/Schmidt, § 18, Rn. 2.

Brehm[157] verweist darauf, dass im Rahmen des § 18 Abs. 1 FGG das alte Verfahren fortgesetzt wurde. Folglich konnten die bisherigen Verfahrensergebnisse verwendet werden und die Zuständigkeit blieb fortbestehen. Eine Änderung aufgrund nach Erlass eingetretener neuer Umstände sah das Gesetz bei dieser Norm nicht vor. Insofern war entweder auf die Beschwerde durch die Beteiligten zurückzugreifen oder es war ein neues Verfahren einzuleiten. Insofern ist *Habscheid*[158] beizupflichten, der meint, dass dann eine „neue Entscheidung in einem neuen Verfahren" herbeizuführen war.

b.) Wesentlichkeit

Mit § 48 FamFG wurde das Kriterium der Wesentlichkeit als Maßstab für die Frage der Abänderbarkeit einer Entscheidung eingeführt. Zuvor forderte § 18 FGG vom Richter für eine Abänderung noch, dass die von ihm erlassene Verfügung „ungerechtfertigt" war. Dabei war dem Gesetz nichts darüber zu entnehmen, wie der Begriff „ungerechtfertigt" zu verstehen war. Literatur und Rechtsprechung beschäftigten sich hinsichtlich dieses Kriteriums in § 18 FGG nicht mit der Frage, bei welcher Schwere eine Abänderung stattzufinden hatte, sondern es wurde diskutiert, in welchen formellen Fällen eine Verfügung als ungerechtfertigt zu betrachten war.[159]

Durch die Einführung des Begriffs der Wesentlichkeit in § 48 FamFG wurde für die Beurteilung der Abänderbarkeit ein neues Kriterium eingeführt. Insofern wurde in der Literatur diesem Punkt gegenüber Unverständnis geäußert.[160] In den Gesetzesmaterialien wird unter dem Begriff „wesentlich" verstanden, dass die Änderung der Verhältnisse „bedeutsam" war.[161] Eine tiefergehende Umschreibung oder gar eine Definition lassen sich aber nicht finden. Teilweise wird auch die Auffassung vertreten, dass sich eine schematische Beurteilung in diesem Zusammenhang verbiete und eine Einzelfallentscheidung unter Berücksichtigung der jeweiligen Verhältnisse zu erfolgen habe.[162]

Diskutiert, aber abgelehnt wurde der Gedanke, ob mit dieser neuen Formulierung eine Mindestvoraussetzung für die Abänderung geschaffen werden sollte, ähnlich der Mindestbeschwer bei den Rechtsmitteln.[163] Die Materialien sprechen davon, dass eine „bei der Entscheidungsfindung maßgebliche Änderung

157 Brehm, Rn. 368.
158 Habscheid, § 27 III 6b; so auch Brehm, Rn. 368.
159 Keidel/Kuntze/Schmidt, § 18, Rn. 1.
160 Prütting/Helms/Abramenko, § 48 FamFG, Rn. 9.
161 BT-Drs. 16/6308, S. 198.
162 Bork/Jacoby/Schwab/Elzer, § 48 FamFG, Rn. 15.
163 Prütting/Helms/Abramenko, § 48 FamFG, Rn. 9.

der Verhältnisse“[164] vorliegen muss. Dies bedeutet also, dass der Gesetzgeber eine Änderung der Verhältnisse in entscheidungserheblicher Weise für eine Abänderung nach § 48 FamFG fordert.[165] Dies soll insbesondere der Fall sein, wenn die Aufrechterhaltung der Entscheidung als krasses Unrecht aufzufassen ist.[166]

Denkbar wäre eine Anlehnung an § 323 ZPO. Dort wird zunächst ebenso der Begriff „wesentlich“ verwendet. Auch wird dort eine dem § 48 FamFG entsprechende Interessenlage geregelt: Eine gerichtliche Entscheidung mit dem Charakter einer Dauerwirkung („wiederkehrende Leistungen“)[167] soll aufgrund einer veränderten Sach- oder Rechtslage abgeändert werden. Problematisch hierbei ist jedoch, dass § 323 ZPO lediglich auf Ansprüche auf Geldleistung zugeschnitten ist.[168] Allerdings bedeutet dies nicht, dass dieser Norm nur Leistungsurteile unterliegen.[169]

Hinsichtlich der Abänderung wegen veränderter Umstände sind zwei verschiedene Kategorien an Kriterien entwickelt worden. Einerseits stellt sich die Frage, welcher Umstand sich geändert hat (Art der Veränderung) und andererseits, ob dies auch zu berücksichtigen ist (prozessuale Berücksichtigung).

aa.) Art der Veränderung

Im Rahmen des § 323 ZPO werden dabei drei grundlegende Fallgruppen diskutiert: Zunächst die Veränderung in der Sphäre der Parteien, dann die Veränderung der wirtschaftlichen Rahmenbedingungen und schließlich – der bereits oben diskutierte – Rechtsprechungswandel bzw. eine Änderung der Gesetzgebung.[170]

Eine wesentliche Änderung der Verhältnisse ist dann gegeben, wenn diese für das Bestehen des Anspruchs, dessen Höhe oder Dauer ausschlaggebend waren.[171] Entscheidend ist dabei, welche Verhältnisse der Richter in Bezug auf diese drei Kriterien nach dem materiellen Recht für die Entscheidung einerseits in Betracht ziehen musste und andererseits in Betracht gezogen hat.[172]

---

164 BT-Drs. 16/6308, S. 198.

165 Prütting/Helms/Abramenko, § 48 FamFG, Rn. 9.

166 Keidel/Engelhardt, § 48 FamFG, Rn. 14.

167 Stein/Jonas/Leipold, § 323, Rn. 1.

168 Wieczorek/Schütze/Büscher, § 323, Rn. 45.

169 Stein/Jonas/Leipold, § 323, Rn. 21; Wieczorek/Schütze/Büscher, § 323, Rn. 49; Volp, GRUR 1984, 489.

170 Stein/Jonas/Leipold, § 323, Rn. 36 ff.

171 BGH NJW 1981, 2193 [2195]; BGH FamRZ 1984, 353 [355].

172 Stein/Jonas/Leipold, § 323, Rn. 32.

(1) Veränderung in der Sphäre der Beteiligten

Die Änderung von Verhältnissen kann sowohl auf der Seite des Berechtigten wie auch auf der Seite des Verpflichteten eintreten.[173] Zu einer genaueren Präzisierung hat sich in der Literatur wie auch in der Rechtsprechung eine umfassende Kasuistik herausgebildet. So wird unter diesen Punkt etwa die Schwankung in der Erwerbsfähigkeit des Berechtigten[174], in dessen Bedürftigkeit[175] oder in der Leistungsfähigkeit des Verpflichteten[176] gefasst. Dabei spielt es keine Rolle, ob diese Änderung der Verhältnisse von vorübergehender oder dauerhafter Natur ist. Auch die Frage, ob es durch die Veränderung zu einer Erweiterung oder Verminderung hinsichtlich Höhe oder Dauer des Anspruchs oder dessen gesamten Fortfalls kommt, ist im Rahmen einer Abänderung bedeutungslos.[177]

(2) Veränderung der wirtschaftlichen Rahmenbedingungen

Neben diesen eben genannten individuellen Faktoren lassen sich jedoch auch allgemeine Verhältnisse identifizieren, aufgrund derer eine Abänderung möglich ist. Hierher gehören beispielsweise Änderungen der wirtschaftlichen Verhältnisse[178], insbesondere eine Steigerung der Lebenshaltungskosten[179] bzw. des Lebensstandards[180]. Auch die Folgen eines Verfalls der Währung werden von der Rechtsprechung anerkannt.[181] Dagegen werden die Schwankungen von Wechselkursen nicht zu dieser Fallgruppe gezählt, denn maßgeblich für die Fortschreibung des Unterhaltsbedarfs ist ausschließlich der Binnenwert der Währung.[182]

Nicht in diese Fallgruppe gehört jedoch eine Veränderung in der tatsächlichen oder rechtlichen Beurteilung bzw. Bewertung der bereits dem früheren Urteil zugrundeliegenden Verhältnisse.[183] Denn hierbei ändern sich die jeweiligen Verhältnisse nicht.[184] Bei einer vergleichenden Betrachtung der Verhältnisse im Zeitpunkt des vorausgehenden Urteils mit der Situation zum Zeitpunkt der

---

173 Stein/Jonas/Leipold, § 323, Rn. 36.

174 RGZ 2, 3 [5]; 68, 352 [353]; JW 1911, 658; HRR 1930, Nr. 63.

175 BGH FamRZ 1960, 60.

176 BGH FamRZ 1981, 341; OLG Köln FamRZ 1987, 616.

177 Stein/Jonas/Leipold, § 323, Rn. 36.

178 RG JW 1921, 1080.

179 OLG Karlsruhe VersR 1969, 1123.

180 LG Hannover MDR 1956, 102 (abl. Holtfort, S. 103 f.).

181 RGZ 114, [188] 192 f.; 129, 316 [320]; JW 1926, 52.

182 OLG Hamm NJW-RR 1994, 649.

183 RGZ 126, 239; 129, 316 [320]; BGH FamRZ 1969, 212; VersR 1981, 280 [281]; NJW-RR 1986, 938.

184 NJW-RR 1986, 938 f.

mündlichen Verhandlung über die Abänderungsklage lässt sich in solch einem Fall keine Veränderung feststellen. Diese Verhältnisse sind gleich geblieben, auch wenn das Urteil möglicherweise unrichtig ist.

(3) Änderung der höchstrichterlichen Rechtsprechung

Nach den Motiven[185] und Stimmen in der Literatur[186] sowie in der Rechtsprechung[187] soll eine Veränderung auch dann wesentlich sein, wenn sich die Rechtslage geändert hat. Dies kann einerseits durch eine Änderung in der Gesetzgebung, andererseits durch einen Wandel der höchstrichterlichen Rechtsprechung geschehen.

Zur alten Rechtslage des § 18 FGG wurde vertreten, dass eine Änderung auch dann möglich sein soll, wenn das Gericht nachträglich seine Rechtsauffassung ändert. Dies soll insbesondere dann der Fall sein, wenn sich die Auslegung eines unbestimmten Rechtsbegriffs ändert. Grundlage hierfür kann etwa eine Änderung der höchstrichterlichen Rechtsprechung oder die Korrektur eines Rechtsirrtums sein.[188]

Dies stößt jedoch dort in seine Grenzen, wo die Rechtssicherheit eine solche Abänderung überragt. Denn eine Änderung lässt sich nicht allein dadurch rechtfertigen, dass sich Rechtsprechung oder Literatur geändert haben. Dadurch ist noch lange nicht gewährleistet, dass die neue Entscheidung nunmehr „richtiger" ist als die ursprüngliche. Dies muss umso mehr gelten, je länger der bereits verstrichene Zeitraum war.[189] Ferner bleibt in diesem Fall die Frage ungeklärt, was geschieht, wenn das Ausgangsgericht seine Ansicht an die des übergeordneten Oberlandesgerichts anpasst, sich aber im Laufe der Zeit herausstellt, dass sich die anderen Gerichte dieser Ansicht nicht angeschlossen haben und das Ausgangsgericht im weiteren Verlauf seine ursprüngliche Ansicht wieder aufnimmt. Letztlich könnten sich die Beteiligten nicht mehr auf die erlassenen Entscheidungen verlassen. Sie müssten so jederzeit damit rechnen, dass ihnen eine bereits zugesprochene Rechtsposition wieder abgesprochen wird. Aber selbst dabei muss es nicht bleiben: Möglicherweise ändert sich nach einiger Zeit wiederum die Rechtsprechung und das Gericht kehrt nach diesem Umweg wieder zu seiner ursprünglichen Rechtsauffassung zurück. Ferner würde dies die Frage aufwerfen, aus welchen Gründen eine ursprünglich richtige Auffassung nunmehr als falsch anzusehen ist. Jedoch gibt es gerade in der Rechtswissenschaft häufig

---

185 BT-Drs. 16/6308, S. 198.

186 Prütting/Helms/Abramenko, § 48, Rn. 9; Stein/Jonas/Leipold, § 323, Rn. 39, 43.

187 BGH NJW 2001, 3618 [3620]; 2003, 1796 [1800].

188 KG OLGZ 1971, 89 [90]; Keidel/Kuntze/Schmidt, § 18, Rn. 1; Bassenge/Roth, § 18, Rn. 6; Brehm, Rn. 368.

189 OLG Frankfurt JZ 1960, 93 [94].

kein „Richtig“ oder „Falsch“. Dies ist das generelle Problem einer Auslegung: Ein objektiv richtiges Ergebnis lässt sich dabei nur schwer erzielen. Es gibt viele Möglichkeiten, eine Norm auszulegen. Insofern kann eine Änderung der Entscheidung nicht davon abhängen, ob diese eindeutig unrichtig ist oder zumindest der herrschenden Meinung entspricht. Selbst wenn diese Meinung der herrschenden Ansicht entgegensteht, führt dies noch lange nicht dazu, dass sie falsch sein muss, denn sie kann noch immer im Rahmen des Vertretbaren liegen.[190]

Die Rechtsprechung[191] wie auch die Literatur wollen jedoch die Abänderung einer Entscheidung aufgrund eines Wandels der Rechtsauffassung des Gerichts dann einschränken, wenn diese Änderung nur von Amts wegen stattfinden soll. Ansonsten besteht die Gefahr, dass der ursprünglich geschaffene Vertrauenstatbestand bei einer Abänderung in Frage gestellt wird und letztlich den Beteiligten ihre bereits zugesprochene Rechtsposition wieder entzogen wird, ohne dass diese ihrerseits die Entscheidung abändern lassen wollten.[192] Dabei würde man den Beteiligten eine neue Regelung aufdrängen, die sie einerseits gar nicht wollten[193] und mit der sie andererseits auch nicht mehr rechneten, zumal im Normalfall kein Beteiligter die aktuelle Rechtsentwicklung verfolgt.

In den Materialien zu § 48 FamFG wird festgestellt, dass eine Änderung der Rechtslage grundsätzlich auch dann vorliegen soll, wenn sich die höchstrichterliche Rechtsprechung ändert.[194] Allerdings gibt es im deutschen Recht keinen Grundsatz, nach dem ein Wandel in der Rechtsauffassung der Gerichte oder gar der Literatur zu einer Änderung bereits erlassener Entscheidungen führt.[195] Dies zeigt insbesondere § 79 Abs. 2 BVerfGG. Diese Norm enthält gerade den allgemeinen Grundsatz, dass selbst eine Entscheidung, mit der die Nichtigkeit einer Norm festgestellt wurde, keine Auswirkungen auf bereits endgültig entschiedene Rechtsbeziehungen haben kann.[196] Eine Abänderung aufgrund eines Wandels in der Rechtsprechung kann indes nur unter den strengen Voraussetzungen des § 79 BVerfGG erfolgen. Denkbar ist hier vor allem eine analoge Anwendung[197] des § 79 Abs. 1 Alt. 3 BVerfGG im Rahmen einer verfassungskonformen Auslegung. Ein Wandel in der Rechtsaufassung an sich kann eine Änderung einer bereits erlassenen Entscheidung auch in der freiwilligen Gerichtsbarkeit nicht rechtfertigen. Denn dadurch wird nicht die Rechtslage geändert, sondern jetzt

---

190 BVerwG DVBl. 1961, 292 [293].

191 OLG Frankfurt JZ 1960, 93; BVerfGE 2, 380 [395].

192 Jansen/Briesemeister, § 18, Rn. 9.

193 Lent, 2. Aufl., § 17 VII.

194 BT-Drs. 16/6308, S. 198.

195 BVerfGE 2, 380 [395].

196 Lechner/Zuck, § 79, Rn. 3.

197 Umbach/Graßhof, § 79, Rn. 23.

die richtige, eigentlich bereits von Anfang an zutreffende Rechtsanwendung umgesetzt.[198] *Baur* bringt es auf den Punkt: Die Rechtssicherheit verdient den Vorzug vor rechtlichen Skrupeln des Richters.[199]

Insofern kann ausschließlich unter dem Aspekt der Einzelfallgerechtigkeit eine Abänderung aufgrund eines Wandels der Rechtsprechung erfolgen. Nur unter diesem Gesichtspunkt darf eine Abänderung erfolgen, um zu vermeiden, dass die Beteiligten in krasser Weise von einer nunmehr „unrichtigen" Entscheidung betroffen sind.[200] Wobei selbst die Motive hier feststellen, dass dieser Rechtssprechungswandel nur „grundsätzlich"[201] zu einer Abänderung führen kann. Ein solcher Wandel darf auch nur dort akzeptiert werden, wo sich die höchstrichterliche Sicht verändert hat. In der Rechtsprechung der Instanzgerichte kann er dem Erfordernis der Wesentlichkeit unter keinen Umständen genügen.[202]

(4) Änderung der Gesetzgebung

Ebenso eine Änderung der Gesetzgebung soll eine Veränderung als wesentlich darstellen. Dabei kann jedoch nur eine solche des materiellen Rechts verstanden werden.[203] Diese kann sich auch durch eine neue, verfassungskonforme Interpretation einer Norm ergeben.[204]

bb.) Prozessuale Berücksichtigung

Dem Erfordernis der Wesentlichkeit in § 48 FamFG liegt der Gedanke zugrunde, dass eine Abänderung von Entscheidungen mit Dauerwirkung nicht uneingeschränkt zugelassen werden soll.[205] Deshalb stellt sich die Frage, nach welchen Kriterien eine Abänderung zulässig sein soll, was also im Rahmen des Verfahrensrechts unter dem Begriff „wesentlich" zu verstehen ist.

(1) Betragsmäßige Beschränkung

Zusammen mit dem FamFG trat auch das Versorgungsausgleichsgesetz[206] in Kraft. Im Rahmen dieser Änderung wurden die §§ 1587 bis 1587g BGB aufge-

---

198 Prütting/Helms/Abramenko, § 48, Rn. 8.

199 Baur, § 24 B II 3.

200 Keidel/Engelhardt, § 48 FamFG, Rn. 14.

201 BT-Drs. 16/6308, S. 198.

202 BGH NJW 2001, 3618 [3620].

203 BT-Drs. 16/6308, S. 198, Prütting/Helms/Abramenko, § 48, Rn. 8; Bork/Jacoby/Schwab/Elzer, § 48, Rn. 4.

204 BGH NJW 1990, 3020 [3022].

205 Bork/Jacoby/Schwab/Elzer, § 48 FamFG, Rn. 16.

206 Gesetz über den Versorgungsausgleich (Versorgungsausgleichsgesetz - VersAusglG) vom 3. April 2009 (BGBl. I S. 700).

hoben. § 1587 BGB n. F. enthält nunmehr nur noch einen deklaratorischen Verweis auf das Versorgungsausgleichsgesetz. Für die Abänderung von Entscheidungen über Ausgleichsansprüche nach der Scheidung ordnet § 227 Abs. 1 FamFG die Anwendung des § 48 Abs. 1 FamFG an. Diese Abänderungsmöglichkeit bezieht sich auf den sog. schuldrechtlichen Versorgungsausgleich. Dem unterfallen die schuldrechtlichen Ausgleichszahlungen (§§ 20 bis 22 VersAusglG), die Abfindung (§§ 23 f. VersAusglG) und die Teilhabe an der Hinterbliebenenversorgung (§§ 25 f. VersAusglG). Da jedoch § 48 Abs. 1 FamFG für die Abänderung eine Entscheidung mit Dauerwirkung voraussetzt, ist diese Norm nicht für alle Konstellationen des schuldrechtlichen Versorgungsausgleichs heranziehbar. So findet diese Norm dort keine Anwendung, wo eine einmalige schuldrechtliche Kapitalzahlung erfolgt.

Der Versorgungsausgleich findet in Form der Zahlung eines Geldbetrages statt. Aber auch außerhalb der Zahlung von Geld kann eine betragsmäßige Änderung notwendig sein. Dies kann beispielsweise bei einem Annährungsverbot nach dem Gewaltschutzgesetz der Fall sein (§ 1 Abs. 1 Satz 2 Nr. 2 GewSchG). So kann etwa die Grenze des Verbotsraums von 100 Meter auf 150 Meter erweitert werden.[207] Insofern bietet es sich an, hier eine betragsmäßige Beschränkung unter dem Kriterium der Wesentlichkeit zu verstehen. Denkbar ist entweder die Heranziehung von absoluten oder von relativen Beträgen, die sich dann in Form von Prozentsätzen äußern würden.[208]

Eine Festsetzung von absoluten Beträgen hätte den Vorteil, dass dadurch die Rechtsprechung einheitlich und prognostizierbar wäre und somit alle Abänderungsverlangen gleichbehandelt werden würden. Jedoch kann gerade diese Gleichbehandlung zu nicht nachvollziehbaren Ergebnissen führen.[209] So müssten sich gerade im Bereich von Klein- und Kleinstbeträgen die Verhältnisse erheblich ändern, um eine Abänderung herbeizuführen, bei größeren Beträgen würde diese umso einfacher vonstattengehen.[210] Insofern stellt die Festschreibung von absoluten Beträgen eine stark am Einzelfall vorbeigehende Maßnahme dar und ist schon allein aus diesem Grund abzulehnen.

Die Verwendung von Prozentsätzen wurde in der Rechtsprechung bereits mehrfach vorgenommen. Hier wurde ab einem Satz von zehn Prozent die Änderung als wesentlich angesehen.[211] Begründet wird dies einerseits mit einer leich-

---

207 MüKo-ZPO/Ulrici, § 48 FamFG, Rn. 9.

208 Niklas, Erfordernis, S. 18.

209 Niklas, Erfordernis, S. 19.

210 Vgl. das Beispiel hierzu bei Niklas, Erfordernis, S. 19 f.

211 LG Schweinfurt NJW 1962, 1518 [1519]; LG Hamburg MDR 1966, 52; LG Berlin FamRZ 1968, 398 [399]; OLG Hamburg FamRZ 1983, 932 [933]; BGH NJW 1992, 1621 [1622].

ten Handhabbarkeit und andererseits damit, dass eine Durchbrechung der Rechtskraft eine Ausnahme darstellen soll und deshalb strenge Anforderungen daran zu stellen sind.[212]

Auch in der Literatur wurde die Berücksichtigung einer prozentualen Mindestgrenze als zweckmäßig erachtet. *Borth*[213] und *Stein*[214] ziehen ebenso wie die Rechtsprechung eine Grenze von zehn Prozent. *Holzwarth*[215] hingegen zieht die Grenze schon bei fünf Prozent. Er möchte damit einen Widerspruch zu § 225 Abs. 3 FamFG vermeiden, der sowohl eine relative wie auch eine absolute Wesentlichkeitsgrenze enthält. Denn nach dieser Norm ist eine Wertänderung dann als wesentlich anzusehen, wenn diese mindestens fünf Prozent des bisherigen Ausgleichswertes beträgt.

Jedoch stößt die Festlegung von Prozentsätzen zur Beurteilung des Kriteriums der Wesentlichkeit auf Kritik. Hauptargument hierbei ist, dass bei der Anwendung eines starren Prozentsatzes unbillige Ergebnisse geradezu heraufbeschworen werden.[216] Dies zeigt das Urteil des LG Berlin[217]. Dort wurde die Abänderung verweigert, weil 11,04 Deutsche Mark fehlten, um die Grenze von zehn Prozent zu erreichen. Sofern von einem Richter verlangt wird, dass er bei seiner Entscheidung jeweils den Einzelfall im Blick hat, führen solche starren Prozentsätze eher zu einer willkürlichen als einer der jeweiligen Situation der Beteiligten entsprechenden Entscheidung. Es lässt sich nur noch schwer erklären, warum eine Veränderung der Verhältnisse um 9,9 Prozent zu einer Abweisung der Klage führt, bei 0,1 Prozentpunkte mehr sich die Lage vor Gericht aber genau ins Gegenteil verkehrt. Noch problematischer gestaltet sich der Fall, wenn zunächst eine Abänderung versucht wird, das Gericht diese aber ablehnt. Im zweiten Versuch, der möglicherweise erst Jahre später unternommen wird, bezieht das Gericht sich dann nicht auf den Ausgangstitel, sondern vergleicht die Verhältnisse zwischen dem ersten und dem jetzigen, zweiten Abänderungsbegehren und kommt zu dem Schluss, dass sich zwischen diesen beiden Verfahren die Änderung der Verhältnisse nur unterhalb des geforderten Prozentsatzes bewegt.[218]

Für viele ist die Grenze von zehn Prozent zu starr. Diese möchten eine elastischere Handhabung und schlagen deshalb diesen Wert lediglich als Maßstab

212 LG Schweinfurt NJW 1962, 1518.
213 Musielak/Borth, § 227 FamFG, Rn. 5.
214 MüKo-ZPO/Stein, § 227 FamFG, Rn. 7.
215 Johannsen/Henrich/Holzwarth, § 20 VersAusglG, Rn. 55.
216 Ruthe, FamRZ 1968, 399 [400] (Anm. zu LG Berlin FamRZ 1968, 398).
217 LG Berlin FamRZ 1968, 398 [399].
218 Hummel, FamRZ 1972, 124 [125].

zur Orientierung vor. Dabei wird ein Wert „um“ oder von „etwa“ zehn Prozent als sachdienlich erachtet.[219]

Dass das Festhalten an festen Prozentsätzen an einer Einzelfallentscheidung vorbeigeht, zeigen andere Urteile. Dort wurden niedrigere Prozentsätze als wesentlich für eine Abänderung angesehen. So wurde in einem Verfahren, in dem die Berechtigte in beengten wirtschaftlichen Verhältnissen leben musste, bereits sieben Prozent als wesentlich anerkannt.[220] In einem ähnlichen Verfahren, in dem der Berechtigte in der Nähe des Existenzminimums lebte, wurde der Titel bei einer Änderung der Verhältnisse um neun Prozent abgeändert.[221] Insofern wird von Teilen der Rechtsprechung eine rein schematische Beurteilung abgelehnt. Dies muss umso mehr gelten, wenn der Berechtigte in beengten wirtschaftlichen Verhältnissen lebt.[222]

Auch die Festlegung auf die Grenze von zehn Prozent muss kritisiert werden. Dabei stellt sich gerade hier die Frage, warum nun genau dieser Wert als maßgeblich angesehen wird und nicht etwa fünf, 15 oder 20 Prozent. Dieser Prozentsatz wurde vielmehr einfach aus der Luft gegriffen, ohne dafür weder im materiellen noch im Prozessrecht einen Anhaltspunkt zu finden.[223] Auch fehlt ein Lösungsvorschlag für den Fall, dass die Änderung der Verhältnisse knapp unter der geforderten Schwelle liegt. Dann sollte das Gericht ehrlich sein und dem Berechtigten empfehlen, noch ein Jahr zu warten in der Hoffnung, dass dann die erforderliche Veränderung eingetreten ist. Dies sollte dann auch so in der Entscheidung erwähnt werden.

Der Gesetzesgeschichte des § 323 ZPO lässt sich ebenso wenig etwas darüber entnehmen, was unter dem Kriterium der Wesentlichkeit zu verstehen ist. Das Wesentlichkeitserfordernis wurde ursprünglich nicht mit dieser Norm entwickelt. Vielmehr wurde es aus dem Reichs-Haftpflicht-Gesetz[224] in die ZPO übernommen.[225] Dort war in § 7 Abs. 2[226] geregelt, dass ein zu Schadensersatz

---

219 BGH NJW 1986, 2054; BLAH, § 323, Rn. 37; Thomas/Putzo/Hüßtege, § 323, Rn. 23; Wieczorek/Schütze/Büscher, § 323, Rn. 91; Braun, Abänderungsklage, S. 249; Bühl, Unterhaltsrecht, S. 328; Graba, NJW 1988, 2346.

220 OLG Düsseldorf NJW-RR 1994, 520 [521].

221 OLG Oldenburg DAVorm 1979, 497.

222 BGH NJW 1986, 2054 [2055]; OLG Hamm FamRZ 2004, 1051 [1052]; 1885 [1886].

223 Braun ZZP 108, 329.

224 Reichs-Haftpflicht-Gesetz betreffend die Verbindlichkeit zum Schadensersatz für die bei dem Betriebe von Eisenbahnen, Bergwerken, Steinbrüchen, Gräbereien und Fabriken herbeigeführten Tödtungen und Körperverletzungen vom 7. Juni 1871 (RGBl. 1871, S. 207 ff.).

225 Hahn/Mugdan, S. 103.

226 § 7 Abs. 2 Reichs-Haftpflicht-Gesetz hatte folgenden Wortlaut: Der Verpflichtete kann jederzeit die Aufhebung oder Minderung der Rente fordern, wenn diejenigen Verhält-

Verpflichteter bzw. ein Verletzter jederzeit die Abänderung der Ersatzrente verlangen kann, wenn sich die Verhältnisse wesentlich verändert haben. Doch schon damals war unklar, wann eine solche Veränderung als wesentlich anzusehen war. Schon zu jener Zeit wollte man nur Veränderungen von erheblicher Bedeutung anerkennen. Dies sollte mittels eines Vergleichs zwischen den bisherigen Grundlagen der Entscheidung und den für das Abänderungsverfahren maßgebenden Verhältnissen festgestellt werden. Erst wenn die Veränderung derart eingreifend war, konnte sie nachhaltig eine Abänderung der Rente rechtfertigen. Unbedeutende oder nur vorübergehende Schwankungen fanden keine Berücksichtigung. Vielmehr war für eine Abänderung erforderlich, dass die Veränderung der Verhältnisse von eingreifendem und konstantem Charakter war.[227]

Letztlich stößt eine betragsmäßige Beschränkung dort an ihre Grenzen, wo nicht die Abänderung von Titeln auf Geldforderungen begehrt wird. Sobald ein Anspruch, der nicht auf einen Betrag gerichtet ist, abgeändert werden soll, müssen andere Kriterien gefunden werden, nach denen sich die Wesentlichkeitsschwelle bestimmen lässt.

Als Lösungsansatz kann sich nur anbieten, einen bestimmten Prozentsatz – etwa von zehn Prozent – als Anhaltspunkt heranzuziehen. Dies kann jedoch nur mit der Maßgabe stattfinden, dass im konkreten Einzelfall auch Prozentsätze unter- und oberhalb dieser „Grenze" eine Veränderung als wesentlich darstellen können. Eine zu starre Festlegung verliert den Einzelfall aus den Augen. Dies würde zu unangemessenen Ergebnissen führen. Insofern muss vom Richter gefordert werden, dass er sich auch mit Konstellationen auseinandersetzt, bei denen eine Veränderung weniger als zehn Prozent ausmacht.

(2) Beschränkung bei nicht auf einen Betrag gerichteten Entscheidungen?

Sofern jedoch nicht auf einen Betrag gerichtete Entscheidungen von einer Abänderung betroffen sind, lässt sich aufgrund eines Prozentsatzes die Frage nach der Wesentlichkeit nicht mehr bestimmen. Hier müssen neue Kriterien entwickelt werden. Zu denken ist hier insbesondere an Entscheidungen, die eine Duldungs- oder Unterlassungspflicht auferlegen.[228]

---

nisse, welche die Zuerkennung oder Höhe der Rente bedingt hatten, inzwischen wesentlich verändert sind. Ebenso kann der Verletzte, dafern er den Anspruch auf Schadensersatz innerhalb der Verjährungsfrist (§ 8) geltend gemacht hat, jederzeit die Erhöhung oder Wiedergewährung der Rente fordern, wenn die Verhältnisse, welche für die Feststellung, Minderung oder Aufhebung der Rente maßgebend waren, wesentlich verändert sind.

227 Eger, Reichs-Haftpflicht-Gesetz, S. 438 f.

228 Prütting/Helms/Abramenko, § 48, Rn. 10.

Für *Elzer*[229] ist in diesem Fall eine Veränderung dann wesentlich, „wenn sie einen Beteiligten unangemessen, in ihren Wirkungen unerwartet und unverhältnismäßig sowie unbillig beschwert". Doch enthält diese Formel selbst unbestimmte Rechtsbegriffe, die einer Ausfüllung bedürfen. Schon aus diesem Grund stellt sie sich für die Praxis als schwer umsetzbar dar. Ein Rückgriff auf die Formel der Rechtsprechung, dass eine Veränderung dann wesentlich ist, wenn sie unter Berücksichtigung des materiellen Rechts in nicht unerheblicher Weise zu einer anderen Beurteilung des Bestehens, der Höhe oder der Dauer der Entscheidung führt,[230] gestaltet sich in diesem Fall als praxistauglicher. In einer solchen Konstellation ist also zu fragen, ob das Gericht, hätte es bereits die veränderten Umstände bei Erlass der ursprünglichen Entscheidung gekannt, ebenso entschieden hätte. Sofern dies der Fall ist, kann die Veränderung als wesentlich angesehen werden. Eine graduelle Abstufung, wie sie hinsichtlich des Betrages bei auf die Zahlung von Geld gerichteten Streitigkeiten stattfindet, kann hier naturgemäß nicht umgesetzt werden. Eine solche wäre auch kaum handhabbar. Kriterien für solch eine Abstufung lassen sich nur schwer aufstellen. Entweder führt der Vergleich der ursprünglichen Lage mit der neuen Situation dazu, dass nunmehr neu entschieden werden muss, oder dass dies nicht der Fall ist. Einzig denkbares Kriterium wäre, danach zu fragen, wie lange die Veränderung der Verhältnisse andauert. Sofern dies nur kurz der Fall ist, wird man von einer Abänderung der Entscheidung absehen können. Jedoch stellt sich auch hier schon das Problem, wann eine Veränderung nur kurzfristigen Charakter aufweist. Insofern lässt sich diesbezüglich ebenso wenig eine konkrete Aussage treffen. Deshalb ist auch hier eine Entscheidung am konkreten Einzelfall geboten und es verbietet sich ein Rückgriff auf abstrakt formulierte Grenzen. Diese können lediglich eine Richtschnur sein.

(3) Zeitliche Beschränkung

Neben einer betragsmäßigen kann auch eine zeitliche Beschränkung in Betracht kommen. Eine solche wäre gegeben, wenn zwischen der vorgehenden Entscheidung und dem Abänderungsbegehren ein entsprechender Zeitraum verstrichen ist. Diese Zeitspanne soll nach einem Teil der Rechtsprechung etwa drei Jahre betragen. Vorteilhaft an dieser Vorgehensweise wäre, dass nicht ständig neue Abänderungsanträge erhoben werden würden. Im Gegenzug dazu könnte dann der Berechtigte alle Veränderungen geltend machen.[231] Eine ähnliche Regelung lässt sich in § 16 Abs. 1 Halbs. 1 des Gesetzes zur Verbesserung der betrieblichen Altersversorgung (Betriebsrentengesetz) finden. Dort geht es ebenso um

---

229 Bork/Jacoby/Schwarz/Elzer, § 48, Rn. 17.

230 BGH NJW 1981, 2193 [2195]; BGH FamRZ 1984, 353 [355].

231 LG München II FamRZ 1955, 184 [185].

die Anpassung von laufenden Geldzahlungen aufgrund der allgemeinen Lebenshaltungskosten. Insofern wird nach drei Jahren eine Pflicht zur Prüfung einer möglichen Anpassung normiert.

Allerdings verliert eine solche zeitliche Festlegung mögliche Veränderungen der Verhältnisse innerhalb dieses Zeitraums völlig aus den Augen. In diesem Zeitrahmen können erhebliche Veränderungen eintreten, die eine weitere Zahlung zum Teil oder im Ganzen in Frage stellen. Würde man die Beteiligten dazu anhalten, erst nach Ablauf von drei Jahren ihr Begehren vor Gericht bringen zu dürfen, kann dies dazu führen, dass diese in unangemessener Weise weiterhin Zahlungen leisten müssten bzw. eine niedrigere Zahlung hinnehmen müssten, obwohl sich möglicherweise die zugrundeliegenden Verhältnisse evident geändert haben. Dies würde zu einer nicht gerechtfertigten Benachteiligung führen. Außerdem würde diesem dem Gebot effektiven Rechtsschutzes widersprechen, wenn den Beteiligten seitens des Gerichts ihr Begehren mit der Begründung abgelehnt wird, sie hätten noch nicht lange genug abgewartet. Wer Rechtsschutz begehrt, möchte diesen sofort und nicht erst nach Ablauf einer gewissen Zeitspanne. Eine solche Einschränkung dieses Grundsatzes müsste der Gesetzgeber festlegen und sie kann nicht durch eine gerichtliche Praxis etabliert werden.

(4) Sachliche Beschränkung

Teilweise wird die Ansicht vertreten, dass eine Änderung der Verhältnisse nur dann als wesentlich anzusehen ist, wenn die entsprechenden Tatsachen nicht bereits im ursprünglichen Verfahren berücksichtigt werden konnten.[232] Vorteil dieser Ansicht ist, dass sie einerseits unangemessene Ergebnisse vermeidet, wie es ansonsten bei einer betragsmäßigen bzw. zeitlichen Beschränkung der Abänderungsmöglichkeit der Fall wäre. Weiterhin hat diese auch aus prozessökonomischer Sicht den Vorteil, dass die Beteiligten nicht bei jeder Veränderung der Verhältnisse sogleich das Gericht mit ihrem Abänderungsbegehren anrufen. Insofern wird von diesen im ursprünglichen Verfahren eine Prognose der kommenden Verhältnisse erwartet.[233]

Gegen die Ansicht wird jedoch vorgebracht, dass die Pflicht zur Berücksichtigung zukünftiger Entwicklungen eine Präklusion bedeutet, sofern diese Tatsachen später nicht mehr vorgebracht werden dürfen. Eine solche Folge verträgt sich jedoch nicht mit dem Grundsatz der Amtsermittlung in der freiwilligen Gerichtsbarkeit. Da die Präklusionswirkung den Beteiligten das Vorbringen bereits bekannten Prozessstoffes im späteren Verfahren verwehrt, stellt dies eine Ein-

232 OLG Köln FamRZ 1980, 398; OLG Stuttgart FamRZ 1980, 397; Staudigl, FamRZ 1980, 221 f.; Weychardt, DAVorm 1980, 699 f.; Freudenthal/Sauerländer, § 323, Anm. 3a.

233 Niklas, S. 23.

schränkung des Anspruchs auf rechtliches Gehör dar. Hierfür benötigt der Richter jedoch eine Rechtsgrundlage, die im FamFG jedoch nicht zu finden ist.[234] Schon aus diesem Grund kann diese Ansicht nicht überzeugen. Auch aus einem weiteren Aspekt ist diese Meinung abzulehnen: Eine Abgrenzung zwischen vorhersehbaren und nicht mehr vorhersehbaren Veränderungen der Verhältnisse gestaltet sich als schwierig, wenn nicht sogar als undurchführbar. So gibt es Umstände, deren Eintritt nach gewöhnlichem Lauf der Dinge unbedingt zu erwarten ist, aber dennoch nicht eintritt. Gerade eine Prognose für die Zukunft ist nur mit erheblichen Ungenauigkeiten vornehmbar. Mit Sicherheit lässt sich in diesem Zusammenhang insgesamt keine einzige Entscheidung treffen.[235] Oft lassen sich in solch einem Fall nur einzelne Aspekte vorhersehen, die aber im Rahmen einer Gesamtbetrachtung hinsichtlich des Abänderungsbegehrens nur einen Teil der zu berücksichtigenden Tatsachen ausmachen.[236]

(5) Nicht berücksichtigte Änderungen als „wesentlich“

Aus der Diskussion zum Begriff der wesentlichen Änderung bei § 323 ZPO entstammt die Überlegung, diese nur dann als wesentlich anzusehen, wenn die Veränderung der Umstände in der ursprünglichen Entscheidung nicht berücksichtigt wurde. Als beispielhaft können hier zwei frühe Entscheidungen herangezogen werden. In einem Urteil wurde eine prognostizierte Steigerung des Verdienstes eines Verstorbenen bei der Festsetzung einer Rente bereits ab dem Todeszeitpunkt berücksichtigt.[237] In einer anderen Entscheidung[238] zur Zahlung einer Erwerbsunfähigkeitsrente wurde die zu erwartende altersbedingte Abnahme der Erwerbsfähigkeit bei deren Erlass berücksichtigt. Das Gericht setzte dazu von Anfang an die einzelnen Rentenbeträge niedriger an und glich dadurch über den gesamten Zeitraum den zu zahlenden Betrag aus. Durch diese vorausschauende Berücksichtigung zukünftiger Änderungen werden die Interessen der Beteiligten bereits ausreichend in die Entscheidung einbezogen. Eine Veränderung dieser Umstände ist demnach nicht als wesentlich anzusehen und kann später nicht mehr im Rahmen eines Abänderungsverfahrens geltend gemacht werden.

Unabhängig davon, ob dieser Gedanke überhaupt auf die freiwillige Gerichtsbarkeit übertragen werden kann, ist dem jedoch entgegenzuhalten, dass eine solche Entscheidung nicht dem materiellen Recht entspricht. Aus diesem Grund verbietet sich bei künftig fällig werdenden wiederkehrenden Leistungen bereits bei Erlass der (ursprünglichen) Entscheidung, diese Leistungen niedriger

234 Bork/Jacoby/Schwab, § 26, Rn. 10.
235 OLG Hamburg FamRZ 1982, 322.
236 SchlHOLG SchlHA 1979, 193.
237 ROHGE 14, 341 [343].
238 RG JW 1908, 140 [141].

oder höher zu bemessen, nur weil später die Möglichkeit besteht, dass sie sich betragsmäßig ändern.[239] Zwar wird in der Rechtsprechung einer zukünftigen Entwicklung Rechnung getragen, dies jedoch nur, sofern sie vorhersehbar ist und selbst dann erst ab dem Zeitpunkt, ab dem die Veränderung aller Wahrscheinlichkeit nach eintreten wird.[240]

c.) Rechtsirrtum

Teilweise wird in der Literatur die Ansicht vertreten, dass auch bei einem Rechtsirrtum eine Änderung der ursprünglichen Entscheidung möglich sein soll.[241] Grund hierfür soll der Zweck der Vorschrift sein: Dieser liegt darin, einen Dauerzustand, der durch eine sachlich nicht gerechtfertigte Entscheidung geschaffen wurde, umgehend zu beenden.[242] Früher wurde der Rechtsirrtum mit dem Wandel der Rechtsauffassung gleichgesetzt.[243] Jedoch ist ein solcher Irrtum nicht mit letzterem vergleichbar.

Unterläuft dem Gericht ein Fehler, so lässt sich eine Änderung nicht damit rechtfertigen, dass sich auf rechtlicher oder tatsächlicher Ebene etwas geändert hat. Die rechtlichen Grundlagen sowie die tatsächlichen Umstände sind gleich geblieben. Lediglich im Prozess der gerichtlichen Entscheidungsfindung wurden falsche Erwägungen angestellt. Insofern ist es schwer nachvollziehbar, warum eine Entscheidung, die auf einem Rechtsirrtum beruht, mit der Begründung abgeändert werden soll, die Rechtsauffassung habe sich nunmehr gewandelt. Auch bei einem solchen Fehler hat sich nicht die rechtliche Ansicht des Gerichts geändert; das Recht wurde nur falsch angewandt. Auch ist die Bildung einer eigenen Fallgruppe hierfür unnötig.

d.) Berücksichtigung sog. verdeckter Tatsachen

Unter dem Begriff der verdeckten Tatsachen ist der Fall zu verstehen, dass dem Gericht Tatsachen bekannt werden, die zwar bereits vor Erlass der Verfügung vorlagen, dem Richter jedoch erst später – aus welchem Grund auch immer – bekannt werden und damit zu einer anderen Würdigung führen.[244] Dieses Problem stellt sich insbesondere dann, wenn die Tatsachen bereits vor Erlass der

239 Niklas, S. 26.
240 OLG Stuttgart DAVorm 1978, 752 [755]; FamRZ 1980, 394 [397].
241 Keidel/Engelhardt, § 48 FamFG, Rn. 14.
242 Keidel/Engelhardt, § 48 FamFG, Rn. 14.
243 Keidel/Kuntze/Schmidt, § 18, Rn. 1; Jansen/Briesemeister, § 18, Rn. 9.
244 Jansen/Briesemeister, § 18, Rn. 9; Bumiller/Winkler, § 18, Rn. 1; Brehm, Rn. 369.

Entscheidung bekannt waren und auch hätten vorgetragen werden können, dies jedoch – unabhängig von den jeweiligen Gründen – nicht geschah.

aa.) § 48 FamFG als Änderungsnorm

Teilweise wird § 48 FamFG auch als Änderungsnorm im Falle von verdeckten Tatsachen für anwendbar erklärt.[245] *Engelhardt*[246] möchte auf diese Weise einen durch eine nicht gerechtfertigte Entscheidung hervorgerufenen Dauerzustand beseitigen. Er muss aber auch zugeben, dass sich bei einer Abänderungen aufgrund veränderter Verhältnisse im Vergleich von alten und neuen Verfahren der Verfahrensgegenstand ändert und dieser einer neuen Entscheidung zugänglich ist.[247]

Habscheid[248] geht dagegen davon aus, dass bei verdeckten Tatsachen eine Anwendung der Änderungsnorm ausscheidet. Er begrenzt deren Anwendungsbereich auf lediglich unrichtige Entscheidungen. Jedoch ist bei verdeckten Tatsachen die Entscheidung im Hinblick auf die dem Richter vorliegenden Entscheidungsgrundlagen richtig. *Habscheid* möchte in solch einer Konstellation stattdessen eine Korrektur mittels eines neuen Verfahrens herbeiführen.

Weiterhin spricht gegen die Berücksichtigung verdeckter Tatsachen, dass § 48 Abs. 1 Satz 1 FamFG den Rechtsfrieden im Blick hat. Dadurch soll ein immer wieder neu aufflammendes Streiten um die materiell richtige Entscheidung ausgeschlossen werden. Für diese Ansicht spricht ferner der Gesetzeswortlaut. Dort wurde festgelegt, dass eine Abänderung im Rahmen des § 48 Abs. 1 Satz 1 FamFG nur bei einer nachträglichen Änderung der Sachlage möglich ist.[249]

Im Vergleich zu § 18 FGG hat § 48 FamFG im Hinblick auf die sog. verdeckten Tatsachen eine Änderung erfahren. Die alte Rechtslage forderte als Voraussetzung für eine Abänderung, dass die Verfügung „nachträglich für ungerechtfertigt" erachtet werden musste. Dabei war bis zuletzt unklar, ob nunmehr nur die Tatsachen sich nachträglich ändern oder ob das Gericht im Rahmen einer Neubeurteilung der bereits anfangs vorgelegenen Tatsachen zu einer anderen Entscheidung kommt. In Rechtsprechung und Literatur wurde nahezu einhellig davon ausgegangen, dass in dieser Konstellation auch eine Änderung nach § 18 FGG möglich sei.[250] Begründet wurde dies vor allem mit der Elastizität des Ver-

245 KG OLGZ 1971, 89; Schulte-Bunert/Weinreich/Oberheim, § 48 FamFG, Rn. 11; Keidel/Engelhardt, § 48 FamFG, Rn. 14.

246 Keidel/Engelhardt, § 48 FamFG, Rn. 14.

247 Keidel/Engelhardt, § 48 FamFG, Rn. 14.

248 Habscheid, § 27 III 6 b.

249 Prütting/Helms/Abramenko, § 48 FamFG, Rn. 6.

250 KGJ 51, 44 [45].

fahrens.[251] Darüber hinaus sahen manche die freiwillige Gerichtsbarkeit stark an das Verwaltungsverfahren angelehnt.[252] Schon aus diesem Grunde musste die Möglichkeit zur Änderung unrichtiger Entscheidungen offen gelassen werden. Zweck des § 18 FGG war es ferner, falsche Entscheidungen zu korrigieren. Unerheblich blieb dabei, ob dem Gericht bereits bei der ursprünglichen Entscheidung der Fehler unterlief. Letztlich geht es bei einer falschen Verfügung nicht darum, das Handeln des Gerichts zu beurteilen. Vielmehr ist der Inhalt der Entscheidung zu betrachten. Aus diesem Grund war nach dieser Ansicht die Entscheidung zu korrigieren.[253]

Dieses Problem hat der Gesetzgeber jetzt ausdrücklich geklärt. § 48 Abs. 1 Satz 1 FamFG geht eindeutig von einer nachträglichen Änderung der Sachlage aus. Die Gesetzesmaterialien fordern darüber hinaus eine „Änderung der Verhältnisse".[254] Demnach kann eine Entscheidung hier nur abgeändert werden, wenn sich die zugrundeliegenden Verhältnisse selbst geändert haben.[255]

Beim Vorliegen verdeckter Tatsachen greift die Änderungsnorm des § 48 FamFG somit nicht. In solch einem Fall können sich die Beteiligten nur noch mittels einer Beschwerde behelfen.

bb.) Beschränkung neuen Vorbringens?

War im FGG keine Vorschrift vorgesehen, die neues Vorbringen beschränkte, verhält es sich im FamFG ebenso. Insbesondere der Regelung des § 48 FamFG kann darüber nichts entnommen werden. Eine Parallele zu den §§ 529 ff. ZPO und § 767 ZPO lässt sich nicht erkennen. Dies wäre auch mit dem Amtsermittlungsgrundsatz, den der Gesetzgeber in § 26 FamFG aufrechterhalten hat, nur schwer in Einklang zu bringen. Denn danach obliegt es dem Gericht von Amts wegen, die Feststellung der entscheidungserheblichen Tatsachen in eigener Verantwortung durchzuführen.[256] Eine Präklusion kann in der freiwilligen Gerichtsbarkeit in den Streitsachen nur hinsichtlich Tatsachen eintreten, die entweder im vorhergehenden Verfahren geltend gemacht worden waren oder geltend gemacht werden konnten.[257] Dabei ist festzustellen, dass diese Beschränkung aufgrund der Präklusionswirkung mit der Darlegungs- und Förderungspflicht der Beteiligten im Einklang steht.[258] Insofern haben bereits vorhandene Tatsachen, die den

---

251 Bärmann, § 21 I 1.
252 Baur, § 24 A II 2; Bärmann, § 21 I 1.
253 Brehm, Rn. 369.
254 BT-Drs. 16/6308, S. 198.
255 Prütting/Helms/Abramenko, § 48 FamFG, Rn. 6.
256 BT-Drs. 16/6308, S. 186.
257 Jansen/v. König, § 31, Rn. 13.
258 Habscheid, § 28 IV 4; Pikart/Henn, D III 6 b.

Beteiligten unbekannt geblieben sind, im Abänderungsverfahren Berücksichtigung zu finden.

3. Dauerwirkung

Mit dem FamFG wurde der Begriff der Dauerwirkung in § 48 FamFG eingeführt. Diesen Begriff kannte dass FGG nicht. Nach der früheren Rechtslage waren die sog. Verfügungen mit Dauerwirkung Hauptstreitpunkt im Rahmen des § 18 FGG. Dort war umstritten, ob und inwiefern diese einer Abänderung zugänglich waren. Dies lang insbesondere daran, dass weder die Literatur noch die Rechtsprechung eine Definition für den Begriff „Dauerwirkung" entwickelt hatten.

Dahingegen war die Möglichkeit, Verfügungen mit Dauerwirkung abzuändern, für das FGG allgemein anerkannt.[259] Begründet wurde dies mit der Notwendigkeit, solche Verfügungen an neuen Situationen auszurichten. *Brehm* sprach insofern davon, dass die „Möglichkeit bestehen muss"[260], eine einmal getroffene Entscheidung an veränderte Umstände anpassen zu können und bezog sich dabei auf die gesetzlich geregelten Fälle einer Abänderungsmöglichkeit bei Verfügungen mit Dauerwirkung. *Brehm* argumentierte in diesem Zusammenhang weiterhin, dass sich dieser Gedanke, der sich im Gesetz niedergeschlagen hatte, verallgemeinern ließe und sich auf alle Verfügungen mit Dauerwirkung erstrecken lassen müsse. *Baur* schlug ebenso diesen Bogen und ging darüber hinaus davon aus, dass insgesamt jede Entscheidung im Rahmen der freiwilligen Gerichtsbarkeit „unter dem Vorbehalt gleichbleibender Verhältnisse ergeht"[261]. Hier sprach *Baur* ferner von einer „notwendigen ‚Beweglichkeit'"[262]. *Habscheid* sprach in diesem Zusammenhang von einer „praktischen Notwendigkeit"[263].

Im Gegensatz dazu wollten manche diese Ansicht einschränken. Zwar erkannten diese ebenso die Möglichkeit der Abänderbarkeit von Verfügungen mit Dauerwirkung an. Allerdings wollten sie dies dort begrenzen, wo eine privatrechtsgestaltende Verfügung durch das Gericht getroffen wurde. Für diesen Fall forderten die Vertreter dieser Ansicht eine gesetzliche Ermächtigung.[264]

---

259 BGH NJW 1984, 2364 [2365]; Brehm, Rn. 385; Keidel/Kuntze/Schmidt, § 18, Rn. 28; Habscheid, § 27 III 5.

260 Brehm, Rn. 385.

261 Baur, § 24 C I 2.

262 Baur, § 24 C I 2.

263 Habscheid, § 27 III 5 Es.

264 Bassenge/Roth, § 18, Rn. 18; Jansen, 2. Aufl., § 18, Rn. 18.

Trotz der Verwendung des Begriffs der Dauerwirkung im FamFG lässt sich eine Definition für diesen Begriff nicht finden. Im Allgemeinen wird darunter eine Entscheidung der freiwilligen Gerichtsbarkeit verstanden, die nicht nur einmalig bzw. punktuell wirkt, sondern über einen längeren Zeitraum ihre Wirkung entfaltet.[265] Unabhängig davon hat sich keine feste, greifbare Definition finden lassen bzw. durchsetzen können. Vielmehr handelt es sich bei dem Begriff der Dauerwirkung „um ein deskriptives Merkmal, das die faktische Bedürfnislage nach einer Änderungsmöglichkeit umschreibt, aber nicht um ein hinreichend präzises und rechtlich brauchbares Abgrenzungskriterium."[266] Rechtsprechung und Literatur hatten zur alten Rechtslage stattdessen eine Kasuistik entwickelt für die Fälle, in denen eine Verfügung mit Dauerwirkung vorlag. Auch im FamFG wurde der Begriff „Dauerwirkung" nicht definiert. Den Motiven lässt sich ebenso wenig eine Präzisierung entnehmen.

In der Literatur wird eine Dauerwirkung bei einer Verpflichtung zu wiederkehrenden Leistungen und bei Duldungs- oder Unterlassungspflichten bejaht. Ebenso weisen Feststellungs- und Gestaltungsentscheidungen wegen der Regelung eines Rechtsverhältnisses für die Zukunft das Merkmal einer Dauerwirkung auf.[267] Andere Stimmen versuchen eine abstraktere Formulierung: Demnach soll eine Entscheidung mit Dauerwirkung vorliegen, wenn durch diese kein Einzelfall geregelt wird und diese auch nicht durch den Ausspruch erschöpft und verbraucht wird. Dagegen sollen ihre Wirkungen eine Angelegenheit bis zu dem Zeitpunkt regeln, an dem eine andere Entscheidung getroffen wird bzw. die Wirkungen wiederkehrend oder die Verpflichtungen dauerhaft sind. Im Gegensatz dazu liegt keine Dauerwirkung vor, wenn sich die Entscheidung nach Ablauf einer Frist tatsächlich oder rechtlich erledigt.[268]

Teilweise wird auch auf § 323 ZPO Bezug genommen.[269] Allerdings kann nur beschränkt auf diese Regelung zurückgegriffen werden. Diese Norm bezieht sich einzig auf künftig fällig werdende wiederkehrende Leistungen. Auf Gestaltungsurteile hingegen lässt sich § 323 ZPO nicht analog anwenden.[270] Aus diesen Gründen verbietet sich ein Vergleich dieser Vorschrift mit der Verfügung mit Dauerwirkung in der freiwilligen Gerichtsbarkeit. Denn gerade diese ist geprägt von gestaltenden Entscheidungen. Die ZPO kennt keine Norm, aus der sich die Möglichkeit ergibt, nach dem Eintritt geänderter Verhältnisse das vorangegangene Gestaltungsurteil abzuändern. Vor dieses Problem sieht sich die

265 Habscheid, § 27 III 5 a.
266 Gruber, Rpfleger 1999, 480.
267 Prütting/Helms/Abramenko, § 48, Rn. 10.
268 Bork/Jacoby/Schwab/Elzer, § 48, Rn. 7 f.
269 Keidel/Kuntze/Schmidt, § 18, Rn. 28.
270 Schlosser, Gestaltungsklagen, S. 251 f.; Stein/Jonas/Leipold, § 323, Rn. 22.

streitige Gerichtsbarkeit auch nicht gestellt.[271] Niemand wird nach einem rechtskräftigen Ehescheidungsurteil auf die Idee kommen, die Ehe mittels einer Klage wiederherstellen zu wollen. Dies ist in der freiwilligen Gerichtsbarkeit jedoch gerade nicht der Fall. Hier muss einerseits stets damit gerechnet werden, dass sich die zugrundeliegenden Verhältnisse ändern und andererseits besteht aus diesem Grund heraus auch das Bedürfnis, ergangene Verfügungen abändern zu können. Insofern regelt § 323 ZPO schon keine mit der freiwilligen Gerichtsbarkeit vergleichbare Interessenlage.

Rechtsprechung und Literatur gehen bei einer Entscheidung mit Dauerwirkung allgemein davon aus, dass es sich hier um solche handelt, die über einen längeren Zeitraum ihre Wirkung entfalten. Jedoch auch bei dieser Umschreibung bleibt vieles im Unklaren. Schon die zeitlichen Grenzen lassen sich hier nicht erkennen. So stellt sich die Frage, wie lange die Wirkung denn mindestens anhalten muss, damit aus einer „normalen" Entscheidung eine solche mit Dauerwirkung wird. Weiterhin bleibt bei der Absteckung des zeitlichen Rahmens ungeklärt, ob diese Entscheidung von Anfang an bereits eine Dauerwirkung entfaltet oder erst nach Überschreitens eines bestimmten zeitlichen Rahmens. Anders ausgedrückt: Ist die Entscheidung von vornherein eine solche mit Dauerwirkung oder wird sie es erst mit dem Erreichen eines bestimmten „Alters". Dieses Problem der zeitlichen Abgrenzung zeigt sich insbesondere an dem Umstand, dass weder Rechtsprechung noch Literatur bisher Beispiele für eine Entscheidung beigebracht haben, die entweder „mit Dauerwirkung" oder eben „ohne Dauerwirkung" sind.[272]

Weiterhin stellt sich die Frage, wann überhaupt eine Dauerwirkung gegeben ist oder ob nicht gar alle gerichtlichen Entscheidungen unabhängig von der Art ihrer Entscheidung eine Dauerwirkung entfalten. Auch ein Leistungsurteil der streitigen Gerichtsbarkeit entfaltet seine Wirkung über einen längeren Zeitraum. Denn dieses Urteil enthält nicht nur die Aussage, dass der Beklagte zur Zahlung verurteilt wird, sondern auch – über das Institut der materiellen Rechtskraft –, dass der Kläger die gezahlte Summe behalten darf. Dies wird noch deutlicher bei Unterlassungsurteilen. Hier hat der Beklagte sein Handeln nicht nur zum Zeitpunkt des Urteilsspruchs zu unterlassen, sondern für einen grundsätzlich unbegrenzten Zeitraum. Als Beispiel kann hier etwa eine Klage im Wettbewerbsrecht gelten. Dieses darauf basierende Urteil wirkt solange, wie die beiden Parteien – in diesem Fall beispielsweise die Unternehmen – existieren. Auch ge-

271 Ausnahmen bildeten früher zum einen § 679 ZPO und zum anderen § 8 Abs. 1 Nr. 8 des Gesetzes über die Gleichberechtigung von Mann und Frau auf dem Gebiete des bürgerlichen Rechts i.V.m §§ 1547 Abs. 2, 1549, 1425 Abs. 1, 1548 BGB a.F.

272 Gruber, Rpfleger 1999, 478 [480].

genüber einem etwaigen Rechtsnachfolger kann die Wirkung einer Entscheidung bestehen. Bei einem reinen Feststellungsurteil gilt nichts anderes. Die Feststellung, ob ein Vertrag nichtig ist oder nicht, wirkt nicht nur im Moment des Urteils, sondern auch weit darüber hinaus. Selbst Jahre später ist der Vertrag noch immer als nichtig anzusehen. Gleiches gilt auch bei Gestaltungsurteilen. Gerade hier liegt eine Dauerwirkung vor. Eine einmal geschiedene Ehe bleibt dies für immer. Selbst wenn später das Ehepaar wieder heiratet, wirkt doch das ursprüngliche Scheidungsurteil fort und zeigt seine Wirkung weiterhin. Insofern meint *Gruber*, dass das Merkmal „Dauerwirkung“ lediglich einen indiziellen Charakter aufweist und es sich hier vielmehr um ein rein deskriptives Merkmal handelt, mit dem die faktische Bedürfnislage nach einer Änderungsmöglichkeit umschrieben wird.[273]

Der Begriff der Dauerwirkung beschreibt nicht umfassend die Interessenlage, die § 48 FamFG im Blick hat. Diese Norm soll dem Richter die Möglichkeit eröffnen, Entscheidungen, die einen Zustand regeln, der über einen längeren Zeitraum andauert und nicht lediglich punktuell und einmalig vorliegt, abzuändern. Denn entscheidend hierbei ist nicht die Dauer der Wirkung, sondern die Dauer des Zustandes. Dieser Zustand kann sich nach Ablauf einer gewissen Zeitspanne wieder ändern oder ganz wegfallen. Insofern erweist sich der Begriff „Dauerzustand“, wie ihn *Engelhardt*[274] verwendet, als vorteilhafter. Dieser Begriff drückt treffender aus, dass es im eigentlichen Sinne nicht um eine dauerhafte Wirkung geht, sondern um einen Zustand, der nach einer bestimmten Zeit auch wieder von selbst wegfallen kann. Es geht bei § 48 FamFG darum, auf die Änderung eines Zustandes zu reagieren, der im Zeitpunkt der Entscheidung als zumindest länger andauernd betrachtet wurde; nicht die Wirkung soll geregelt werden, sondern der Zustand.

Dies löst jedoch noch nicht die Frage, wie dieser Begriff auszufüllen ist. Mangels einer Legaldefinition in § 48 FamFG ist auf die zum Begriff der Dauerwirkung zu § 18 FGG entwickelten Grundsätze zurückzugreifen. Dort hat sich keine einheitliche Umschreibung durchsetzen können. Dies dürfte bei der freiwilligen Gerichtsbarkeit in Anbetracht ihrer breitgefächerten Gebiete auch nur schwer möglich sein. Die Interessenlagen sind in den einzelnen Bereichen viel zu unterschiedlich. Schon aus diesem Grund empfiehlt sich nach wie vor ein Rückgriff auf die bereits zum FGG entwickelte Kasuistik. Denn einerseits hat sich diese im Laufe der Jahre dynamisch entwickelt. Dies garantiert, dass sie mittlerweile ausgewogen ist und die Interessen aller Beteiligten würdigt. Andererseits lässt diese Kasuistik zu, dass die Problemstellungen der einzelnen Ge-

273 Gruber, Rpfleger 1999, 478 [480].
274 Keidel/Engelhardt, § 48 FamFG, Rn. 6.

biete der freiwilligen Gerichtsbarkeit dadurch entsprechend gewürdigt werden. Würde hier eine einheitliche Definition in das Gesetz aufgenommen werden, so könnte dies dazu führen, dass zwar auf das ganze FamFG gesehen einheitliche Entscheidungen getroffen werden, diese im Detail jedoch dem jeweiligen Gebiete nicht mehr gerecht werden.

4. Bestehen einer Abänderungspflicht?

a.) Generelle Abänderungspflicht

Bei § 18 FGG war umstritten, ob dem Gericht die Pflicht auferlegt wurde, seine Entscheidung abzuändern. Aus dem Wortlaut ergab sich zunächst keine solche Obligation, denn dort ist der Richter lediglich dazu „berechtigt", die Verfügung zu ändern. Außer Betracht bleibt hier § 18 Abs. 1 Halbs. 2 FGG, da dort der Richter nur bei Vorliegen eines Antrags die Entscheidung abändern durfte.

Auch in § 48 FamFG findet sich keine gesetzlich normierte Pflicht, eine Entscheidung im Falle einer Veränderung der Sach- oder Rechtslage abzuändern. Vielmehr ist dort lediglich festgelegt, dass das Gericht die Endentscheidung aufheben oder ändern kann. Insofern stellt sich nunmehr auch hier die Frage, ob das Gericht zu einer Abänderung verpflichtet ist. Diesbezüglich gehen die Meinungen von einer generellen Abänderungspflicht aus oder stellen die Änderung in das pflichtgemäße Ermessen des Gerichts. Sofern das Verfahren nur auf Antrag eingeleitet wurde, kann nach § 48 Abs. 1 Satz 2 FamFG die Aufhebung oder Änderung auch nur auf Antrag erfolgen.

aa.) Keine Abänderungspflicht

Vereinzelt wurde insbesondere kurz nach Inkrafttreten des FGG die Ansicht vertreten, dass das Gericht zu einer Abänderung der Verfügung nicht verpflichtet sei.[275] Eine Begründung wurde hierzu jedoch nicht angeführt. Jedoch stellt *Birkenbihl* dies in den Gegensatz zu § 571 CPO sowie § 75 GBO.

bb.) Abänderungspflicht

Ein Großteil der Literatur geht davon aus, dass das Gericht bei Erfüllung der Voraussetzungen des § 48 Abs. 1 Satz 1 FamFG zu einer Abänderung verpflichtet sei.[276]

275 Birkenbihl, § 18, Ziff. 1.

276 Keidel/Engelhardt, § 48 FamFG, Rn. 15; Keidel/Kuntze/Schmidt, § 18, Rn. 4; Baur, § 24 B I 2; Bassenge/Roth, § 18, Rn. 9; Bumiller/Winkler, § 18, Rn. 1; Bärmann, § 21 II 1; Habscheid, § 27 II 1 b, wobei Habscheid in § 27 II 1 a davon spricht, dass „mit der Befugnis die Verpflichtung zur Abänderung verbunden ist, wenn diese erforderlich ist."

§ 48 FamFG enthält lediglich eine Kann-Vorschrift. Eine Verpflichtung lässt sich dem Gesetzestext insofern nicht entnehmen. Doch schon zu Zeiten des FGG war eine solche Verpflichtung nicht zu entnehmen. So wurde eine Abänderungspflicht damit begründet, dass im FGG das Wort „berechtigt“ die Befugnis zugunsten des Gerichts enthielt, Entscheidungen einer Abänderung zuzuführen. Ein Wahlrecht, ob nun abgeändert wird oder nicht, sollte hier nicht zustehen.[277] *Baur*[278] zog dazu den früher noch existenten § 67 Abs. 2 Satz 2 FGG[279] für einen Gegenschluss heran. Er meint, damit kommt durch das Wort „befugt“ zum Ausdruck, dass dadurch die „Befugnis“ – also das rechtliche Können – dem Gericht hier entzogen ist. *Unger* sieht den Grund für den Begriff „Berechtigung“ in dem Umstand, dass „dieser Ausdruck als Gegensatz zu der für Entscheidungen der streitigen Gerichtsbarkeit geltenden Unabänderlichkeit nahe lag“[280].

Manche zogen auch die teleologische Auslegung dieser Norm heran und leiteten daraus eine Pflicht zur Abänderung ab.[281] Teilweise wird auch der in der freiwilligen Gerichtsbarkeit vorherrschende Grundsatz der Amtsermittlung zur Begründung einer Abänderungspflicht herangezogen.[282] *Unger*[283] führt diesen Gedanken noch weiter und stellt fest, dass die Behörden allgemein dazu verpflichtet sind, im Rahmen ihrer Bindung an das Gesetz ihre Entscheidungen zu treffen und dabei unter Vermeidung jedweder Willkür den Willen des Gesetzgebers nach einer richtigen Entscheidung im Blick haben müssen.

Das *LG Berlin*[284] sprach sich ebenso für eine Abänderungspflicht aus. Dieser Entscheidung lag jedoch eine Beschwerde zugrunde. Deshalb sah das Gericht auch die Gefahr, dass bei Verneinung einer Abänderungspflicht den Beteiligten eine Instanz verloren ginge, da dann erst in der Beschwerdeinstanz deren Vorbringen geprüft werden kann.

---

277 Baur, § 24 B I 2; Keidel/Kuntze/Schmidt, § 18, Rn. 4.

278 Baur, § 24 B I 2 Fn. 4.

279 § 67 FGG enthielt folgenden Wortlaut: (1) Der Beschluß, durch den der Annahmevertrag bestätigt wird, ist auch der höheren Verwaltungsbehörde bekanntzumachen. (2) Der Beschluß, durch den die vertragliche Aufhebung des Annahmeverhältnisses bestätigt wird, tritt mit der Bekanntmachung an den Annehmenden in Wirksamkeit; nach dem Tode des Annehmenden tritt der Beschluß, unbeschadet des § 1753 Abs. 3 und des § 1770 des Bürgerlichen Gesetzbuches, mit der Bekanntmachung an das Kind, im Falle des § 1769 des Bürgerlichen Gesetzbuches mit der Bekanntmachung an die übrigen Beteiligten in Wirksamkeit. Das Gericht ist zu einer Änderung des Beschlusses nicht befugt.

280 Unger, ZZP 36, 1 [6 f.].

281 Bärmann, § 21 II 1.

282 Keidel/Kuntze/Amelung, 13. Aufl., § 18, Rn. 4.

283 Unger, ZZP 36, 1 [6].

284 LG Berlin ZBlFG 6, 225.

cc.) Abänderung nach pflichtgemäßen Ermessen

Andere Stimmen sehen eine Pflicht zur Abänderung nur im Rahmen eines pflichtgemäßen Ermessens.[285] *Rausnitz*[286] begründet dies mit dem Wortlaut dieser Norm. Danach ist in der freiwilligen Gerichtsbarkeit das Gericht zur Abänderung nicht verpflichtet, nur weil das Gesetz die Worte „kann" oder „ist berechtigt" verwendet. Schon allein die gegensätzlichen Begriffe „kann", „hat" oder „muss" machen diesen Umstand klar. *Rausnitz*[287] stellt auch fest, dass für den Richter in der freiwilligen Gerichtsbarkeit Zweckmäßigkeitsgründe ausschlaggebend seien und verweist diesbezüglich auf die überholte Norm des § 46 FGG und des § 3 BGB a. F.[288] Sofern das Gericht sein Ermessen falsch ausübe, also eine notwendige Änderung nicht vornehme, ließe sich dies mittels der Beschwerde korrigieren. Diese sei dann darauf zu richten, dass die Verfügung nach pflichtgemäßem Ermessen hätte aufgehoben werden müssen.[289]

dd.) Ansicht Briesemeisters

Briesemeister[290] unterscheidet danach, ob die Anregung zur Abänderung einerseits von einem Beteiligten oder andererseits von einem Nichtbeteiligten stammt oder von Amts wegen durchgeführt werden soll. *Briesemeister* sieht dort, wo seitens eines der Beteiligten die Abänderung angeregt wird, eine Pflicht zur Abänderung. Dabei spiele es keine Rolle, ob diese Änderung mittels eines Antrags oder einer formlosen Eingabe erfolge. Insofern unterschied *Briesemeister* somit auch nicht zwischen § 18 Abs. 1 Halbs. 1 und Halbs. 2 FGG. In diesem Fall habe der Beteiligte einen Anspruch auf Verbescheidung, zumal die Änderung ebenso mit einer Beschwerde erzwungen werden könne. Soweit jedoch die Änderung von Amts wegen oder aufgrund einer Anregung durch einen Nichtbeteiligten stattfinden soll, will er dem Gericht nur die Abänderung im Rahmen seines pflichtgemäßen Ermessens auferlegen.

---

285 Dorner, § 18, Ziff. 1 f.; Gäbelein, S. 16; Schlegelberger, 7. Aufl., § 18, Rn. 3, Jansen/Briesemeister, § 18, Rn. 17; OLG Frankfurt OLGZ 1967, 352 [354].

286 Rausnitz, § 18, Rn. 22.

287 Rausnitz, § 18, Rn. 22.

288 § 3 BGB fiel durch Art. 1 Nr. 2 des Gesetzes zur Neuregelung des Volljährigkeitsalters vom 31. Juli 1974 zum 1. Januar 1975 weg und enthielt folgenden Wortlaut: (1) Ein Minderjähriger, der das achtzehnte Lebensjahr vollendet hat, kann durch Beschluß des Vormundschaftsgerichts für volljährig erklärt werden. (2) Durch die Volljährigkeitserklärung erlangt der Minderjährige die rechtliche Stellung eines Volljährigen.

289 Rausnitz, § 18, Rn. 22.

290 Jansen/Briesemeister, § 18, Rn. 17.

ee.) Stellungnahme

Zunächst ist festzustellen, dass mit den Begriffen „berechtigt" bzw. „kann" nicht gemeint sein kann, dass das Gericht völlig frei und ohne die Beachtung jeden Maßstabes entscheiden kann, ob es nun eine Entscheidung abändert oder nicht. Dies würde dazu führen, dass die richterliche Verfügung auf reiner Willkür beruht.

Bereits in den Motiven zum Kommissionsentwurf aus dem Jahre 1881 wurde davon ausgegangen, dass das Gericht, soweit es von der Unrichtigkeit oder Unangemessenheit seiner Verfügung überzeugt ist, von Amts wegen zu einer Abänderung „befugt und verpflichtet" ist.[291] Dabei ging der damalige § 38 des Entwurfes[292] ebenso davon aus, dass das Gericht nur zur Abänderung „befugt" sei.

Ferner beruhte die vorhergehende Änderungsnorm des § 18 FGG auf § 534 CPO[293].[294] Diese Norm ging ebenso von einer Abänderungspflicht durch das Gericht aus. Dort wurde festgelegt, dass das Gericht seiner Entscheidung abzuhelfen hat, sofern es die Beschwerde für begründet erachtet.

Schon allein aus rechtsstaatlichen Erwägungen muss das Gericht eine unrichtige Entscheidung abändern. Dies ergibt sich bereits aus dem allgemeinen Willkürverbot, das in den Zusammenhang mit dem Anspruch auf rechtliches Gehör gebracht wird. Das *Bundesverfassungsgericht* hat dies in ständiger Rechtsprechung festgeschrieben.[295] Ausreichend hierfür ist, dass die Entscheidung „sachlich unhaltbar und mithin objektiv willkürlich"[296] ist. Für die freiwillige Gerichtsbarkeit bedeutet dies, dass bei Vorliegen dieser Voraussetzungen das Gericht zu einer Abänderung verpflichtet sein muss. In diesem Fall würde das Untätigbleiben willkürliches Handeln darstellen. Nur durch eine umfassende Prüfung des Streitgegenstandes durch einen Richter in tatsächlicher und rechtli-

---

291 Planck, Motive, S. 81.

292 § 38 Abs. 1 des Entwurfes der Kommission zur Ausarbeitung des Entwurfes eines bürgerlichen Gesetzbuches hat folgenden Inhalt: „Das Vormundschaftsgericht ist zu einer Abänderung der von ihm erlassenen Verfügungen insoweit befugt, als dieselben der sofortigen Beschwerde nicht unterliegen und Rechte Dritter, welche durch dieselben begründet worden sind, nicht entgegenstehen. Insbesondere ist dasselbe die von ihm erlassenen Strafverfügungen abzuändern befugt."

293 § 534 CPO hatte folgende Fassung: „Erachtet das Gericht oder der Vorsitzende, dessen Entscheidung angefochten wird, die Beschwerde für begründet, so haben sie derselben abzuhelfen; anderenfalls ist die Beschwerde vor Ablauf einer Woche dem Beschwerdegerichte vorzulegen."

294 Wellstein, § 18, Ziff. 1; Schlegelberger, 7. Aufl., § 18, Rn. 3.

295 BVerfGE 42, 64 [70]; 52, 131 [161 f.].

296 BVerfGE 58, 163 [167 f.].

cher Hinsicht sowie dessen Entscheidung kann dem Bürger ein wirkungsvoller Rechtsschutz gewährt werden.[297]

Die Ansicht, nach der eine Abänderungspflicht im Rahmen des pflichtgemäßen Ermessens gefordert wird, hat jedoch eine erhebliche Schwäche: Sie definiert keine Kriterien zur Beurteilung dieses Maßstabes. Insofern lässt sich schon nicht bestimmen, wann nun in der freiwilligen Gerichtsbarkeit der Richter überhaupt ein Ermessen hat und welche Maßstäbe zu dessen Ausfüllung heranzuziehen sind. Auch die Frage, unter welchen Umständen ein Ermessensfehler vorliegt, bleibt ungeklärt. Insbesondere stellt sich hier die Frage, ob die im Verwaltungsrecht entwickelten Grundsätze zur Ermessenslehre auch auf die freiwillige Gerichtsbarkeit bezogen werden können. Zu diesen Fragen haben die Vertreter dieser Ansicht (noch) nicht Stellung genommen. Auch wurde bisher offen gelassen, inwiefern eine Überprüfung der Ausübung des Ermessens stattfinden soll. Da der Richter den Beteiligten nicht mitteilen wird, dass er im Rahmen seines Ermessens von einer Abänderung abgesehen hat, kann auch keine Überprüfung dieser Ermessensentscheidung stattfinden. Insofern läuft die vollumfassende Ermessenskontrolle, die dem Beschwerdegericht zugebilligt wird,[298] leer.

Sofern von den Vertretern dieser Ansicht von „pflichtgemäßem Ermessen“ gesprochen wird, kann damit nur das sog. Entschließungsermessen gemeint sein. Denn dieses bezieht sich auf das „ob“ des Einschreitens.[299] Ein Auswahlermessen, das sich auf das „wie“ des Einschreitens bezieht, ist für die freiwillige Gerichtsbarkeit grundlegend.[300] Aber dem Richter mit einem Entschließungsermessen einen solch weiten Ermessensspielraum zuzubilligen, ihm also die Möglichkeit zu unterbreiten, frei zu entscheiden, ob er nunmehr entscheiden möchte oder nicht, führt unter den bereits genannten Kriterien ebenso zu einer willkürlichen und somit rechtswidrigen Entscheidung.

Eine gesetzliche Definition, was unter „Ermessen“ zu verstehen ist, wurde bisher nicht vorgenommen. Die Ausfüllung dieses Begriffs wurde der Rechtsprechung und der Literatur überlassen.[301] Unter dem Begriff „Ermessen“ ist demnach eine Wahl- und Gestaltungsfreiheit zu verstehen.[302] Da jedoch keine Freiheit schrankenlos gewährt werden kann, besteht auch hier eine Bindung an die gesamte Rechtsordnung als ein allgemeines rechtliches Strukturprinzip.[303] Diese Bindung bezieht sich vor allem auf höherrangiges Recht. Als übergeord-

---

297 Stilz, Verh. 66. DJT, S. R 44.

298 Brehm, Rn. 485; Habscheid. § 24 IV 2.

299 Hain/Schlette/Schmitz, AöR 122, 37 f.

300 Sdorra, S. 39 f.

301 Schiffczyk, S. 21.

302 Rupp, FS Zeidler, S. 455 f.; Schiffczyk, S. 7.

303 Gern, DVBl 1987, 1197; BVerfGE 18, 353 [363]; 69, 161 [169]; Heilbron, S. 15.

neter Maßstab dienen hier die Grundrechte.[304] Insbesondere Art. 103 Abs. 1 GG gewährt einen Anspruch auf eine willkürfreie Entscheidung.[305] Demnach ist das zunächst „frei" gewährte Ermessen unter Berücksichtigung dieser Werteentscheidung vielmehr eingeschränkt und kann nur unter steter Beachtung des Grundgesetzes und dort insbesondere der Bindung des Richters an das Gesetz gemäß Art. 97 Abs. 1 GG ausgeübt werden. Diese Bindung führt ebenso dazu, dass eine unrichtige Entscheidung des Richters der freiwilligen Gerichtsbarkeit abgeändert werden muss.

Zwar ist verfassungsrechtlich gewährleistet, dass die Richter unabhängig und nur dem Gesetz unterworfen sind (Art. 97 GG, § 25 DRiG). Jedoch wird diese Freiheit nicht unbeschränkt gewährt.[306] Denn diese wird begrenzt durch das öffentlich-rechtliche Dienst- und Treueverhältnis zum Staat, das sich insbesondere in der Dienstaufsicht konkretisiert, wie sich aus § 26 Abs. 1 DRiG ergibt.[307] Der richterlichen Unabhängigkeit steht die Bindung an das Gesetz gegenüber.[308] Damit im Zusammenhang steht auch die staatliche Justizgewährpflicht, die einerseits von der richterlichen Unabhängigkeit lebt, andererseits jedoch auch untrennbar mit der Garantie eines wirkungsvollen Rechtsschutzes verbunden ist.[309] Diese Garantie beinhaltet auch, dass das Gericht innerhalb angemessener Zeit eine Entscheidung zu fällen hat.[310]

Die beiden Meinungen, die einerseits von einer vollumfassenden Pflicht zur Abänderung oder andererseits zu einer Verpflichtung im Rahmen eines pflichtgemäßen Ermessens ausgehen, nähern sich stark aneinander an, wenn sie sich nicht sogar vereinen. Soweit das Gericht allgemein zur Abänderung verpflichtet ist, wird dies auch im Rahmen des pflichtgemäßen Ermessens der Fall sein. Im Verwaltungsrecht ist der Grundsatz der Ermessensreduzierung auf Null allgemein anerkannt. Dieser Grundsatz lässt sich ebenso auf die freiwillige Gerichtsbarkeit übertragen. Sie kommt dann in Betracht, wenn eine andere Entscheidung im Rahmen einer fehlerfreien Ermessensausübung durch keinerlei tragfähige Ermessensgesichtspunkte mehr gerechtfertigt werden kann.[311] Eine solche Reduzierung kann insbesondere dann eingreifen, wenn verfassungsrechtliche Aspekte keine andere Entscheidung mehr zulassen.[312] Dann nämlich, wenn die Ef-

---

304 Rüfner, HdbStR, § 117, Rn. 26.

305 Maurer, FS BVerfG, S. 496 ff.; Stern, Staatsrecht III/1, § 75 II.

306 Papier, NJW 2001, 1091 ff.

307 Schmidt-Räntsch, § 26, Rn. 5.

308 Stier-Somlo, FS Laband, S. 464.

309 BVerfGE 54, 277 [291].

310 Papier, HdbStR, § 153, Rn. 19; Dütz, Gerichtsschutz, S. 122 ff.

311 BVerwG NJW 1994, 2166 [2167].

312 Hain/Schlette/Schmitz, AöR 122, 50 ff.; Di Fabio, VerwArch 86, 226.

fektivität des Rechtsschutzes bei einer Ermessensentscheidung so stark eingeschränkt werden würde, dass dieser schlechterdings seine Funktion verliert. Diese Figur ist indes auch dem Verwaltungsrecht bei der Rücknahme rechtswidriger Verwaltungsakte nicht fremd. Dort wird der Behörde zunächst hinsichtlich der Rücknahmeentscheidung ein Ermessen zugebilligt; § 48 Abs. 1 Satz 1 VwVfG spricht insofern von „kann“. Dieses Ermessen wird jedoch ebenso unter bestimmten Voraussetzungen auf Null reduziert.[313]

Eine Ermessensreduzierung auf Null ist auch im Zivilprozess nicht unbekannt. So wird in § 398 Abs. 1 ZPO zwar von Ermessen dahingehend gesprochen, dass das Gericht entscheiden könne, ob eine wiederholte Vernehmung angeordnet werden soll. Dies wird jedoch schon dort wieder in Frage gestellt, wo dem Richter konkrete Gründe für eine erneute Vernehmung vorliegen, etwa wenn eine Vernehmung deshalb fehlerhaft ist, weil das Verfahrensrecht missachtet wurde.[314] Insofern unterliegt das jeweils gewährte Ermessen bestimmten gesetzlichen Grenzen.[315]

Eine ähnliche Konstellation wie in der freiwilligen Gerichtsbarkeit findet sich ebenso in der Zivilprozessordnung. Dort spricht § 293 Satz 1 Halbs. 2 ZPO davon, dass das Gericht „befugt“ sei, bei der Ermittlung ausländischen Rechts auch andere Erkenntnisquellen zu benutzen und zum Zwecke einer solchen Benutzung das Erforderliche anzuordnen. Obwohl in dieser Formulierung das Verb „befugt“ Verwendung findet, kann dies doch mit dem Begriff „berechtigt“ gleichgesetzt werden. Nunmehr hat sich bezüglich § 293 ZPO die Ansicht durchgesetzt, dass das Gericht eben nicht nur „befugt“ sondern auch „verpflichtet“ sei, alle Erkenntnisquellen, die ihm zur Verfügung stehen, zu nutzen.[316] Somit ist es auch anderen Verfahrensordnungen nicht fremd, im Begriff „berechtigt“ zugleich auch eine Verpflichtung zu erkennen.

Sofern also der Richter der freiwilligen Gerichtsbarkeit eine Entscheidung nicht abändern möchte, ist sein ihm von Teilen der Literatur zugebilligtes „pflichtgemäßes Ermessen“ aus verfassungsrechtlicher Sicht auf Null reduziert. Aus dieser Reduzierung folgt letztlich eine Verdichtung zu nur einer einzigen Handlungsmöglichkeit: der Abänderungspflicht.

Davon ist auch die Pflicht umfasst, dass das Gericht sich mit einer nur behaupteten Veränderung der Sach- oder Rechtslage auseinandersetzt. Würde die Änderungspflicht nur dort greifen, wo diese Veränderung bereits feststeht, wür-

313 Stelkens/Bonk/Sachs, § 48, Rn. 85.

314 Schmidt-Lorenz, S. 88.

315 BGH NJW 1982, 108 [109].

316 BGH NJW-RR 1995, 766 [767]; BGH NJW 1992, 2026 [2029]; Fastrich, ZZP 97 (1984), 423 [426].

de der in Art. 103 Abs. 1 GG verfassungsrechtlich verbürgte Anspruch auf Gewährung rechtlichen Gehörs leerlaufen. Dabei ist festzuhalten, dass die Anwendbarkeit dieser Norm in allen Verfahren der freiwilligen Gerichtsbarkeit – also die streitige wie auch die nichtstreitige – allgemein anerkannt ist.[317] Denn die Aufgabe des Gerichts ist auch darin zu sehen, über das grundsätzliche Vorliegen einer Veränderung zu entscheiden.

b.) Abänderungspflicht in Spezialnormen

aa.) § 166 FamFG

§ 166 FamFG stellt eine Spezialvorschrift zu § 48 FamFG für Kindschaftssachen hinsichtlich der Abänderung gerichtlicher Entscheidungen dar.[318] Diese Norm gilt jedoch nicht hinsichtlich der Abänderung einer Entscheidung im Verfahren auf Erlass einer einstweiligen Anordnung; dies ist Aufgabe des § 54 FamFG.[319] § 166 FamFG enthält in seinem Absatz 1 eine Pflicht zur Abänderung einer Entscheidung oder eines gerichtlichen Vergleichs nach Maßgabe des § 1696 BGB. Ferner ist das Gericht zur Überprüfung von sowohl stattgebenden (Abs. 2) wie auch ablehnenden (Abs. 3) Entscheidungen verpflichtet. Dabei übernimmt diese Vorschrift den verfahrensrechtlichen Gehalt des § 1696 BGB.[320]

Aus § 166 Abs. 1 FamFG ergibt sich zunächst eine Abänderungspflicht, die durch § 1696 BGB konkretisiert wird. Aber auch den beiden folgenden Paragrafen liegt eine solche Pflicht zugrunde. In diesen ist eine Überprüfungspflicht durch das Gericht in bestimmten Zeitabständen niedergelegt. Diese würde leerlaufen, wenn der Richter im Falle einer Veränderung der entsprechenden Verhältnisse dennoch eine Abänderung ablehnen würde. Zweck dieser Vorschrift ist die Wahrung des Kindswohls. Dies wird bei Absatz 3 noch deutlicher: Auch dann, wenn von einer Maßnahme Abstand genommen wurde, ist das Gericht verpflichtet, zu einem späteren Zeitpunkt die Verhältnisse zu überprüfen. Dies ist insbesondere dann der Fall, wenn das Gericht eine Maßnahme deshalb nicht getroffen hat, weil es auf Zusagen der Eltern vertraut hat. Der Gesetzgeber wollte der Gefahr vorbeugen, dass die Eltern nach einem Verfahren, das für sie folgenlos blieb, nunmehr nicht mehr mit dem Jugendamt zusammenarbeiten und

---

317 BVerfGE 19, 148 [149]; Maunz/Dürig/Schmidt-Aßmann, Art. 103 Abs. 1, Rn. 57; Schleicher, Rechtliches Gehör, S. 54; Keidel/Kuntze/Schmidt, § 12, Rn. 140; Prütting/Helms/Prütting, § 37, Rn. 1.

318 Keidel/Engelhardt, § 166 FamFG, Rn. 1.

319 BT-Drs. 13/6308, S. 242; Prütting/Helms/Abramenko, § 166, Rn. 4.; Bumiller/Harders, § 166, Rn. 5.

320 BT-Drs. 13/6308, S. 242; Keidel/Engelhardt, § 166 FamFG, Rn. 1.

dadurch einem Kind die nötige Hilfe vorenthalten werden.[321] Wäre nun das Gericht zwar zu einer Überprüfung verpflichtet, zu einer Abänderung jedoch nicht, könnte das Gericht also sehenden Auges eine Gefährdung des Kindswohls ignorieren. Dies würde den Zweck der Vorschrift vollständig vereiteln.

bb.) § 225 Abs. 2 FamFG

Auch § 225 Abs. 2 FamFG legt dem Gericht eine Pflicht zur Abänderung im Rahmen des Versorgungsausgleichs auf. Diese Vorschrift geht auf § 53f FGG zurück.[322] Diese Pflicht basiert auf einer Entscheidung des Bundesverfassungsgerichts aus dem Jahre 1992.[323] Dort hatte sich dieses Gericht im Rahmen eines Vorlagebeschlusses mit der Abänderbarkeit von Entscheidungen zum Versorgungsausgleich befasst. So wurde die Einschränkung der Möglichkeit, ursprüngliche Entscheidungen im Rahmen des Versorgungsausgleichs zu korrigieren, grundsätzlich als eine Verkürzung von Eigentumspositionen angesehen.[324] Schon allein wegen Unwägbarkeiten im Wert dieser Anrechte und dem Problem, dass dieser Wert bei der Durchführung des Versorgungsausgleichs noch nicht endgültig feststeht und sich bis zum Versorgungsfall möglicherweise noch erheblich verändert, kann dies zu einer Kürzung der Versorgung und somit zu einer nicht mehr zu rechtfertigenden Aufteilung der in der Ehe erworbenen Anwartschaften führen.[325] Gleiches muss hinsichtlich eines gesetzten Vertrauens auf den Fortbestand der jeweiligen Anrechte gelten. Denn beiden Ehegatten ist zum Zeitpunkt der Ehescheidung bekannt, dass der Wert der Anwartschaften noch nicht endgültig feststeht und sich aufgrund einer Änderung des Gesetzes oder der tatsächlichen Verhältnisse verändern kann.[326] Aus dem gleichen Grund kann der Grundsatz der Rechtssicherheit einer Abänderung einer ursprünglichen Entscheidung nicht entgegenstehen. Denn ein Vertrauen in den Bestand hat von vornherein ein geringeres Gewicht, wenn ein endgültiger Wert noch nicht feststeht und damit zu rechnen ist, dass dieser noch Veränderungen erfährt, insofern die Entscheidung also keinen abgeschlossenen Sachverhalt regelt.[327]

Aus diesen dargelegten und der Entscheidung des Bundesverfassungsgerichts zugrundeliegenden Überlegungen folgt zwangsläufig die in § 225 Abs. 2 FamFG normierte Abänderungspflicht. Würde diese Norm lediglich die Möglichkeit einer Abänderung eröffnen, das Gericht andererseits jedoch zur Abände-

321 BT-Drs. 16/6308, S. 242 f.
322 BT-Drs. 16/6308, S. 253.
323 BVerfGE 87, 348.
324 BVerfGE 87, 355.
325 BVerfGE 87, 356 f.
326 BVerfGE 87, 357.
327 BVerfGE 87, 357 f.

rung nicht verpflichten, so würde dies die verfassungsrechtlichen Vorgaben des Bundesverfassungsgerichts generell in Frage stellen und den in der Entscheidung konkretisierten Grundrechtsschutz unterlaufen.

cc.) § 294 Abs. 3 FamFG

§ 294 Abs. 3 FamFG enthält eine dem § 69 Abs. 1 Nr. 5 FGG ähnliche Regelung. In der Vorgängernorm war festgelegt, dass im Rahmen seiner Entscheidung über die Bestellung eines Betreuers oder die Anordnung eines Einwilligungsvorbehaltes das Gericht auch darüber entscheiden muss, wann es spätestens über die Aufhebung oder Verlängerung der Maßnahme zu entscheiden hat. Dabei wurde dem Gericht eine maximale Frist von sieben Jahren zugebilligt.

Auch nach der neuen Vorschrift hat das Gericht spätestens sieben Jahre nach der Anordnung einer Maßnahme über die Aufhebung der Betreuung oder des Einwilligungsvorbehaltes zu entscheiden. Der Frage, wann eine Entscheidung über eine mögliche Verlängerung zu treffen ist, kann dieser Regelung jedoch nichts entnommen werden. Dies wurde in § 295 Abs. 2 FamFG niedergelegt. Auch hat das Gericht in seiner Beschlussformel nach § 286 Abs. 3 FamFG den Zeitpunkt festzulegen, bis zu dem eine Überprüfung stattzufinden hat.

Hier liegt eine ähnliche Konstellation vor wie bei § 166 FamFG: Wenn das Gericht seine Entscheidung nur überprüfen, diese bei einer Veränderung der Verhältnisse aber nicht abändern müsste, dann würde dies die Überprüfungspflicht ad absurdum führen. Gerade im Hinblick auf den erheblichen Eingriff insbesondere in die allgemeine Handlungsfreiheit,[328] den eine Betreuung bzw. ein Einwilligungsvorbehalt für den Betroffenen mit sich bringt, muss schon aus verfassungsrechtlicher Sicht das Gericht dazu verpflichtet sein, bei einer Veränderung insbesondere zugunsten des Betroffenen die ursprüngliche Entscheidung abzuändern. Selbst wenn sich die Sachlage nicht verändert hat, das Gericht aber im Rahmen einer erneuten Prüfung zu dem Ergebnis kommt, dass ein Grund für eine Anordnung von vornherein schon nicht bestand und weiterhin nicht besteht, ist die angeordnete Maßnahme zu beenden.[329]

dd.) § 330 Satz 1 FamFG

Für die Aufhebung einer Unterbringung sieht § 330 Satz 1 FamFG ebenso eine Pflicht zur Abänderung bei Wegfall der materiell-rechtlichen Voraussetzungen vor. Inhaltlich stimmt diese Norm mit § 70i Abs. 1 Satz 1 FGG überein.[330] Ziel der neuen Regelung ist es, ein möglichst effektives Verfahren zu etablieren, damit sichergestellt wird, dass gegen keinen Betroffenen länger als nötig eine Un-

---

328 Lipp, Fürsorge, S. 122 f.

329 Keidel/Budde, § 294 FamFG, Rn. 2.

330 BT-Drs. 13/6308, S. 275.

terbringung angeordnet wird.[331] Das Gericht ist nach dem Willen des Gesetzgebers dazu verpflichtet, bei eindeutiger Sachlage die Maßnahme unverzüglich aufzuheben. Dabei soll dem Gericht die Möglichkeit eröffnet werden, dies ohne die Einholung eines Gutachtens oder anderer Verfahrenshandlungen, die zu einer Verzögerung führen könnten, zu entscheiden.[332] Insofern regelt § 330 Satz 1 FamFG eine rechtsstaatliche Selbstverständlichkeit.[333]

ee.) § 395 Abs. 1 FamFG

Im Registerwesen gibt § 395 Abs. 1 FamFG dem Gericht die Möglichkeit, Eintragungen, die wegen des Mangels einer wesentlichen Voraussetzung unzulässig sind, zu löschen. Diese Vorschrift entspricht im Wesentlichen dem § 142 FGG.[334]

Das Anmeldeverfahren im Registerrecht ist geprägt durch weitgehende Prüfungsrechte und -pflichten seitens des Registergerichts. Damit wird das Ziel verfolgt, den Rechtsverkehr dadurch zu schützen, dass unrichtige Eintragungen möglichst vermieden werden. Ist die Eintragung jedoch erfolgt, gilt der Grundsatz der Erhaltung der Eintragung, in dessen Zusammenhang die Eintragung die Grundlage des materiell-rechtlichen Publizitätsprinzips darstellt und einen besonderen Schutz verdient.[335] Das Löschungsverfahren stellt ein selbständig ausgestaltetes Verfahren dar. Dessen Zweck besteht nicht darin, Fehler des Anmeldeverfahrens zu korrigieren. Durch eine Löschung soll in erster Linie den im öffentlichen Interesse erlassenen Vorschriften zur Durchsetzung verholfen werden. Dagegen ist es nicht Zweck des Löschungsverfahrens, das Register von unwirksamen oder unrichtigen Eintragungen zu befreien. Daraus folgt ein im Vergleich zum Anmeldeverfahren stark eingeschränktes Prüfungsrecht des Registergerichts.[336]

Aufgrund dieser Minimierung des Prüfungsrechts des Registergerichts kann von einer Pflicht zur Abänderung in § 395 FamFG nicht ausgegangen werden. Der Gesetzgeber hat dem Registergericht schon keine ausdrückliche Prüfungspflicht auferlegt. Auch würde eine Abänderungspflicht den Grundsätzen des Registerrechts widersprechen. Denn hier geht es in erster Linie um die Publizität und damit einhergehend um den Schutz des Rechtsverkehrs. Zwar mag es sinnvoll sein, unrichtige oder unwirksame Eintragungen zu korrigieren bzw. zu lö-

331 BT-Drs. 11/4528, S. 186; Keidel/Budde, § 330 FamFG, Rn. 1.

332 BT-Drs. 11/4528, S. 186.

333 Prütting/Helms/Roth, § 330, Rn. 2.

334 BT-Drs. 13/3608, S. 288.

335 Keidel/Heinemann, § 395 FamFG, Rn. 1.

336 BayObLG GmbHR 1992, 304; OLG Zweibrücken GmbHR 1995, 723 [724]; BayObLG DNotZ 1997, 81 [83]; OLG Zweibrücken FGPrax 2001, 125.

schen. Dies insbesondere im Hinblick auf eine übersichtliche Registerführung. Jedoch muss dieser Umstand hinter die Publizität zurücktreten. Insofern kann bei § 395 Abs. 1 FamFG von keiner Abänderungspflicht ausgegangen werden.

ff.) § 426 Abs. 1 FamFG

Die Abänderungspflicht in § 426 Abs. 1 Satz 1 FamFG ist offensichtlich. Sie regelt die Aufhebung der Anordnung einer Freiheitsentziehung von Amts wegen, sofern deren Grund weggefallen ist. Diese Vorschrift wurde dem § 330 FamFG nachgebildet und verfolgt den gleichen Zweck: Keinem Betroffenen soll länger als erforderlich die Freiheit entzogen werden.[337] Die Pflicht ergibt sich schon aus dem grund- und menschenrechtlichen Schutz der körperlichen Bewegungsfreiheit[338] und regelt letztlich eine Selbstverständlichkeit für einen Rechtsstaat. § 426 Abs. 1 Satz 1 FamFG entspricht dem § 10 Abs. 1 FrhEntzG[339].[340] Dort war schon eine umfassende Pflicht zur Aufhebung der Freiheitsentziehung anerkannt, insbesondere wegen der Zweckbindung der Freiheitsentziehung.[341] Selbst die zuständige Behörde war dazu verpflichtet, deren Aufhebung zu beantragen.

5. Einschränkung der Abänderbarkeit

a.) § 48 Abs. 3 FamFG

Eine Abänderung wie auch eine Wiederaufnahme ist nach § 48 Abs. 3 FamFG dann als ausgeschlossen anzusehen, wenn dadurch ein Rechtsgeschäft genehmigt wird und die Genehmigung oder deren Verweigerung einem Dritten gegenüber wirksam geworden ist.

aa.) Hintergrund des § 48 Abs. 3 FamFG

Diese Vorschrift geht zurück auf die §§ 55, 62 FGG. § 55 FGG enthielt eine dem § 48 Abs. 3 FamFG entsprechende Regelung. § 62 FGG erweiterte den Ausschluss der Abänderbarkeit auch auf das Beschwerdegericht und stellte eine Korrektur zu der nach § 19 FGG grundsätzlich unbefristet zulässigen Beschwer-

---

337 Keidel/Budde, § 426 FamFG, Rn. 1.

338 Bork/Jacoby/Schwarz, § 426, Rn. 1.

339 Gesetz über das gerichtliche Verfahren bei Freiheitsentziehungen vom 29. Juni 1956 (BGBl. I, S. 599), außer Kraft getreten am 31. August 2009 durch das Gesetz zur Reform des Verfahrens in Familiensachen und den Angelegenheiten der freiwilligen Gerichtsbarkeit vom 17. Dezember 2008 (BGBl. I, S. 2586).

340 BT-Drs. 16/6308, S. 293.

341 Marschner/Volckart, § 10 FEVG, Rn. 2.

de bzw. weiteren Beschwerde dar.[342] Zwar werden diese Genehmigungsbeschlüsse gemäß § 40 Abs. 3 FamFG erst mit Rechtskraft wirksam und können dadurch vollumfänglich einer richterlichen Überprüfung zugeführt werden. Ohne § 48 Abs. 3 FamFG würden trotz bestehender Rechtskraft im Rahmen der rechtskraftdurchbrechenden Rechtsbehelfe die Genehmigung bzw. deren Verweigerung in Frage gestellt werden.

Der Gesetzgeber hatte bei dieser Norm den Schutz des Vertrauens eines Dritten im Blick. Dieser Schutz bezieht sich auf das Vertrauen des Dritten in den dauerhaften Bestand der Genehmigungsentscheidung.[343]

bb.) Einschränkung über den Wortlaut hinaus

Bei § 48 Abs. 3 FamFG stellt sich die Frage nach dem Umfang der Einschränkung. In der Literatur wird die Ansicht vertreten, dass neben den dort aufgeführten Möglichkeiten einer Abänderung § 48 Abs. 3 FamFG auch auf andere, ähnlich wirkende Verfahrenshandlungen wie etwa die Gegenvorstellung entsprechende Anwendung finden soll.[344]

Im Gegenzug wird jedoch vertreten, dass zumindest eine Schadensersatzklage nach § 826 BGB wegen der sittenwidrigen Erschleichung einer Entscheidung zulässig sein soll.[345] Dabei unterscheidet *Rüntz* danach, ob der Dritte, dem gegenüber die Entscheidung wirkt, an deren Erschleichung beteiligt war. War er dies nicht, so kann gegen die Schädiger nur auf Schadensersatz in Geld geklagt werden, wodurch der Dritte nicht beeinträchtigt wird. War der Dritte jedoch an der Erschleichung beteiligt, so kommt auch eine Naturalrestitution in Betracht. Der Dritte ist hierbei jedoch aufgrund seiner Beteiligung an dem sittenwidrigen Vorgehen nicht schutzwürdig.

Gründe, aus denen außerordentliche Rechtsbehelfe auch unter den Anwendungsbereich des § 48 Abs. 3 FamFG fallen, sind nicht ersichtlich. Dies zeigt schon allein der Umstand, dass der Gesetzgeber alle erdenklichen Rechtsbehelfe, welche die Abänderbarkeit einschränken sollen, ausdrücklich aufgeführt hat. Hätte dieser darüber hinausgehende außerordentliche Rechtsbehelfe ausschließen wollen, so hätte er dies entweder explizit festgelegt oder eine Formulierung finden müssen, die schlichtweg jede Überprüfung ausschließt. Der Gesetzesbegründung lässt sich ein solcher Wille gerade nicht entnehmen. Dort wird lediglich von der Abänderung oder der Wiederaufnahme gesprochen.[346] Jedoch lässt

342 Reiß, RNotZ 2001, 204.

343 BT-Drs. 16/6308, S. 199; Bumiller/Harders, § 48, Rn. 13; Schulte-Bunert/Weinreich/Oberheim, § 48, Rn. 45; Musielak/Borth, § 48, Rn. 5.

344 Bork/Jacoby/Schwab/Elzer, § 48, Rn. 31.

345 Bahrenfuss/Rüntz, § 48, Rn. 37.

346 BT-Drs. 16/6308, S. 198 f.

sich nicht verhindern, dass außerordentliche Rechtsbehelfe zu einer Überprüfung herangezogen werden; eine vollständige Nicht-Überprüfbarkeit kann und darf es in einem Rechtsstaat nicht geben. Denn dies würde die Konsequenz mit sich bringen, dass auch die Verfassungsbeschwerde ausgeschlossen werden müsste, was wohl niemand ernstlich fordert. Auch eine Schadensersatzklage aufgrund § 826 BGB ist nichts anderes wie ein außerordentlicher Rechtsbehelf, führt diese doch zu einer – zumindest inzidenten – Überprüfung der Entscheidung und im Ergebnis dazu, dass der rechtswidrige Zustand wenigstens ausgeglichen wird. Insofern sind die in § 48 Abs. 3 FamFG aufgeführten Abänderungsmöglichkeiten und Rechtsbehelfe abschließend. Die Überprüfung einer Entscheidung anhand von nicht erwähnten Rechtsbehelfen ist möglich.

b.) § 197 Abs. 3 Satz 2 FamFG

§ 197 Abs. 3 Satz 2 FamFG enthält einen Ausschluss der Abänderung und der Wiederaufnahme für einen Beschluss über die Annahme als Kind. Vor der Reform enthielt § 56e Satz 3 Halbs. 2 FGG eine entsprechende Regelung, die eine Abänderung sowohl für das erlassende Gericht als auch die Beschwerdeinstanz ausschloss. § 56e FGG wurde im Jahre 1976 durch das Adoptionsgesetz[347] in das FGG eingefügt. Damit wollte der Gesetzgeber bezwecken, dass für die Adoption Bestandsschutz gewährleistet wird.[348] Seine Vorgängernorm war bis zu dieser Gesetzesänderung § 67 Abs. 3 Halbs. 2 FGG.

Im Vergleich zu den früheren Regelungen ist auch jetzt nicht gesetzlich festgelegt, ab wann die Unabänderlichkeit eintritt. Die Rechtsprechung sowie die Literatur gehen davon aus, dass dieser Zeitpunkt im Erlass des Beschlusses zu sehen ist. Unter dem Begriff „Erlass" ist dabei das Datum der Übergabe des Beschlusses an die Geschäftsstelle oder der Bekanntgabe durch Verlesen der Beschlussformel (§ 38 Abs. 3 Satz 2 FamFG) zu verstehen. An diesem Zeitpunkt für den Eintritt der Unabänderbarkeit kann auch im Rahmen der neuen Rechtslage festgehalten werden. Denn im Vergleich zum FGG hat sich inhaltlich nichts geändert. § 56a Satz 3 FGG entspricht § 197 Abs. 3 Satz 1 und 2 FamFG.[349]

347 Art. 4 Nr. 8 des Gesetzes über die Annahme als Kind und zur Änderung anderer Vorschriften vom 2. Juli 1976, BGBl. I, 1749.

348 BT-Drs. 7/3061, S. 58 f.

349 BT-Drs. 16/6308, S. 248; Schulte-Bunert/Weinheim/Sieghörtner, § 197, Rn. 1; MüKo-ZPO/Maurer, §§ 197, 198 FamFG, Rn. 1; Musielak/Borth, § 197, Rn. 1; Bassenge/Roth, § 197, Rn. 2; Prütting/Helms/Krause, § 197, Rn. 1.

An der von *Krause*[350] vertretenen Ansicht, der Erlass liege vor, sobald der Beschluss vom Richter unterschrieben und mit dessen Willen aus der Verfügungsmacht des Gerichts gelangt und zur Zustellung an den Annehmenden gegeben wurde, kann nach Einführung der Legaldefinition in § 38 Abs. 3 Satz 2 FamFG nicht mehr festgehalten werden, denn diese stellt nicht auf die Unterschrift des Richters ab. Zwischen der Unterschrift des Gerichts und der Übergabe an die Geschäftsstelle kann ein beträchtlicher Zeitraum liegen. Erst ab dem in der Definition genannten Zeitpunkt ist der Beschluss als existent anzusehen.[351]

c.) § 198 Abs. 3 Halbs. 2 FamFG

Einen weiteren Ausschluss der Abänderbarkeit enthält § 198 Abs. 3 Halbs. 2 FamFG. Dieser entspricht dem § 44a Abs. 2 Satz 2 FGG. Darin ist geregelt, dass eine Abänderung des Beschlusses, durch den die Befreiung vom Eheverbot nach § 1308 Abs. 1 BGB erteilt wird, dann ausgeschlossen ist, wenn die Ehe geschlossen worden ist. In der früheren Rechtslage hätte es eines ausdrücklichen Ausschlusses der Abänderbarkeit nicht bedurft, denn hier galt § 621e Abs. 3 Satz 2 ZPO in Verbindung mit § 318 ZPO. Diese Regelung bezog sich auf den Zeitpunkt bereits vor der Eheschließung. Durch die Aufhebung der Regelungen zum Verfahren in Familiensachen im Sechsten Buches der Zivilprozessordnung war nunmehr eine Normierung erforderlich.

6. Verhältnis der Abänderungsbefugnis des Gerichts erster Instanz zur Beschwerdeentscheidung

Im Rahmen des § 18 FGG waren sich Rechtsprechung[352] und Literatur[353] einig, dass das Gericht erster Instanz nach einer sachlichen Entscheidung des Beschwerdegerichts weder seine eigene Entscheidung noch die des höheren Rechtszuges abändern konnte. Argument hierfür war die Einhaltung des Instanzenzuges. Unter bestimmten Umständen wurde jedoch auch hier dem erstinstanzlichen Gericht die Möglichkeit eröffnet, seine Entscheidung trotz einer Berührung mit der höheren Instanz abzuändern. Dies war der Fall, wenn entweder

350 Prütting/Helms/Krause, § 197, Rn. 52.

351 Prütting/Helms/Abramenko, § 38, Rn. 24; MüKo-ZPO/Ulrici, § 38 FamFG, Rn. 29; Keidel/Meyer-Holz, § 38 FamFG, Rn. 88 f.; BT-Drs. 16/6308, S. 195.

352 KG JFG 3, 264 [267]; KGJ 42, 23 [25]; BGHZ 15, 122 [124 f.]; KG NJW 1955, 1074; KG FamRZ 1959, 259; OLG Hamm Rpfleger 1966, 334; OLG Hamm NJW 1970, 2118 f.; BayObLGZ 1971, 114 [122].

353 Keidel/Kuntze/Winkler, § 18, Rn. 7; Bärmann, Freiwillige Gerichtsbarkeit, § 21 II 2; Habscheid, § 27 II 1 c; Unger, ZZP 41, 183; Bonvie, S. 35 f.

die Beschwerde als unzulässig verworfen wurde,[354] ein Beteiligter nach Ansicht des Beschwerdegerichts schon zur Beschwerde nicht berechtigt war[355] oder die Beschwerde zurückgenommen[356] wurde. Denn dann hat das Beschwerdegericht schon gar nicht in der Sache selbst erkannt.

Vereinzelt wurde diese überwiegende Ansicht jedoch in Frage gestellt. So entschied das *Kammergericht*, dass das Gericht erster Instanz befugt sei, im Rahmen des § 18 FGG höherinstanzliche Entscheidungen abzuändern.[357] Begründet wurde dies mit der fehlenden materiellen Rechtskraft. Sollte eine Entscheidung einer höheren Instanz deshalb abgeändert werden, weil sich die zugrundeliegenden Verhältnisse verändert hatten, so wurde vereinzelt dem Gericht des ersten Rechtszugs diese Kompetenz ausschließlich zugewiesen. Denn hier endete die Entscheidungsbefugnis des Beschwerdegerichts, denn diese umfasste nur die Entscheidung über das jeweilige Rechtsmittel. Nach Erlass dieser Entscheidung ist das Gericht nicht mehr mit der Sache befasst und somit auch nicht mehr berechtigt, darin zu entscheiden.[358]

Im FamFG gestaltet sich die Lage nunmehr anders. § 48 Abs. 1 Satz 1 FamFG geht davon aus, dass das Gericht des ersten Rechtszugs eine rechtskräftige Endentscheidung abändern kann. Wohingegen in § 18 Abs. 1 Halbs. 1 FGG dieses Gericht nur befugt war, eine von ihm erlassene Verfügung abzuändern.

Insofern stellt dies nach *Abramenko*[359] eine Erweiterung der Kompetenzen des Gerichts erster Instanz dar. Dieses soll demnach auch Entscheidungen der höheren Instanz abändern können. Damit soll die Situation behoben werden, dass selbst bei Vorliegen der Voraussetzungen für eine Abänderung Entscheidungen, die im Rechtsmittelzug getroffen wurden, einer Abänderung nicht mehr zugänglich waren. Einerseits war das Gericht des ersten Rechtszuges hierzu nicht befugt, da es sich nicht um eine seiner Entscheidungen handelte. Andererseits konnte das Beschwerdegericht jedoch nach Erlass auch keine Abänderung mehr herbeiführen, da es zu diesem Zeitpunkt mit der Sache nicht mehr befasst war und somit hierzu keine Befugnis mehr innehatte.

Teilweise wird jedoch die auch schon zu § 18 FGG vertretene Ansicht weiterhin bei § 48 FamFG aufrechterhalten: Eine Abänderung von Entscheidungen einer höheren Instanz durch das Gericht der ersten Instanz ist nicht möglich. Dem steht das Prinzip des Instanzenzuges entgegen. Sobald das Beschwerdegericht eine sachliche Entscheidung getroffen hat, soll auch im Rahmen des § 48

354 BayObLGZ NJW-RR 1994, 831.
355 OLG Hamm FamRZ 1972, 520.
356 Jansen/Briesemeister, § 18, Rn. 11.
357 KG NJW 1955, 1074 f.
358 Keidel/Kuntze/Winkler, § 18, Rn. 32.
359 Prütting/Helms/Abramenko, § 48, Rn. 16.

FamFG das Gericht erster Instanz nicht mehr zu einer Abänderung seiner eigenen wie auch der Entscheidung des Beschwerdegerichts befugt sein.[360] *Engelhardt*[361] geht aber weiterhin davon aus, dass im Falle einer zurückgenommenen, einer als unzulässig verworfenen Beschwerde oder der Verneinung der Beschwerdeberechtigung das Ausgangsgericht die Abänderungskompetenz nicht verliert. Denn das Beschwerdegericht habe dann nicht in der Sache selbst erkannt.

Bei dieser Frage wird allerdings übersehen, dass die Abänderungs-Entscheidung in einem zweiten (neuen) Verfahren getroffen wird. Das ursprüngliche Verfahren wird demnach nicht fortgeführt. Insofern kann das Argument, der Instanzenzug würde ignoriert werden, nicht überzeugen. Vielmehr ist es dabei konsequent, die Befugnis wiederum dem Gericht erster Instanz zuzuweisen; schon allein aus der Überlegung heraus, dass hier ein neues Verfahren initiiert wird. Ferner ist davon auszugehen, dass das Gericht erster Instanz sachnäher am zu beurteilenden Sachverhalt ist.

Würde die Abänderung ausschließlich auf der Ebene des Beschwerdegerichts entschieden werden, so bringt dies für die Beteiligten den Nachteil mit sich, dass ihnen zumindest eine Tatsacheninstanz verloren geht. Denn letztlich geht es im Rahmen der Abänderung nicht um die Beurteilung der alten Sach- und Rechtslage. Ausschlaggebend ist hier die Beurteilung der neuen Situation. Das Gericht hat neue Ermittlungen anzustellen, unter Umständen sind neue Gutachten einzuholen. Würden diese Maßnahmen erstmalig beim Beschwerdegericht durchgeführt, so wäre eine Überprüfung des Sachverhaltes verkürzt.

Insofern ist *Abramenko*[362] beizupflichten, wenn er davon ausgeht, dass der Instanzenzug in diesem Fall nicht in Frage gestellt wird, da das Gericht erster Instanz nur bei Vorliegen der Voraussetzungen des § 48 Abs. 1 FamFG befugt ist, eine Entscheidung der höheren Instanz abzuändern und dennoch wieder in der Rechtsmittelinstanz korrigiert werden kann. Die Abänderungsbefugnis des Gerichts erster Instanz ist gerade wegen der breitgefächerten Möglichkeiten notwendig, aufgrund derer durch die erste Instanz eine Abänderung umgesetzt werden kann.

Auch das Argument, bei einer Änderung der Rechtsprechung und nicht nur der tatsächlichen Verhältnisse, könnte das Gericht der ersten Instanz eine Entscheidung des Beschwerdegerichts, die dieses zur Fortbildung des Rechts bzw. der Vereinheitlichung der Rechtsprechung getroffen hat, jederzeit abändern, wenn der Richter der ersten Instanz von der Rechtsauffassung der höheren In-

---

360 Keidel/Engelhardt, § 48 FamFG, Rn. 19; Bork/Jacoby/Schwab/Elzer, § 48, Rn. 6.

361 Keidel/Engelhardt, § 48 FamFG, Rn. 19.

362 Prütting/Helms/Abramenko, § 48, Rn. 16.

stanz nicht überzeugt ist, kann nicht überzeugen. Denn das Risiko, dass das Ausgangsgericht in einem neuen Verfahren nicht der Rechtsauffassung der höheren Instanz folgt, besteht in jeder Situation.

7. Abänderungsbefugnis des Beschwerdegerichts

Zur alten Rechtslage war umstritten, inwiefern das Beschwerdegericht zur Abänderung seiner eigenen Entscheidungen befugt war.

Teilweise wurde in der Rechtsprechung[363] und der Literatur[364] die Ansicht vertreten, § 18 Abs. 1 FGG berechtige das Beschwerdegericht dazu, seine eigenen Entscheidungen abzuändern. Zur Begründung wurde der Wortlaut herangezogen. Demnach solle jedes Gericht – unabhängig von seinem Standort im Instanzenzug – befugt sein, seine Entscheidungen abzuändern.[365]

Im Gegensatz dazu vertrat der überwiegende Teil der Rechtsprechung[366] und der Literatur[367] die Ansicht, dass das Beschwerdegericht nicht dazu befugt sei, seine eigene Entscheidung abzuändern. Dies lag zunächst daran, dass ihm die hierzu erforderliche Zuständigkeit fehle. Denn das Beschwerdegericht war ausschließlich zur Entscheidung über die Beschwerde berufen.

Die Zuständigkeit dieses Gerichts endet mit Erlass der Beschwerdeentscheidung. Durch diese wird das Beschwerdeverfahren unwiderruflich abgeschlossen, und zwar auch dann, wenn sich die Umstände verändert haben.[368] Ein Blick auf die Entstehungsgeschichte führte ebenso zu diesem Ergebnis. Danach sollte diese Vorschrift die Zulässigkeit der Abänderung von noch nicht rechtskräftigen Entscheidungen im Vergleich zu § 571 ZPO erweitern. Dadurch sollte das Gericht die Möglichkeit erhalten, eine von ihm erlassene, mit der Beschwerde noch anfechtbare Verfügung auch dann abzuändern, wenn keine Beschwerde eingelegt wurde.[369] Somit bezog sich § 18 FGG nicht auf erstinstanzliche Entscheidungen, zu denen mittlerweile eine Sachentscheidung des Beschwerdegerichts ergangen ist bzw. bei denen bereits formelle Rechtskraft eingetreten ist.[370] Auch

363 LG Bonn MDR 1956, 45 f.

364 Unger, ZZP 41, 183 ff.

365 Unger, ZZP 41, 183 ff.

366 RGZ 70, 234 [236]; KG OLGRspr 42, 183 [185]; JW 1928, 1603; KGJ 46, 3 [5 ff.]; KGJ 53, 11 [14]; OLG München JFG 21, 73 [74]; OLG München JFG 23, 275 [287]; KG NJW 1955, 1074; KG OLGZ 1966, 608; BayObLGZ 1978, 128 f.

367 Brehm, Rn. 375; Dorndorf, S. 85 ff.; Gäbelein, JZ 1955, 260 [262]; Schäfer, S. 40 f.; Keidel/Kuntze/Winkler, § 18, Rn. 8; Jansen/Briesemeister, § 18, Rn. 23.

368 Rothe, S. 96.

369 KG VIZ 1999, 755 [756].

370 KG RJA 7, 89 [94 f.]; JFG 23, 360 [362].

wurde ein Vergleich zu § 29 Abs. 3 FGG gezogen. Dort wurde ausdrücklich eine Befugnis des Beschwerdegerichts zur Abänderung seiner Entscheidung für die Dauer des Verfahrens der Rechtsbeschwerde ausgeschlossen. Diesen Rechtsgedanken hat das *Reichsgericht*[371] auch auf die Abänderungsbefugnis des Beschwerdegerichts übertragen und diese insgesamt verneint.

Mit Inkrafttreten des FamFG wurde diese bisher bestehende Unsicherheit beseitigt. § 48 Abs. 1 Satz 1 FamFG stellt nun klar, dass zur Abänderung wegen einer wesentlichen Änderung der Sach- oder Rechtslage nunmehr nur noch das Gericht des ersten Rechtszuges befugt ist. Die Abänderung einer Entscheidung des Beschwerdegerichts durch dieses ist – auch auf Antrag – mit der neuen Rechtslage nicht vereinbar.[372] Ferner entspricht es den sich aus dem Instanzenzug ergebenden verfahrensrechtlichen Grundsätzen, dass dieses Gericht zu einer Abänderung dann nicht mehr befugt ist, wenn es über den Verfahrensgegenstand sachlich entschieden hat und sich der zugrundeliegende Sachverhalt nicht mehr geändert hat.[373]

Dieser Grundsatz gilt auch dort, wo die Beschwerde durch das Beschwerdegericht als unzulässig verworfen wurde.[374]

II. Unabänderbarkeit und formelle Rechtskraft

1. Begriffsklärung

Die Begriffe der Unabänderbarkeit und der formellen Rechtskraft beziehen sich auf die Frage, inwiefern und unter welchen Voraussetzungen eine bereits ergangene Entscheidung (noch) abgeändert werden darf. Beide Institute bewirken zwar ein Abänderungsverbot, haben jedoch verschiedene Zielrichtungen. Die Unabänderbarkeit verbietet es dem Ausgangsgericht, seine bereits erlassene Entscheidung abzuändern. Sie gewährt somit Bestandsschutz gegenüber dem iudex a quo.[375] Diese verfahrensrechtliche Sperre der Abänderbarkeit enthielt § 18 Abs. 2 FGG. Danach waren Verfügungen des Ausgangsgerichts dann nicht mehr änderbar, wenn sie der sofortigen Beschwerde unterlagen.

Dahingegen schützt die formelle Rechtskraft vor der Änderung in der höheren Instanz. Diese führt zur Unanfechtbarkeit der Entscheidung. Die Rechtsmittelgerichte haben danach keine Möglichkeit mehr, das Vorgehen der unteren In-

---

371 RGZ 70, 234 [236].

372 Keidel/Engelhardt, § 48 FamFG, Rn. 20.

373 KG VIZ 1999, 755 [756]; OLG München FamRZ 2008, 1268.

374 Keidel/Engelhardt, § 48 FamFG, Rn. 20.

375 Jansen/Briesemeister, § 18, Rn. 3.

stanz zu überprüfen. Die formelle Rechtskraft führt darüber hinaus grundsätzlich auch zur Unabänderbarkeit der Entscheidung im ursprünglichen Verfahren. Eine Abänderung im ursprünglichen Verfahren ist dann nur noch im Rahmen der Wiedereinsetzung, Wiederaufnahme oder Gehörsrüge möglich. Ferner überwindet die Abänderungsnorm des § 48 Abs. 1 FamFG diese Sperre, sofern die Voraussetzungen für eine Abänderung in einem neuen Verfahren vorliegen.

Die formelle Rechtskraft tritt ein, wenn die Entscheidung mit Rechtsmitteln nicht mehr angefochten werden kann. Im Gegensatz zur Unabänderbarkeit gewährt letztere Bestandsschutz gegenüber dem iudex ad quem. Die formelle Rechtskraft führte im FGG jedoch nicht automatisch zum Ausschluss der Möglichkeit, die Entscheidung seitens des Ausgangsgerichts zu korrigieren, also auf die Option des § 18 FGG zurückzugreifen. Die Frage, unter welchen Voraussetzungen die formelle Rechtskraft eintrat und welche Rechtsfolgen diese mit sich brachte, wurde nicht von dieser Norm geregelt. Die Abänderbarkeit nach § 18 FGG war unabhängig von der formellen Rechtskraft. Somit ließ sich eine formell rechtskräftige Entscheidung unter den Voraussetzungen dieser Norm abändern. Dies galt insbesondere auch für Verfügungen, die aufgrund Gesetzes nicht der Anfechtung unterlagen.

Umgekehrt bedeutete im FGG jedoch die Unabänderbarkeit nicht zugleich, dass auch die Wirkungen der formellen Rechtskraft eingetreten waren. Gerade davon ging das Gesetz nicht aus. Denn § 18 Abs. 2 FGG verbot dem Ausgangsgericht, seine Entscheidung abzuändern („Unabänderbarkeit“), wenn ein Rechtsmittel in Form der sofortigen Beschwerde erhoben wurde, also eine Anfechtung stattfand. In diesem Fall war somit die formelle Rechtskraft noch nicht eingetreten – die Entscheidung war anfechtbar –, dennoch durfte das Gericht der ersten Instanz seine Verfügung nicht mehr abändern.

Im Zivilprozess gibt es ebenso eine Bindung des Ausgangsgerichts an seine Entscheidungen, was § 318 ZPO festlegt. Nach dieser Vorschrift ist das Gericht an seine einmal erlassenen End- und Zwischenurteile gebunden. Unabhängig davon regelt § 705 ZPO die formelle Rechtskraft. Jedoch unterscheidet sich § 318 ZPO in einem wesentlichen Aspekt vom früheren § 18 FGG: Im Zivilprozess ist die Abänderung grundsätzlich vollständig ausgeschlossen, während im Verfahren der freiwilligen Gerichtsbarkeit diese ausdrücklich erlaubt ist. Die Bindung des Zivilgerichts ist auch hier unabhängig von der formellen Rechtskraft.[376]

Im FamFG ist die formelle Rechtskraft nunmehr nach § 48 Abs. 1 Satz 1 FamFG eine Voraussetzung für die Abänderbarkeit einer Entscheidung. Diese Norm fordert, dass es sich um eine rechtskräftige Endentscheidung handelt.

376 Stein/Jonas/Leipold, § 318, Rn. 1.

Daraus folgt die Unanwendbarkeit des § 48 Abs. 1 FamFG für den Fall, dass durch die ordentlichen Rechtsmittel der Beschwerde oder Rechtsbeschwerde eine Korrektur der Entscheidung möglich ist.

2. Voraussetzungen der formellen Rechtskraft

Hinsichtlich der formellen Rechtskraft muss zunächst zwischen Entscheidungen unterschieden werden, die unanfechtbar sind und die der Anfechtung offen stehen.

a.) Unanfechtbare Entscheidungen

Wie oben bereits dargestellt, bedeutet die formelle Rechtskraft, dass eine Entscheidung nicht mehr angefochten werden kann. Daraus ergibt sich der Schluss, dass unanfechtbare Entscheidungen mit dem Zeitpunkt des Erlasses auch gleichzeitig formell rechtkräftig werden.[377] Diese Wirkung tritt unabhängig davon ein, ob die jeweilige Entscheidung den Beteiligten auch zugestellt wurde.[378] Ein Zeitraum zwischen dem Erlass und dem Eintritt der formellen Rechtskraft existiert hier nicht. Zunächst unterliegen nur Endentscheidungen der Anfechtbarkeit (§ 58 Abs. 1 Halbs. 1 FamFG). Damit sind Zwischen- und Nebenentscheidungen grundsätzlich im Rahmen einer Beschwerde nicht überprüfbar. Jedoch eröffnet § 58 Abs. 1 Halbsatz 2 FamFG eine spezifische Anordnung der Anfechtbarkeit für einzelne Bereiche der freiwilligen Gerichtsbarkeit. Statthaft ist in diesen Fällen die sofortige Beschwerde entsprechend den §§ 567 bis 572 ZPO. Konkret findet diese Anordnung statt bei den §§ 6 Abs. 2, 7 Abs. 5 Satz 2, 21 Abs. 2, 33 Abs. 3 Satz 5, 35 Abs. 5, 42 Abs. 3 Satz 2, 76 Abs. 2, 87 Abs. 4, 284 Abs. 3 Satz 2, 322 i. V. m. 284 Abs. 3 Satz 2, 355 Abs. 1, 372 Abs. 1, 480 Abs. 2, 482 Abs. 3 FamFG. Darüber hinaus ist die ZPO-Beschwerde dort statthaft, wo seitens des FamFG auf Vorschriften der ZPO verwiesen wird und sich aus diesen die Anwendbarkeit der sofortigen Beschwerde ergibt (§§ 29 Abs. 2, 85, 178 Abs. 2 Satz 1 FamFG).

Eine Unanfechtbarkeit ergibt sich ferner aus §§ 3 Abs. 3 Satz 1, 5 Abs. 3, 6 Abs. 1 Satz 1 i. V. m. § 46 Abs. 2 Alt. 1 ZPO, 10 Abs. 3 Satz 1, 13 Abs. 4 Satz 3, 16 Abs. 2 i. V. m. § 225 Abs. 3 ZPO, 19 Abs. 2, 22 Abs. 2 Satz 3, 32 Abs. 1 Satz 2 i. V. m. § 227 Abs. 4 Satz 3 ZPO, 32 Abs. 3 i. V. m. § 128a Abs. 3 Satz 2 ZPO, 42 Abs. 3 Satz 1, 44 Abs. 4 Satz 3, 55 Abs. 1 Satz 2, 57 Satz 1, 68 Abs. 4 i. V. m. § 526 Abs. 3 ZPO, 153 Satz 2, 165 Abs. 5 Satz 1, 197 Abs. 3 Satz 1,

377 KGJ 34, A 65 [A 68]; BGH NJW 1955, 503 [504].

378 Keidel/Kuntze/Zimmermann, § 31, Rn. 1; Bumiller/Winkler, § 31, Rn. 2.

198 Abs. 3 Halbs. 1, 202 Satz 2, 233 Satz 2, 242 Satz 2, 250 Abs. 2 Satz 3, 263 Satz 2, 268 Satz 2, 327 Abs. 4, 353 Abs. 3, 359 Abs. 1, 383 Abs. 3, 402 Abs. 2, 414, 420 Abs. 1 Satz 2 FamFG, §§ 35 Abs. 2 Satz 2, 73 Abs. 1 Satz 4 AktG, § 33 Abs. 1 VerschG, § 13 Abs. 1 Satz 3 LwVG und § 71 Abs. 2 Satz 1 GBO.

Unabhängig von der Unanfechtbarkeit und der damit einhergehenden formellen Rechtkraft besteht jedoch die Möglichkeit der Wiederaufnahme.

b.) Befristete Rechtsmittel

Die Beschwerde nach § 58 FamFG ist das befristete Rechtsmittel des FamFG. Im Gegensatz zum FGG ist nunmehr die Befristung der Beschwerde als Grundsatz normiert worden. Im FGG stellte die sofortige Beschwerde des § 22 Abs. 2 FGG eine Ausnahme von der Regel dar, dass die Beschwerde im FGG unbefristet war. Eine Befristung war dort grundsätzlich auch nicht notwendig, weil nach § 16 Abs. 1 FGG Verfügungen mit deren Bekanntmachung wirksam und vollziehbar wurden.[379] Dabei handelte es sich jedoch nicht um einen eigenständigen Rechtsbehelf, der sich von der „einfachen“ Beschwerde unterschied. Vielmehr waren auf diese auch die Vorschriften anzuwenden, die im Allgemeinen die Beschwerde regelten. Namentlich waren dies die §§ 19 bis 21, 23 bis 25, 27 bis 30 FGG. Spezielle Regelungen, die sich nur auf die sofortige Beschwerde bezogen, befanden sich dagegen in den §§ 22, 26 und 29 Abs. 2 FGG. Die Abweichung der sofortigen Beschwerde von der Regel der Unbefristetheit im FGG gründete sich auf den Anforderungen des Rechtsverkehrs. In gewissen Bereichen sollte vor allem Rechtssicherheit hergestellt werden. Aus diesem Grunde wurde in bestimmten Fällen die Rechtsmitteleinlegung zeitlich beschränkt.[380]

Hinsichtlich der weiteren Beschwerde ist festzustellen, dass deren Zulässigkeit zunächst nicht an eine Frist geknüpft war, wenn die Verfügung der ersten Instanz der einfachen Beschwerde unterlag.[381] Anders war dies unter dem Einfluss des § 29 Abs. 2 FGG: Soweit gegen die erstinstanzliche Verfügung die sofortige Beschwerde statthaft war, war auch die Beschwerde zum Beschwerdegericht als sofortige weitere Beschwerde zu qualifizieren. Somit wurde ein Gleichlauf des Fristen gewährleistet: Wenn in der ersten Instanz nur binnen einer bestimmten Frist angefochten werden konnte, dann sollte es auch in der höheren Instanz so bleiben.

Im FamFG wurde dagegen mit dem Grundsatz der unbefristeten Beschwerde gebrochen. § 58 Abs. 1 FamFG ist nunmehr die Grundnorm für die Beschwerde. In § 63 Abs. 1 FamFG ist für die Einlegung grundsätzlich eine Mo-

379 Jansen/Briesemeister, § 22, Rn. 2.

380 Keidel/Kuntze/Sternal, § 22, Rn. 1.

381 Brehm, Rn. 506; Keidel/Kuntze/Meyer-Holz, § 29, Rn. 35.

natsfrist bestimmt. Der Gesetzgeber sah in der Befristung die Möglichkeit einer Verfahrensbeschleunigung und –vereinfachung. Auch sollte möglichst frühzeitig für alle Beteiligten Rechtsklarheit über den dauerhaften Bestand der Entscheidung bestehen. Ferner wollte der Gesetzgeber einen Gleichlauf mit der Regelung in der ZPO. Dort wurde mit dem Gesetz zur Reform des Zivilprozesses[382] bereits die unbefristete Beschwerde abgeschafft. Das Nebeneinander von einfacher und befristeter Beschwerde im FGG wollte der Gesetzgeber ändern und dadurch das Beschwerdeverfahren übersichtlicher und systematischer gestalten.[383]

In Fällen der befristeten Beschwerde tritt die formelle Rechtskraft unter drei Voraussetzungen ein: Entweder im Falle des ungenutzten Ablaufs der Rechtsmittelfrist, bei Erschöpfung des Rechtsmittelzugs oder im Falle des Rechtsmittelverzichts.

aa.) Ablauf der Beschwerdefrist

Der Standardfall für den Eintritt der formellen Rechtskraft bei einem befristeten Rechtsmittel ist der Ablauf der Beschwerdefrist, während der kein Rechtsmittel eingelegt wurde.[384] Diese Frist beträgt bei der Beschwerde gem. § 63 Abs. 1 FamFG grundsätzlich einen Monat. § 63 Abs. 2 FamFG normiert jedoch eine Frist von zwei Wochen, wenn sich die Beschwerde gegen eine einstweilige Anordnung oder einen Beschluss richtet, der die Genehmigung eines Rechtsgeschäfts zum Gegenstand hat. Betrifft die Entscheidung mehrere Beteiligte, so läuft für jeden eine gesonderte Beschwerdefrist, was in § 63 Abs. 3 Satz 1 FamFG festgestellt wurde. Die formelle Rechtskraft tritt jedoch erst bei Verstreichen der letzten Frist ein. Andererseits tritt sie jedoch für jeden Beteiligten dann einzeln ein, wenn die Verfügung für jeden Beteiligten eine eigene Regelung trifft, diese also „aufteilbar" ist.[385] Die Gegenansicht geht hingegen davon aus, dass die formelle Rechtskraft für jeden Beteiligten einzeln – unabhängig von den anderen – zu verschiedenen Zeitpunkten eintritt.[386] Diese Ansicht ist jedoch aus Gründen der Rechtssicherheit abzulehnen.

Eine Korrektur dieser Verfristung findet nach § 17 Abs. 1 FamFG durch die Wiedereinsetzung in den vorigen Stand statt. Danach wird die formelle Rechtskraft trotz ihres momentanen Bestehens beim Vorliegen der Voraussetzungen

---

382 Gesetz zur Reform des Zivilprozesses vom 27. Juli 2001 (BGBl. I S. 1887).

383 BT-Drs. 13/6308, S. 205.

384 Brehm, Rn. 393; Keidel/Engelhardt, § 45 FamFG, Rn. 12; Bumiller/Harders, § 45, Rn. 3.

385 Baur, § 23 C I 2 c; Habscheid, § 26 II 2 c; Keidel/Engelhardt, § 45 FamFG, Rn. 13.

386 Schlegelberger, § 16, Rn. 7; BayObLGZ 1960, 110 [118].

wieder beseitigt.[387] Ein zunächst wegen Verfristung unzulässiges Rechtsmittel wird dadurch wieder zulässig; das rechtskräftig abgeschlossene Verfahren wieder anhängig gemacht.[388] Erst durch die Stattgabe des Antrags auf Wiedereinsetzung entfällt rückwirkend auch die formelle Rechtskraft.[389] Dies bedeutet im Gegenzug dazu, dass bei einer Ablehnung des Antrags die ursprünglich eingetretene formelle Rechtskraft unangetastet weiterwirkt. Im Falle einer Ablehnung hat somit die Stellung des Antrags auf Wiedereinsetzung keinerlei Wirkung auf die formelle Rechtskraft, was sich für den Zivilprozess auch mittelbar aus § 707 ZPO ergibt.

bb.) Erschöpfung des Rechtsmittelzuges

Auch bei Erschöpfung des Rechtsmittelzuges tritt die formelle Rechtskraft ein. Dies sind die Fälle, in denen das Rechtsmittel wegen Unzulässigkeit verworfen oder wegen Unbegründetheit zurückgewiesen wurde,[390] also mit dem Erlass – nicht erst mit dem Wirksamwerden – der Entscheidung der letzten möglichen Instanz.[391] Sollte jedoch in letzter Instanz der Beschwerde stattgegeben werden, führt dies zur Unanfechtbarkeit und unmittelbar zum Eintritt der formellen Rechtskraft. Bei einer Verwerfung als unzulässig der an sich zulässigen Beschwerde aus anderen Unzulässigkeitsgründen (etwa wegen dem Nichterreichen der Rechtsmittelsumme[392]) tritt die formelle Rechtskraft der Ausgangsentscheidung mit dem Zeitpunkt ein, indem die Verwerfungsentscheidung rechtskräftig wird.[393]

cc.) Rechtsmittelverzicht

Weiterhin tritt die formelle Rechtskraft ein, wenn seitens der Beteiligten der Verzicht auf das Rechtsmittel erklärt wurde. Problematisch war im FGG, dass der Rechtsmittelverzicht dort nicht geregelt war. In anderen Verfahrensordnungen ist diese Möglichkeit jedoch vorgesehen (z. B. § 515 und § 565 ZPO). Früher wurde daraus geschlossen, dass ein solcher Verzicht somit im Verfahren der freiwilligen Gerichtsbarkeit nicht zulässig sei.[394] Dies wurde jedoch mittlerweile

387 Stein/Jonas/Roth, § 233, Rn. 1.

388 Kummer, Wiedereinsetzung, Rn. 1.

389 Stein/Jonas/Roth, § 705, Rn. 13.

390 Jansen/v. König, § 31, Rn. 5; Bumiller/Winkler, § 31, Rn. 2.

391 OLG München JFG 21, 74 [75]; KG JFG 13, 245 [246]; Jansen/v. König, § 31, Rn. 5.

392 So etwa bei § 61 Abs. 1 FamFG oder § 14 HausratsVO.

393 GmS-OGB NJW 1984, 1027 [1028].

394 KGJ 31, A 8 [A 9].

aufgegeben.[395] Bis zum Inkrafttreten des FamFG war ohne Widerspruch anerkannt, dass auf das Rechtsmittel verzichtet werden konnte.[396]

Mit § 67 Abs. 1 FamFG wurde nunmehr ausdrücklich die Möglichkeit des Verzichts auf das Rechtsmittel in das Gesetz aufgenommen. Mit dieser Regelung sollten die zur alten Rechtslage umstrittenen Punkte ausgeräumt werden.[397] Für dessen Erklärung ist die Einhaltung einer bestimmten Form nicht erforderlich; sie muss ihn aber zweifelsfrei – nicht unbedingt ausdrücklich – erkennen lassen.[398] Durch die Verzichtserklärung wird die formelle Rechtskraft herbeigeführt, was sich auch nur auf einen Teil der Verfügung beziehen kann.[399] Diese Wirkung entsteht bei nur einem anfechtungsberechtigten Beteiligten unmittelbar. Sind mehrere Beteiligte vorhanden, so müssen entweder alle auf das Rechtsmittel verzichten oder nur noch die diejenigen, bei denen nicht schon die Entscheidung aus anderen Gründen formell rechtskräftig geworden ist.[400] In diesem Fall tritt die Rechtskraft ein, wenn von allen Beteiligten der letzte den Verzicht erklärt hat.[401]

Problematisch sind die Fälle, in denen seitens der Beteiligten vereinbart wurde, dass der bereits erklärte Verzicht widerruflich sein soll. Eine solche Vereinbarung ist allgemein anerkannt.[402] Diese Vereinbarung unterliegt den allgemeinen vertraglichen Regelungen und ist nach materiellem Recht zu beurteilen. In der Folge kann der vereinbarte Verzicht auch mit Einwilligung des Gegners widerrufen werden.[403] Dies kann jedoch nur für das streitige Verfahren gelten. Denn nur dort ist das Verfahren der Disposition der Parteien unterworfen.[404] Dabei ist ferner danach zu differenzieren, wem gegenüber der Verzicht erklärt wurde. Erfolgt die Erklärung des Verzichts gegenüber einem anderen Beteiligten, so führt dies nur dann zur Unzulässigkeit der Beschwerde, wenn sich jener darauf beruft, was § 67 Abs. 3 FamFG zum Ausdruck bringt. Demnach ist der gegenüber einem anderen Beteiligten erklärte Verzicht als Einrede ausgestaltet. Dies bedeutet wiederum, dass der erklärte Verzicht zwar wirksam ist, jedoch die Unzulässigkeit der Beschwerde nur dann zur Folge hat, wenn sich der andere

---

395 KG JFG 12, 69.
396 Schlegelberger, § 19, Rn. 36; Brehm, Rn. 393; Jansen/Briesemeister, § 21, Rn. 34.
397 BT-Drs. 13/6308, S. 206 f.
398 BayObLGZ 1964, 448; Bumiller/Harders, § 67, Rn. 2.
399 Jansen/Briesemeister, § 21, Rn. 34.
400 Jansen/Briesemeister, § 21, Rn. 35.
401 Baur, § 23 C I 2 b; Keidel/Engelhardt, § 45 FamFG, Rn. 18.
402 Bumiller/Winkler, § 19, Rn. 21; Jansen/Briesemeister, § 21, Rn. 36.
403 BGH NJW 1985, 2334; Jansen/Briesemeister, § 21, Rn. 36.
404 OLG Celle RdL 1962, 99.

Beteiligte auch auf den Verzicht beruft.[405] Wurde der Verzicht jedoch gegenüber dem Gericht erklärt, so ist die Beschwerde unzulässig (§ 67 Abs. 1 FamFG). Dies ist auch der Fall, wenn zwischen den Beteiligten die Widerruflichkeit eines erklärten Verzichts vereinbart wurde. Denn einem Widerruf steht hier die Natur des Verzichts entgegen: Dieser ist als Verfahrenshandlung anzusehen, der ab Zugang bei Gericht nicht mehr widerrufen werden kann.[406]

dd.) Rücknahme des Rechtsmittels

Hinsichtlich der Rücknahme des Rechtsmittels kann nicht unmittelbar auf den Eintritt der formellen Rechtskraft geschlossen werden. Zunächst kann bis zum Ablauf der Beschwerdefrist die Beschwerde zurückgenommen und danach nochmals erneut eingelegt werden.[407] Ein Verbrauch des Beschwerderechts liegt insofern nicht vor.[408] Anders gestaltet es sich, wenn die Beschwerdefrist bereits abgelaufen ist und dann die Beschwerde zurückgenommen wird. In einer solchen Konstellation ist eine erneute Einlegung nicht mehr möglich. Die formelle Rechtskraft tritt dann unmittelbar ein. Unter gewissen Umständen kann jedoch in der Rücknahme der Beschwerde auch ein Rechtsmittelverzicht gesehen werden. Dies ist zumindest dann der Fall, wenn sich der Beschwerdeführer in der Begründung zur Rücknahme mit der angefochtenen Verfügung vorbehaltlos abfinden will.[409] Dabei ist aber im Rahmen der Auslegung Wert darauf zu legen, dass sich dieses Abfinden auch eindeutig in der Erklärung niederschlägt. Im vom BayObLG entschiedenen Fall hatte der Beschwerdeführer in mehreren Sätzen dargelegt, warum er nun mit der Entscheidung einverstanden sei. Gefährlich wäre es, wenn man nur aus der Formulierung, man habe sich nunmehr mit der Verfügung abgefunden, einen Verzicht ableiten wollte. Dies ist – insbesondere im Hinblick auf Laienäußerungen – keinesfalls als Verzicht zu werten. Insofern kann der Ansicht, dass im Zweifel in der Zurücknahme auch ein Verzicht zu sehen sei, nicht zugestimmt werden.[410] Durch den mit der Rücknahme erklärten Verzicht tritt ebenfalls die formelle Rechtskraft unmittelbar ein.

ee.) Rechtsmittelverwirkung

Teilweise wird in Rechtsprechung und Literatur die Ansicht vertreten, auch bei einer befristeten Beschwerde könne eine Verwirkung eintreten. Dies soll dort

405 BT-Drs. 16/6308, S. 207; Keidel/Sternal, § 67 FamFG, Rn. 11.

406 BGH MDR 1985, 830 [831]; BayObLGZ 1964, 448 [450]; Keidel/Sternal, § 67 FamFG, Rn. 10; Prütting/Helms/Abramenko, § 67 Rn. 8, Bahrenfuss/Joachim, § 67, Rn. 3.

407 Jansen/Briesemeister, § 21, Rn. 33; Keidel/Sternal, § 67 FamFG, Rn. 21.

408 BayObLGZ 1955, 222 [223]; Bumiller/Harders, § 67, Rn. 9.

409 BayObLGZ 1964, 448.

410 Schlegelberger, § 16, Rn. 7.

der Fall sein, wo aufgrund einer unterbliebenen Zustellung oder eines Zustellungsfehlers eine Frist nicht in Gang gesetzt wurde und erst nach geraumer Zeit gegen die Entscheidung vorgegangen wurde.

Ein ähnliches Problem besteht auch im Verwaltungsrecht. Dort gibt es zunächst die Regelung des § 58 Abs. 1 VwGO, nach der die Frist für einen Rechtsbehelf erst mit ordnungsgemäßer Belehrung über den Rechtsbehelf zu laufen beginnt. Für den Fall, dass eine solche Belehrung unterblieben ist oder unrichtig erfolgte, ist aber trotzdem nach § 58 Abs. 2 VwGO grundsätzlich nach Ablauf eines Jahres der Rechtsbehelf als unzulässig einzustufen. Jedoch ist diese Jahresfrist nur als Obergrenze anzusehen. Sollten währenddessen Umstände eintreten, aufgrund deren der Betroffene das Vorliegen einer Entscheidung hätte erkennen müssen, tritt in der VwGO eine Verwirkung auch dann ein, wenn die Jahresfrist noch nicht abgelaufen ist.[411]

Im Vergleich zur VwGO fand sich jedoch im FGG keine diesbezügliche Regelung. Zwar war die Konstellation, von der die VwGO ausgeht, nicht direkt mit der des FGG vergleichbar, denn nach dieser Regelung ist jeder Entscheidung – ob behördlich oder gerichtlich – eine Belehrung beizufügen. Im FGG hingegen hatte dies nur dort stattzufinden, wo es ausdrücklich vorgeschrieben wurde. Beispiele hierfür waren § 69 Abs. 1 Nr. 6 FGG und § 70f Abs. 1 Nr. 4 FGG sowie § 21 Abs. 2 Satz 2 LwVG. Bei anderen Entscheidungen bestand keine Pflicht zur Belehrung über den Rechtsbehelf, da es an einer gesetzlichen Anordnung mangelte, was zumindest aus verfassungsrechtlicher Sicht bedenklich erschien.[412] Dennoch sind in der VwGO wie im FGG die Interessenlagen vergleichbar. In beiden Fällen wurde eine Entscheidung erlassen, bei der entweder die Zustellung an einen – eventuell übersehenen – Beteiligten unterlassen wurde oder ein ähnlicher Mangel vorliegt. Der Unterschied hierzu ist jedoch, dass in der VwGO eine zeitliche Obergrenze für die Einlegung eines Rechtsbehelfs vorgesehen wurde (§ 58 Abs. 2 VwGO), dies im FGG jedoch fehlte. Diese Grenze in der VwGO legt einen Rahmen fest, innerhalb dessen einerseits eine Verwirkung möglich ist, stellt andererseits aber durch die Jahresfrist fest, dass nach deren Ablauf ein Rechtsbehelf definitiv ausgeschlossen ist, eine Verwirkung also schon gar nicht mehr geprüft werden braucht.

Eine solche Regelung mit einer zeitlichen Obergrenze enthielt das FGG jedoch nicht. Der Gesetzgeber hatte die sofortige Beschwerde mit einer zweiwöchigen Frist ausgestaltet. Sollte nun jedoch aufgrund eines Fehlers in der Bekanntmachung die Frist nicht zu laufen begonnen haben, bestand für den Beteiligten die Möglichkeit der zeitlich uneingeschränkten Einlegung der Beschwer-

411 Eyermann, § 58, Rn. 21.

412 BVerfGE 93, 99 ff.; Keidel/Kuntze/Meyer-Holz, Vorb. §§ 8-18, Rn. 20.

de.[413] Eine Verwirkung bei einer gesetzlich festgelegten Frist würde sich gegen den ausdrücklichen Willen des Gesetzgebers stellen. Weiterhin liegt der Grund für den Umstand, dass die Frist für die Einlegung der Beschwerde nicht beginnt, in der Sphäre des Gerichts. Diesem ist ein Fehler unterlaufen, der den Beteiligten nicht zugerechnet werden kann. Auch das Argument der Rechtssicherheit für die anderen Beteiligten konnte hier eine Verwirkung nicht rechtfertigen. Denn diese anderen Beteiligten haben oft mehr Kenntnis vom Vorhandensein etwaiger übersehener Personen. Auch bestand für die Verfahrensbevollmächtigten die Möglichkeit, das Gericht auf etwaige Fehler im Rahmen des Erlasses aufmerksam zu machen und auf deren Korrektur hinzuwirken. Wurde zum Beispiel durch einen Beteiligten nach 20 Jahren die sofortige Beschwerde eingelegt, dann konnte diese nicht als unzulässig verworfen werden. Eine Verwirkung bei einem befristeten Rechtsbehelf konnte im FGG somit nicht anerkannt werden.

Das Problem der nicht angelaufenen Beschwerdefrist wegen einer fehlenden oder fehlerhaften Bekanntgabe ist nunmehr gesetzlich gelöst worden. So stellt § 63 Abs. 3 Satz 2 FamFG fest, dass in diesem Fall die Beschwerdefrist spätestens mit Ablauf von fünf Monaten nach dem Erlass des Beschlusses zu laufen beginnt. Dabei ist der Erlass nach der Legaldefinition des § 38 Abs. 3 Satz 3 FamFG das Datum der Übergabe des Beschlusses an die Geschäftsstelle oder die Bekanntgabe durch die Verlesung der Beschlussformel. Mit der Einführung dieser Auffangfrist wollte der Gesetzgeber einen Gleichlauf mit § 517 Halbs. 2 ZPO erreichen.[414] Dort ist ebenso eine Frist von fünf Monaten vorgesehen, nach der spätestens die Berufungsfrist zu laufen beginnt. Allerdings wird dort nicht auf den Erlass, sondern auf die Verkündung des Urteils abgestellt.

c.) Unbefristete Rechtsmittel

Zu den grundsätzlich unbefristeten Rechtsmitteln im FGG zählten die einfache (§ 19 FGG) und die einfache weitere Beschwerde (§ 27 FGG). Im FamFG ist nunmehr im Grundsatz von der Befristung der Rechtsmittel auszugehen. Einzig bei § 71 Abs. 1 GBO und § 75 Abs. 1 SchiffsRegO ist die unbefristete Beschwerde beibehalten worden. Bei den unbefristeten Rechtsmitteln tritt die formelle Rechtskraft in drei Konstellationen ein: bei Ausschöpfung des Rechtsmittelzugs, bei einem Rechtsmittelverzicht und im Rahmen einer Rechtsmittelverwirkung.

---

413 Jansen/Briesemeister, § 22, Rn. 7.

414 BT-Drs. 13/6308, S. 206.

aa.) Rechtswegerschöpfung

Zwar können unbefristete Rechtsmittel ohne jeden zeitlichen Rahmen erhoben werden. Jedoch wird dies dann beschränkt, wenn der Rechtsmittelweg beschritten wird. Dann tritt mit der Entscheidung der letzten Instanz durch das Rechtsbeschwerdegericht die formelle Rechtskraft ein.[415] Dies bedeutet im Umkehrschluss, dass Entscheidungen, gegen welche die einfache Beschwerde statthaft ist, grundsätzlich nicht formell rechtskräftig werden, wenn, solange und soweit diese nicht angefochten werden.[416]

bb.) Rechtsmittelverzicht

Im Hinblick auf einen Rechtsmittelverzicht kann auf die entsprechenden Ausführungen bei der formellen Rechtskraft von befristeten Rechtsmitteln verwiesen werden.

cc.) Rechtsmittelverwirkung

Der Umstand, dass die einfache Beschwerde unbefristet war, bedeutete jedoch im Gegenzug nicht, dass sie auch zeitlich ohne jede Schranken erhoben werden konnte. Vielmehr konnte dieses Rechtsmittel auch verwirkt werden. Die Möglichkeit der Verwirkung eines unbefristeten Rechtsmittels ist für das Verfahrensrecht allgemein anerkannt. Dies wird mit dem Grundsatz von Treu und Glauben begründet und die Einlegung der Beschwerde als Sonderfall der unzulässigen Rechtsausübung erachtet.[417] Andere gehen darüber hinaus auch davon aus, dass es der Grundsatz der Rechtssicherheit gebietet, ursprünglich unbefristete Rechtsmittel nicht vollständig schrankenlos den Beteiligten zur Verfügung zu stellen.[418] Dabei darf jedoch nicht übersehen werden, dass dies zunächst zum gesetzgeberischen Willen in Gegensatz steht. Soweit dieser gewisse Rechtsmittel ohne Frist ausgestaltet hat, soll dies so auch den Beteiligten gewährt werden. Insoweit stehen sich hier einerseits der eindeutige Gesetzeswortlaut und andererseits aber auch die Garantie der Rechtssicherheit gegenüber. Dies darf letztlich jedoch nicht dazu führen, durch die Hintertür ein zunächst unbefristetes Rechtsmittel nun doch mit einer Frist zu versehen.

Auch in der freiwilligen Gerichtsbarkeit können unbefristete Rechtsmittel aufgrund einer Verwirkung als unzulässig erachtet werden. Dabei kommt es jedoch nicht allein auf die Länge des Zeitraums zwischen Erlass der Entscheidung und Einlegung der Beschwerde an. So gibt es keinen bestimmten Zeitraum, nach dessen Ablauf eindeutig von einer Verwirkung ausgegangen werden kann. Diese

415 KGJ 32, A 76; Habscheid, § 26 II 2 b.

416 Baur, § 23 C I 2 d.

417 BGH NJW 1965, 1532; BayObLGZ 1953, 357.

418 KG DR 1943, 413.

Beurteilung kann nur im Rahmen einer konkreten Betrachtung des jeweiligen Einzelfalls erfolgen. Darüber hinaus müssen noch weitere besondere Umstände hinzutreten, aus denen sich ein Rechtsmissbrauch ergibt. Solche Fälle sind meist dann gegeben, wenn seitens des Beschwerdeberechtigten deutlich gemacht wurde, dass er sich mit der getroffenen Entscheidung bereits arrangiert hat.[419] Eine weitere Konstellation lag zur alten Rechtslage insbesondere im Rahmen der Personenfürsorge vor, wenn sich die Beteiligten bereits hinsichtlich der Entscheidung eingerichtet haben und nunmehr eine erneute Entscheidung die vorherige Lage in Frage stellen würde.[420] Aber auch hier verbietet sich jede Bildung von Fallgruppen. Eine solche Typisierung würde letztlich den ursprünglichen Grundsatz der fristlosen Beschwerdemöglichkeit umkehren und die Ausnahme der Verwirkung für diese Fallgruppen zum Standardfall erheben. Insofern kann über eine mögliche Verwirkung nur nach einer eingehenden Untersuchung des jeweiligen Einzelfalls und unter Abwägung der Interessenlagen aller Beteiligter entschieden werden. Erst diese Kombination aus einerseits dem Zeitablauf („Zeitmoment“) und andererseits den besonderen, einzelfallbezogenen Umständen („Umstandsmoment“) kann zur Unzulässigkeit des Rechtsmittels aufgrund einer Verwirkung führen.

Dabei ist unter dem Begriff des Zeitmoments ein längerer Zeitraum zu verstehen, innerhalb dessen das betreffende Recht nicht verwirklicht worden ist.[421] Dieser Zeitraum beginnt in dem Moment, in dem für den Berechtigten das erste Mal die Möglichkeit bestand, das Recht geltend zu machen. Die Länge des Zeitraums lässt sich dabei weniger genau bestimmen. Eine Festlegung auf eine bestimmte Dauer verbietet sich schon deshalb, weil dadurch die konkreten Umstände des Einzelfalles ausgeblendet werden. Teilweise lassen sich jedoch gesetzliche Fristen, die ähnliche Konstellationen regeln, als Orientierungsmaßstab heranziehen,[422] wie es im Verwaltungsprozess mit § 58 Abs. 2 VwGO der Fall ist. Jedoch lassen sich nur unter Berücksichtigung des Einzelfalles sachgerechte Ergebnisse erzielen.

Als weitere Voraussetzung für den Eintritt einer Verwirkung ist das Vorliegen des sog. Umstandsmoments erforderlich. Dieses Kriterium wird der illoyalen Verspätung entnommen, die mit Treu und Glauben nicht vereinbar ist.[423] Der Berechtigte muss hier durch sein Verhalten einen Vertrauenstatbestand geschaffen haben, durch den die Ausübung des prozessualen Rechts mit der früheren

419 BGH NJW-RR 1989, 768.

420 OLG Frankfurt FamRZ 1982, 1228.

421 Birr, Verwirkung, Rn. 256.

422 Birr, Verwirkung, Rn. 259.

423 Birr, Verwirkung, Rn. 261.

Untätigkeit unvereinbar erscheint.[424] Das damit im Zusammenhang stehende Vertrauen kann durch verschiedenste Aspekte geschaffen worden sein. Dabei gilt jedoch grundlegend für die Schaffung des Vertrauenstatbestandes, dass der Berechtigte dort untätig bleibt, wo unter normalen Umständen etwas zur Wahrung des Rechts unternommen werden würde. Dies erzeugt für seinen Gegner eine Situation, auf die dieser vertrauen, sich einstellen und auch einrichten darf.[425] Ebenso wie bei der Feststellung des Vorliegens des Zeitmoments kann auch bei der Feststellung des Umstandsmomentes keine typisierende Betrachtungsweise weiterhelfen. Hier muss ebenso streng für jeden Einzelfall entschieden werden, ob die Voraussetzungen erfüllt sind.

Problematisch hierbei ist, dass sich im Falle einer Verwirkung der Eintritt der Rechtskraft nicht eindeutig feststellen lässt. Es gibt keinen exakten Moment, anhand dessen dieser Zeitpunkt festgelegt werden kann. Erst aus der Entscheidung über das eingelegte Rechtsmittel lässt sich ableiten, dass zumindest in diesem Augenblick das Rechtsmittel verfristet war, also formell rechtskräftig wurde. Jedoch lässt sich daraus nicht entnehmen, wann die formelle Rechtskraft eintrat. Dies kann zwar nur zu einem Zeitpunkt geschehen sein, der einerseits zwischen dem Erlass der ursprünglichen Entscheidung und andererseits dem Erlass der Beschwerdeentscheidung liegt. Exakt feststellen – wie etwa bei dem Verzicht auf die Beschwerde – lässt sich dies jedoch nicht. Als weiteres Problem tritt hier noch der Umstand hinzu, dass sich die Verwirkung nur auf einen von mehreren Beteiligten beziehen kann. So hat die Rechtsprechung anerkannt, dass eine Verwirkung nicht im Verhältnis zu den Beteiligten eintreten kann, bei denen eine Bekanntmachung der anzufechtenden Entscheidung nicht erfolgte.[426]

3. Zeitlicher Rahmen der Abänderbarkeit

Hinsichtlich der Abänderbarkeit stellt sich die Frage, ob es eine zeitliche Grenze für die Änderung einer Entscheidung gibt.

a.) Abänderbarkeit bereits vor Erlass der Entscheidung

Um von der Möglichkeit der Abänderung Gebrauch machen zu können, ist zunächst die Entscheidung zu erlassen. Dies ist somit die erste zeitliche Schranke. Eine noch nicht erlassene Entscheidung lässt sich unabhängig davon jederzeit ändern.[427] In Literatur und Rechtsprechung wird grundsätzlich davon ausgegan-

---

424 MüKo-BGB/Roth, § 242, Rn. 306.
425 BVerfGE 32, 305 [308 f.].
426 BayObLGZ 1963, 65 [66]; OLG Stuttgart OLGZ 1975, 408.
427 Bumiller/Winkler, § 18, Rn. 8.

gen, dass die Abänderungsbefugnis nicht durch einen zeitlichen Rahmen begrenzt ist.[428] Denn vor dem Erlass der Entscheidung – unabhängig davon, wann dieser Zeitpunkt eintritt – stellt die zu erlassende Entscheidung lediglich ein gerichtliches Internum dar, die noch keinerlei Wirkung entfaltet und sich auch noch nicht entfalten kann.[429] Die Anwendbarkeit des § 48 FamFG scheidet bis zum Moment des Erlasses aus.

Dies bedeutet wiederum, dass bis zum Erlass das Gericht seine Verfügung noch überdenken und ändern kann, ohne dass es dabei eines Rückgriffs auf die Abänderungsnorm bedarf.

b.) § 48 Abs. 3 FamFG

Eine Entscheidung ist nach § 48 Abs. 3 FamFG dann unabänderbar, wenn sie die Genehmigung eines Rechtsgeschäfts betrifft und die Genehmigung oder Verweigerung einem Dritten gegenüber wirksam geworden ist. Diese Norm ging aus dem § 55 FGG hervor. Die §§ 55 und 62 FGG wurden vom Bundesverfassungsgericht im Jahre 2000 dann mit Art. 19 Abs. 4 GG unvereinbar angesehen, wenn die Betroffenen in ihren Rechten eingeschränkt wurden, die Entscheidung des Rechtspflegers durch einen Richter überprüfen zu lassen.[430] Daraus ergab sich die Pflicht des Rechtspflegers, eine Genehmigungsentscheidung durch Vorbescheid anzukündigen und unter Fristsetzung Gelegenheit zur Anfechtung zu geben.[431] Wurde kein Vorbescheid erlassen, war die Entscheidung des Rechtspflegers anfechtbar.[432]

Der Gesetzgeber wollte mit § 48 Abs. 3 FamFG dem schutzwürdigen Interesse der am Rechtsgeschäft beteiligten Dritten Rechnung tragen. Schutzobjekt ist hierbei der dauerhafte Bestand der Genehmigungsentscheidung.[433] Voraussetzung für den Eintritt der Unabänderbarkeit ist das Wirksamwerden des Beschlusses im Sinne des § 40 Abs. 2 FamFG. Der jeweilige Zeitpunkt ergibt sich dabei aus dem materiellen Recht. Jedoch ist bis zum Zeitpunkt des Wirksamwerdens des Beschlusses die Entscheidung noch vollumfänglich abänderbar, auch dann, wenn sie bereits gegenüber dem Antragsteller erlassen wurde. Denn § 48 Abs. 3 FamFG stellt fest, dass die Unabänderbarkeit erst mit dem Wirksamwerden gegenüber einem Dritten eintritt.

---

428 OLG Frankfurt OLGZ 1967, 352; Keidel/Kuntze/Schmidt, § 18, Rn. 20; Prütting/Helms/Abramenko, § 48, Rn. 3.

429 Jansen/Briesemeister, § 18, Rn. 8.

430 BVerfGE 101, 397; Brehm, Rn. 107; Keidel/Kuntze/Engelhardt, § 55, Rn. 2.

431 BayObLG Rpfleger 2002, 622; OLG Dresden Rpfleger 2001, 232.

432 Bumiller/Winkler, § 55, Rn. 1.

433 BT-Drs. 16/6308, S. 199.

Im Fall des § 1829 Abs. 1 Satz 2 BGB tritt die Wirksamkeit ein, wenn die Genehmigung dem Dritten gegenüber durch den Vormund mitgeteilt wird, bei § 1829 Abs. 2 BGB mit der Fiktion der Verweigerung der Genehmigung, sofern sich der Vormund nicht binnen einer Frist von vier Wochen gegenüber dem Dritten erklärt, sowie im Falle des § 1831 BGB bei einseitigen Rechtsgeschäften, wenn der Vormund ein Rechtsgeschäft mit Genehmigung durch das Familiengericht vornimmt und dabei diese Genehmigung nicht vorlegt und der andere Teil das Rechtsgeschäft unverzüglich zurückweist, was ebenso zur Unwirksamkeit gegenüber dem anderen Teil führt. Rechtsfolge ist hier einerseits die Unabänderbarkeit und andererseits die endgültige Unanfechtbarkeit.

c.) Verwirkung

Im FamFG ist keine Grenze festgelegt, ab der eine Abänderung im Rahmen des § 48 FamFG nicht mehr zulässig ist.[434] Dennoch kann einer Abänderung eine Verwirkung entgegenstehen. In Betracht zu ziehen ist hier die Verwirkung infolge des Zeitablaufs. Dabei ist der Begriff der Verwirkung nicht eindeutig umschrieben. Er kann im Allgemeinen aber als der Rechtsverlust angesehen werden, der infolge eines missbilligten Verhaltens eintritt und stellt einen Unterfall im Rahmen von Treu und Glauben der unzulässigen Rechtsausübung dar.[435] Die Anwendung dieses Grundsatzes auch im Verfahrensrecht ist allgemein anerkannt.[436]

Dabei muss in der freiwilligen Gerichtsbarkeit danach unterschieden werden, ob das Recht, dessen Verwirkung in Frage steht, im individuellen oder im öffentlichen Interesse liegt, soweit nicht nur individuelle Belange, sondern auch solche der Allgemeinheit geschützt werden, überwiegend das Interesse an der Richtigkeit der Entscheidung.[437] Im Gegensatz dazu muss der Schutz des Vertrauens der Beteiligten in die erlassene Entscheidung zurücktreten. Aus diesem Grund kann beispielsweise das Antrags- und Beschwerderecht in Grundbuchsachen nicht verwirken.[438]

Anders ist dies jedoch, soweit kein öffentliches Interesse in der Entscheidung zu erkennen ist. Hier wird das Vertrauen zumindest einer der Beteiligten geschützt. Der Vertrauensschutz ist im Verfahrensrecht ein anerkanntes Prinzip. Dies zeigt etwa die Unwiderruflichkeit von Prozesshandlungen.[439] Dieser Schutz

434 Keidel/Engelhardt, § 48 FamFG, Rn. 15; Prütting/Helms/Abramenko, § 48, Rn. 3.
435 Birr, Verwirkung, Rn. 250; Menzel, Grundfragen, S. 53 ff.
436 Staudinger/Looschelders/Olzen, § 242, Rn. 1028 ff.
437 Staudinger/Looschelders/Olzen, § 242, Rn. 1046.
438 BGHZ 48, 351 [354 f.].
439 Siegert, S. 102, 111.

des Vertrauens konkretisiert sich darin, dass sich die anderen Beteiligten nach Ablauf eines bestimmten Zeitraums darauf einstellen können, dass ihr Gegner eine prozessuale Befugnis nicht mehr ausüben wird. Ansonsten hätte dieses Recht so rechtzeitig ausgeübt werden müssen, dass sich der Andere noch nicht darauf hätte einstellen können. Unterlässt er es jedoch, davon Gebrauch zu machen, so fällt es in sein Risiko, dass die andere Seite nunmehr auf den geschaffenen Zustand vertraut.

Jedoch ist auch im Falle des Schutzes von Individualinteressen das Prinzip der Verwirkung nicht grenzenlos anwendbar. Dem steht die staatliche Pflicht zur Rechtsschutzgewährung gegenüber. Ob dabei der Umstand, dass der Gesetzgeber für die Ausübung bestimmter prozessualer Befugnisse keine Frist bestimmt hat, nunmehr für oder gegen die Verwirkung spricht, kann dabei offen gelassen werden. Zwar kann einerseits ein praktisches Bedürfnis darin gesehen werden, die Ausübung grundsätzlich unbefristet gewährter Rechte zeitlich zu beschränken, insbesondere um dabei dem Rechtsfrieden Rechnung zu tragen. Andererseits kann dagegen aber eingewandt werden, dass die Legislative diese Befugnis bewusst fristlos gewährt, aus welchem Grund auch immer, und dass eine Einschränkung dieses Rechts durch eine Verwirkung dem Willen des Gesetzgebers widerspricht.

Eine praktikable Lösung lässt sich in diesem Punkt nur durch eine Abwägung von einerseits der Pflicht zur Rechtsschutzgewährung und andererseits der Rechtssicherheit für die Beteiligten und damit einhergehend dem Vertrauensschutz erzielen.[440] Dabei kann wiederum auf die bereits im Rahmen der Frage nach dem Eintritt der formellen Rechtskraft bei einer Verwirkung aufgestellten Kriterien zurückgegriffen werden. Auch hier muss ein Zeit- und ein Umstandsmoment eingetreten sein. Erst beim Zusammentreffen beider Momente kann von einer Verwirkung gesprochen werden. Allerdings darf hierbei nicht außer Acht gelassen werden, dass es sich bei der Abänderung nicht um ein Rechtsmittel oder eine sonstige prozessuale Befugnis handelt, die in einem laufenden Verfahren erhoben werden kann. Bei der Abänderung geht es vielmehr darum, eine objektiv richtige Entscheidung zu treffen und eine bereits getroffene Entscheidung an neue Verhältnisse anzupassen. Schon aus diesem Grund darf hinsichtlich des Zeitmoments der Rahmen nicht zu eng gesteckt werden. Insofern kann beispielsweise bei der elterlichen Sorge nicht schon nach Ablauf von zwei Jahren[441] von einer Verwirkung gesprochen werden. Hier muss auch nach Ablauf eines längeren Zeitraums noch eine Abänderung möglich sein. Gerade in diesem Fall kann eine Verwirkung im zeitlichen Hinblick erst dann eintreten, wenn das Kind

440 Baumgärtel, ZZP 67, 428.

441 OLG Frankfurt OLGZ 1967, 352 [354].

kurz vor der Volljährigkeit steht. Würde ein zu kurzer zeitlicher Abschnitt bereits für eine Verwirkung ausreichen, so wäre das Gericht nicht mehr in der Lage, auf geänderte Umstände einzugehen und würde damit den Justizgewährungsanspruch unterlaufen.

Im Gegensatz zur Verwirkung im Rechtsmittelrecht, das lediglich die Frage klärt, ob nunmehr noch das konkrete Rechtsmittel zulässig ist oder ob bereits formelle Rechtskraft eingetreten ist, muss man bei der Abänderung darüber hinaus noch fragen, ob im Unterschied zu einem prozessualen nicht ein materielles Recht verwirkt wurde.[442] Dies betrifft die Frage, ob eine Abänderung aus prozessualen Gründen noch möglich ist, die Abänderung also hinsichtlich der Verwirkung „unzulässig“ wird oder die Abänderung „unbegründet“ ist, weil sich die Verwirkung ausschließlich auf das materielle Recht auswirkt. Oft ist dabei eine gegenseitige Beeinflussung zu erkennen: So wirkt das materiell-rechtlich entstandene Vertrauen auch auf die mit der Verwirklichung in Zusammenhang stehenden prozessualen Befugnisse. Insofern kann dabei von einer Reflexwirkung des materiellen Rechts auf das Verfahrensrecht gesprochen werden. Soweit diese Wirkung aus dem materiellen Bereich stammt und auf die prozessualen Befugnisse ausstrahlt, ist eine Verwirkung der prozessualen Rechte ausgeschlossen und eine Entscheidung zum materiellen Recht herbeizuführen.[443]

d.) Verzicht auf Stellung oder Rücknahme des Abänderungsantrags

Als einzig auf die Abänderung in der freiwilligen Gerichtsbarkeit übertragbare Konstellation wäre der Verzicht einer der Parteien im Zivilprozess auf die Einlegung oder die Rücknahme eines Rechtsmittels. Hier würde dies bedeuten, dass die Beteiligten vereinbart haben, gänzlich oder für einen bestimmten Zeitraum auf die Stellung eines Abänderungsantrags zu verzichten bzw. einen bereits eingelegten Antrag wieder zurückzunehmen.

Allgemein anerkannt ist, dass der Antragsteller in einem reinen Antragsverfahren auf sein Antragsrecht verzichten kann.[444] An den Verzicht ist das Gericht jedoch nur dann gebunden, wenn sich dieser auf ein Antragsverfahren bezieht. Besteht jedoch die Möglichkeit, das Verfahren entweder mittels Antrag oder von Amts wegen einzuleiten, so wird das Gericht durch den Verzicht nicht an der Verfahrenseinleitung gehindert.[445] Sofern die Beteiligten also übereingekommen sind, dass sie gänzlich oder für einen bestimmten Zeitraum auf einen Abände-

---

442 Baumgärtel, ZZP 67, 432.

443 Baumgärtel, ZZP 67, 432 f.

444 Keidel/Sternal, § 23 FamFG, Rn. 55; Jansen/v. König/v. Schuckmann, Vor §§ 8-18, Rn. 15; Bassenge/Roth, Einl., Rn. 84.

445 Keidel/Sternal, § 23 FamFG, Rn. 55.

rungsantrag verzichten, würde dessen Stellung in einem reinen Antragsverfahren ein rechtsmissbräuchliches Handeln darstellen. Sofern es sich jedoch um ein Amtsverfahren handelt, ist dieser Verzicht aufgrund der Offizialmaxime unbeachtlich.

Ähnlich ist dies bei der nunmehr in § 22 Abs. 1 Satz 1 FamFG geregelten Antragsrücknahme. Diese ist möglich, sofern es sich nicht um ein Amtsverfahren handelt, also um ein reines Antragsverfahren.[446] Handelt es sich jedoch um ein Verfahren, das einerseits durch einen Antrag, andererseits von Amts wegen eingeleitet werden kann, ist die Rücknahme des Antrags für das Gericht ohne Belang. Den Beteiligten mangelt es in diesem Fall an ihrer Dispositionsbefugnis. Für das Gericht wirkt sich die Rücknahme nicht aus. Es hat eigenständig und unabhängig vom Antrag zu prüfen, ob eine Entscheidung in der Hauptsache herbeizuführen ist.[447] Somit spielt die Verweigerung der Rücknahme eines Antrags trotz einer Vereinbarung zwischen den Beteiligten nur im reinen Antragsverfahren eine Rolle. Dabei kann offen bleiben, ob solch eine Vereinbarung ebenso zeitlichen Grenzen unterliegt.

III. Zusammenfassung

Die Voraussetzungen zur Abänderung von Entscheidungen im FamFG haben im Vergleich zum FGG grundlegende Änderungen erfahren. War hierfür im FGG noch erforderlich, dass die Entscheidung „ungerechtfertigt" war, ist im FamFG nun hierfür eine „wesentliche Änderung" erforderlich. Eine allgemeine Definition für diesen Begriff lässt sich jedoch nicht finden. Insofern wird auch im Rahmen der neuen Rechtslage auf die zum FGG entwickelten Grundsätze zurückgegriffen und zur weiteren Interpretation auch § 323 ZPO herangezogen.

Hinsichtlich der Frage, ob veränderte Umstände vorliegen, welche die Voraussetzungen einer Abänderung erfüllen, ist zunächst die Frage zu stellen, welche Umstände sich geändert hat (Art der Veränderung) und im Folgenden, ob dies auch zur Abänderung im Sinne des § 48 FamFG führt (prozessuale Berücksichtigung).

Bei der Art der Veränderung der Umstände sind Veränderungen in der Sphäre der Beteiligten sowie der wirtschaftlichen Rahmenbedingungen allgemein anerkannt. Eine Änderung der höchstrichterlichen Rechtsprechung kann

446 Bork/Jacoby/Schwab, § 22, Rn. 4; Prütting/Helms/Ahn-Roth, § 22, Rn. 7; Bahrenfuss, § 22, Rn. 1; Keidel/Sternal, § 22 FamFG, Rn. 4; Brehm, 4. Aufl., § 10, Rn. 14.

447 Bahrenfuss, § 22, Rn. 10.

nur in Ausnahmefällen, eine Änderung der Gesetzgebung nicht zu einer Abänderung führen.

Im Rahmen der prozessualen Berücksichtigung stellt die Ausfüllung des Begriffs „wesentlich“ ein Problem dar. Zwar ist durch die Anwendung der allgemeinen Vorschriften der ZPO für Unterhaltssachen die praktische Frage in den Hintergrund gedrängt. Doch stellt sich diese Frage beispielsweise bei Verfahren zum Versorgungsausgleich. Diskutiert wird hierbei eine Beurteilung des Kriteriums „wesentlich“ unter einem rein betragsmäßigen Gesichtspunkt. Jedoch stößt sowohl die Festlegung absoluter Beträge wie auch einer bestimmten Prozentgrenze an die Grenzen des konkreten Einzelfalls. Deshalb bietet es sich an, einen bestimmten Prozentsatz als Anhaltspunkt heranzuziehen. Davon ausgehend muss dem Gericht jedoch die Möglichkeit erhalten bleiben, diese „Grenze“ zu unter- bzw. zu überschreiten. Für eine teilweise geforderte zeitliche bzw. sachliche Beschränkung der Möglichkeit zur Abänderung lässt sich dem Gesetz nichts entnehmen; sie ist deshalb abzulehnen. Dies gilt auch dort, wo manche den Begriff „wesentlich“ im Sinne einer Präklusionsvorschrift verstehen.

Der Begriff der „Dauerwirkung“ wurde mit dem FamFG erstmals eingeführt. Bereits zum FGG war umstritten, ob sog. Verfügungen mit Dauerwirkung ebenso der Vorschrift des § 18 FGG unterlagen. Insofern kann bei der Auslegung dieser Voraussetzung auf die Kasuistik zur alten Rechtslage verwiesen werden.

Weiterhin ist bei § 48 FamFG zu fragen, ob das Gericht beim Vorliegen von dessen Voraussetzungen zu einer Abänderung verpflichtet ist. Nur vereinzelt wird dies abgelehnt. Weit überwiegend wird jedoch schon aus rechtsstaatlichen Erwägungen von einer solchen Pflicht ausgegangen. Im FamFG existieren darüber hinaus Vorschriften, die das Gericht explizit zur Abänderung anweisen. Andererseits wiederum schränken einzelne Normen die Abänderbarkeit ein, wie beispielsweise § 48 Abs. 3 FamFG.

Im Hinblick auf die Frage, ob das Gericht erster Instanz eine Beschwerdeentscheidung abändern könne, stellt § 48 Abs. 1 Satz 1 FamFG fest, dass dieses Gericht hierzu befugt ist. Diese Regelung beinhaltet ferner auch, dass ausschließlich das Ausgangsgericht zur Abänderung befugt ist.

§ 48 Abs. 1 Satz 1 FamFG geht ferner davon aus, dass die formelle Rechtskraft eine Voraussetzung für die Abänderbarkeit einer Entscheidung darstellt. Diese tritt zunächst ein, wenn kraft Gesetzes Entscheidungen unanfechtbar sind. Sofern jedoch Rechtsmittel statthaft sind, werden Entscheidungen formell rechtskräftig, wenn die Beschwerdefrist abgelaufen ist, der Rechtsmittelzug erschöpft oder das Rechtsmittel zurückgenommen wurde. Die Bedeutung der Frage, inwiefern auch eine Verwirkung des Rechtsmittels eintreten kann, ist durch

§ 63 FamFG nunmehr wesentlich entschärft worden. Lediglich die GBO und die SchiffsRegO enthalten noch in Einzelfällen unbefristete Rechtsmittel.

Im Rahmen der Abänderbarkeit ist weiterhin zu klären, ob diese einer zeitlichen Einschränkung unterliegt. Zunächst setzt § 48 Abs. 3 FamFG eine solche Grenze. Darüber hinaus kann eine Abänderung auch durch die Verwirkung prozessualer oder materieller Rechte ausgeschlossen sein. Letztlich kann auch der Verzicht auf die Stellung des Abänderungsantrags oder dessen Rücknahme diesen zeitlichen Rahmen stecken.

D. Wiederholung der Beschwerde

Hinsichtlich einer Wiederholung der Beschwerde wurde im Rahmen der alten Rechtslage zwischen drei Fällen unterschieden: der Wiederholung nach einer Zurückweisung, nach einer Verwerfung und nach einer Rücknahme. Das Problem der Wiederholung ergab sich sowohl bei der einfachen wie auch bei der sofortigen Beschwerde. Bei letzterer stellte sich dies aufgrund der zweiwöchigen Beschwerdefrist jedoch eher theoretischer Natur dar. Für die einfache Beschwerde hingegen war eine Frist nicht vorgesehen.

In einem Teil der – insbesondere älteren Literatur – wurde die Ansicht vertreten, die Wiederholung der Beschwerde sei grundsätzlich unbeschränkt zulässig. Diese vollumfängliche Wiederholbarkeit musste nach einer anderen Ansicht jedoch dort ihre Schranken finden, wo die Arbeitskraft des Gerichts missbraucht wurde.[448] Somit war die Wiederholung der Beschwerde nur dann zulässig, wenn neue Tatsachen vorlagen.[449]

Auch bei Vorliegen veränderter Umstände sollte nach einer überwiegend in der Rechtsprechung vertretenen Ansicht eine Abänderung im Rahmen einer wiederholten Beschwerde nicht möglich sein, sofern der Beschwerdeweg erschöpft war und somit die letzte Beschwerdeentscheidung formell rechtskräftig geworden war.[450] In solch einem Fall sollte dann aber eine Abänderung über den Weg der Gegenvorstellung möglich sein.[451]

Das Problem der Wiederholung der Beschwerde stellte sich überwiegend bei der einfachen Beschwerde. Zwar war eine Wiederholung auch bei der sofortigen Beschwerde denkbar. Dies muss jedoch innerhalb der Zwei-Wochen-Frist geschehen. Mit der Einführung der befristeten Rechtsmittel in das FamFG ist die Fragestellung nunmehr als überholt zu betrachten.

448 Baumbach/Lauterbach, 26. Aufl., § 567 ZPO, Anm. 2 B.

449 OLG Königsberg JW 31, 2844; Schneider, DRiZ 1965, 289.

450 OLG Stuttgart JZ 1959, 445.

451 OLG München MDR 1954, 237.

E. Abänderung nach § 44 FamFG

§ 44 FamFG regelt die sog. Anhörungsrüge in der freiwilligen Gerichtsbarkeit. Diese soll sicherstellen, dass das Verfahren fortgeführt wird, sofern ein Beteiligter in seinem Anspruch auf rechtliches Gehör verletzt wurde. Die Regelung war nahezu inhaltsgleich – abgesehen von einzelnen redaktionellen Änderungen – in § 29a FGG zu finden. Durch § 44 FamFG soll eine instanzeninterne Selbstkorrektur bei Gehörsverletzungen gewährleistet werden.[452]

Wie schon in § 29a FGG ist auch bei § 44 FamFG die Anhörungsrüge nur dann statthaft, wenn keine andere Abänderungsmöglichkeit gegeben ist. Im ursprünglichen Gesetzesentwurf zu § 29a FGG wurde diese Formulierung noch nicht explizit gewählt. Dort wurde zunächst nur der Begriff „anderer Rechtsbehelf" verwendet. Dieser sollte weit verstanden werden und somit alle Vorschriften ausschließen, die (auch) eine Abänderung ermöglichen.[453] Erst im Verlauf des Gesetzgebungsverfahrens wurde festgestellt, dass Abänderungsmöglichkeiten, die nicht zwangsläufig der Fehlerkorrektur dienen, nicht mehr unter den Begriff „Rechtsbehelf" fallen, und dies selbst bei Anwendung einer weiten Auslegung. Weiterhin sprach gegen die Verwendung dieses Begriffs, dass er in der Norm zur Anhörungsrüge der ZPO in einem engeren Sinn verstanden wird.[454] Aus diesem Grunde wurde ausdrücklich die Formulierung „Abänderungsmöglichkeit" in die endgültige Gesetzesfassung eingeführt.

Dennoch ist das Verhältnis zwischen einerseits der Abänderungsmöglichkeit nach § 48 Abs. 1 FamFG und andererseits den außerordentlichen Rechtsbehelfen, also insbesondere der Anhörungsrüge nicht eindeutig anhand des Gesetzeswortlautes geklärt.[455] Die Gesetzesbegründung trägt ebenso nicht zur Klärung bei. Dieser ist lediglich zu entnehmen, dass § 44 FamFG inhaltlich aus der Vorgängernorm des § 29a FGG hervorgeht.[456]

Zum Verhältnis der beiden Normen führt *Abramenko*[457] aus, dass der Umkehrschluss aus § 48 Abs. 3 FamFG ergibt, dass in all den Fällen, die sich nicht auf die Genehmigung eines Rechtsgeschäftes beziehen, § 44 FamFG neben § 48 FamFG Anwendung finden kann. Allerdings geht er weiterhin davon aus, dass in der Praxis eine Überschneidung der beiden Anwendungsbereiche selten vorkommen wird.

---

452 Keidel/Meyer-Holz, § 44 FamFG, Rn. 1, MüKo-ZPO/Ulrici, § 44 FamFG, Rn. 6.

453 BR-Drs. 663/04, S. 45.

454 BT-Drs. 15/3966, S. 7.

455 Prütting/Helms/Abramenko, § 48, Rn. 13.

456 BT-Drs. 16/6308, S. 197.

457 Prütting/Helms/Abramenko, § 48, Rn. 13.

Daraus ergibt sich, dass § 44 FamFG nur dort greift, wo ein Fehler im bereits abgeschlossenen Verfahren korrigiert werden soll. § 48 FamFG hingegen dient der Eröffnung eines neuen Verfahrens, bei dem zugleich auch eine Änderung der Sach- oder Rechtslage vorliegen muss.[458]

Wenn *Abramenko* noch zumindest die theoretische Möglichkeit einer Überschneidung der Anwendungsbereiche der beiden Normen sieht, geht *Meyer-Holz*[459] von einer strikten Trennung aus. Denn er stellt fest, dass eine Gehörsverletzung im ursprünglichen Verfahren nicht durch eine Abänderung geheilt werden könne. Dies schon allein deshalb, weil die Abänderung keine Rückwirkung entfalte. *Meyer-Holz* führt weiter aus, dass § 48 FamFG wegen der fehlenden Rückwirkung nicht den Forderungen nach einem effektiven Rechtsschutz im Sinne des Art. 19 Abs. 4 GG gerecht werde.

Ulrici[460] geht davon aus, dass die Anhörungsrüge § 48 FamFG und die Wiedereinsetzung in den vorigen Stand ergänze. Bei § 44 FamFG handele es sich um einen subsidiären Rechtsbehelf. Dessen Statthaftigkeit beginne erst dort, wo eine Abhilfe mittels anderer Rechtsbehelfe versage.[461] Vorrangig seien im Rahmen ihrer Statthaftigkeit die Erinnerung (§ 11 Abs. 2 RPflG), die Beschwerde, die Rechtsbeschwerde und eben auch die Abänderung nach § 48 FamFG. *Ulrici* setzt dabei jedoch voraus, dass die jeweiligen Rechtsbehelfe auch geeignet sein müssen, die nachteiligen Auswirkungen der Verletzung des rechtlichen Gehörs aus der Welt zu schaffen.

Ulrici ist zuzustimmen, wenn er von einem subsidiären Verhältnis zwischen der Anhörungsrüge einerseits und der Abänderungsmöglichkeit andererseits ausgeht. Denn auch die Gesetzesbegründung zur Vorgängernorm des § 29a FGG beschreibt diese Konstellation. Dort heißt es: „Zu Recht geht der Entwurf […] davon aus, dass verfassungsrechtlich die Einräumung einer Anhörungsrüge nicht geboten ist, soweit die Möglichkeit einer Abänderung besteht.“[462] Das *Bundesverfassungsgericht*[463] fordert in seiner Entscheidung, auf der sowohl § 29a FGG wie auch § 44 FamFG beruhten bzw. beruhen, eine Abhilfemöglichkeit bei der Verletzung des rechtlichen Gehörs. Wie konkret dieser Rechtsbehelf ausgestaltet sein sollte, wurde durch das Gericht nicht vorgegeben. Vielmehr stelle dieses fest, dass der Gesetzgeber einen weiten Spielraum habe. Insbesondere könne dieser selbst entscheiden, ob eine Gehörsverletzung im allgemeinen Rechtsmit-

---

458 Abramenko, FGPrax 2009, 199.

459 Keidel/Meyer-Holz, § 44 FamFG, Rn. 7.

460 MüKo-ZPO/Ulrici, § 44 FamFG, Rn. 6.

461 MüKo-ZPO/Ulrici, § 44 FamFG, Rn. 7.

462 BT-Drs. 15/3966, S. 7.

463 BVerfG NJW 2003, 1924.

telsystem oder mittels eines Sonderrechtsbehelfs überprüft werden solle.[464] Auch forderte das Gericht keinen „Super-Rechtsbehelf" derart, dass jede gerichtliche Entscheidung nochmals auf eine etwaige Verletzung des rechtlichen Gehörs überprüft werden solle.

Aus dieser weiten Entscheidungsspanne ergibt sich die Subsidiarität des § 44 FamFG: Nur soweit keine andere Möglichkeit der Abhilfe mehr zur Verfügung steht, greift dessen Anwendungsbereich. In den – wenn wohl auch nur wenigen – Fällen, in denen zur Frage steht, ob § 48 FamFG oder § 44 FamFG zur Anwendung kommt, tritt die Anhörungsrüge hinter die Abänderungsnorm zurück. Darüber hinaus ist davon auszugehen, dass § 48 FamFG grundsätzlich nicht dazu dient, Verletzungen von Verfahrensgrundrechten zu heilen.

---

464 BVerfG NJW 2003, 1927.

F. Nachtragsentscheidungen

I. Korrektur im Rahmen der §§ 42 und 43 FamFG

Die §§ 42 und 43 FamFG geben dem Gericht die Möglichkeit an die Hand, auch nach Eintritt der formellen Rechtskraft erlassene Entscheidungen zu korrigieren. Dabei findet jedoch keine inhaltliche Änderung in der Weise statt, dass nach Abschluss des Korrekturverfahrens eine neue Sachentscheidung getroffen wird. Vielmehr werden lediglich Fehler, die sich bei der Arbeit des Gerichts eingeschlichen haben korrigiert, ohne dabei aus materieller Sicht an der Entscheidung etwas zu ändern. Zutreffend werden diese Maßnahmen in der Literatur als sog. Nachtragsentscheidungen bezeichnet. Dies erlaubt es dem Gericht – wie etwa bei § 42 FamFG – auch, ohne einen vorhergehenden Antrag, also von Amts wegen, die Korrektur vorzunehmen.

Im FGG war eine entsprechende Möglichkeit zur Korrektur nicht vorgesehen. Dort wurden bei vergleichbaren Fällen die §§ 319 bis 321 ZPO analog angewandt. Jedoch war dabei umstritten, ob eine analoge Anwendung dieser Normen in der freiwilligen Gerichtsbarkeit überhaupt möglich sei. Mit Einführung des FamFG wurde die Möglichkeit, offenbare Unrichtigkeiten zu korrigieren bzw. Beschlüsse zu ergänzen, mit den §§ 42 und 43 FamFG ausdrücklich geregelt.

1. Korrektur offenbarer Unrichtigkeiten

a.) Anwendbarkeit des § 319 ZPO in der freiwilligen Gerichtsbarkeit

Eine Norm, die es zuließ, Schreibfehler, Rechenfehler und andere offenbare Unrichtigkeiten zu korrigieren, fehlte im FGG. Aus diesem Grund wurde eine analoge Anwendung des § 319 ZPO anerkannt. Dies wurde von den Gerichten bereits in den ersten Jahren der Geltung des FGG entschieden.[465]

Da seit den Anfängen der freiwilligen Gerichtsbarkeit also ein praktisches Bedürfnis nach der Berichtigung von Beschlüssen bestand, wurde diese Möglichkeit mit § 42 FamFG eingeführt. Diese Norm entspricht inhaltlich den Korrekturvorschriften der anderen Verfahrensordnungen (§ 319 Abs. 1 ZPO, § 118 Abs. 1 VwGO, § 107 Abs. 1 FGO, § 138 Satz 1 SGG).[466] Insofern lassen sich die dort entwickelten Grundsätze auch auf diese Verfahren übertragen.

---

465 BayObLG Recht 1903, 316.

466 BT-Drs. 16/6308, S. 197.

b.) Ausschluss der Möglichkeit zur Berichtigung

In manchen Bereichen kann jedoch eine Berichtigung auch unzulässig sein. Diese Problematik bestand bereits im FGG und setzt sich auch im FamFG fort. In der Literatur wie auch in der Rechtsprechung wird dies beim Erbschein so festgestellt. Hier tritt die Berichtigung hinter die Einziehung des Erbscheins zurück. Nur unter engen Voraussetzungen lässt sich bei diesem Sachverhalt eine Berichtigung vornehmen: nämlich dann, wenn es um die Beseitigung unzulässiger oder überflüssiger Zusätze geht. Diese müssen jedoch den sachlichen Inhalt des Erbscheins unberührt lassen und dürfen nicht an dessen öffentlichen Glauben teilnehmen.[467] In allen anderen Fällen darf eine Berichtigung nicht vorgenommen werden, sondern muss der Erbschein eingezogen werden. Sinn und Zweck der Einziehung ist es, den Erben vor Nachteilen zu schützen, die er aufgrund der Vermutungs- und Fiktionswirkung des Erbscheins erleiden könnte.[468] Sofern jedoch dieser falsche Angaben in sich trägt, auf die sich der öffentliche Glaube nicht beziehen kann, ist eine Berichtigung in diesen eng begrenzten Fällen zulässig.

Dieses Problem ergibt sich insbesondere im Rahmen des Wegfalls der angeordneten Testamentsvollstreckung.[469] Hier stellt sich die Frage, ob aufgrund dieses Umstandes der Erbschein einzuziehen oder lediglich zu berichtigen ist. Insbesondere das ältere Schrifttum nimmt hier an, dass eine Berichtigung zulässig sei.[470] Dies wird mit dem Argument untermauert, dass die Einziehung im Gegensatz zur Berichtigung bloßer Formalismus wäre und unnötig Kosten verursachen würde.[471] Weiterhin ergibt sich die Möglichkeit der Berichtigung aus dem Umstand, dass der Vermerk über die Testamentsvollstreckung keine Vermutung

---

467 KG Rpfleger 1967, 412; LG Koblenz Rpfleger 2000, 502.

468 Brehm, Rn. 600; Staudinger/Schilken, § 2361, Rn. 23.

469 Keidel/Meyer-Holz, § 42 FamFG, Rn. 13.

470 Bartholomeyczik, Erbeinsetzung, S. 321; Schwarze, Erbschein, S. 81; Weißler, Nachlaßverfahren, S. 384 und Kretzschmar, Erbrecht, § 65 I 2 b, die beide jedoch die Berichtigung nur als zweite Wahl aus Gründen der Kosteneinsparung ansehen und in erster Linie auch die Einziehung befürworten; Drewes, JW 1926, 2427 f., sieht nur beim Testamentsvollstreckerzeugnis die Möglichkeit, dieses zu berichtigen und dies nur, soweit nicht mehrere Zeugnisse existieren, ansonsten erachtet auch er die Einziehung als die bessere Alternative. Hinsichtlich der Berichtigung des Erbscheins spricht sich Drewes gegen diese aus, mit Ausnahme von Schreibfehlern, irrtümlicher Namens- oder Ortsbezeichnungen oder anderer offenbarer Unrichtigkeiten.

471 Bartholomeyczik, Erbeinsetzung, S. 321.

über deren Fortbestand entfalte[472] und der Vermerk nur eine negative Vermutung in sich trage.[473]

Dagegen sieht vor allem die Rechtsprechung in einem solchen Fall die Einziehung für unumgänglich an. Denn hier handelt es sich dann nicht mehr um einen Schreib- oder Rechenfehler, also eine Unrichtigkeit im Sinne dieser Vorschrift. Ein solcher kann schon deshalb nicht vorliegen, weil ein Auseinanderfallen zwischen dem Willen des Gerichts und dem Verlautbarten hier nicht gegeben ist.[474] Zum Zeitpunkt des Erlasses war der Erbschein richtig. Ein Fehler in der Erklärung lässt sich nicht erkennen. Erst durch einen späteren Umstand, der nicht in der Sphäre des Gerichts liegt, wurde der Erbschein unrichtig.[475] Dies trifft schon gar nicht den Tatbestand der Korrekturvorschrift. Nach einer Entscheidung des Kammergerichts soll selbst eine „Berichtigung" die Einziehung eines unrichtigen Erbscheins nicht abwenden können.[476]

Die Vertreter der Literaturansicht verkennen den Anwendungsbereich des § 42 FamFG, wenn diese eine Berichtigung auch dort zulassen, wo der Inhalt des Erbscheins eine Änderung erfährt. Denn § 42 FamFG dient lediglich dazu, das herzustellen, was durch das Gericht ursprünglich beabsichtigt war. Es soll ausschließlich der durch das Gericht ursprünglich gewollte Inhalt hergestellt werden. Insofern ist der Ansicht in der Rechtsprechung beizupflichten, die den Anwendungsbereich dieser Norm eng fasst und nur diejenigen Unrichtigkeiten berichtigen will, die sich bei der Übertragung des ursprünglich Gewollten ins tatsächlich Geschriebene ergeben.

c.) Verhältnis der Korrektur zur Rechtsmitteleinlegung

Im Rahmen des § 319 ZPO stellte sich zum FGG die Frage, ob diese Norm auch dann Anwendung finden konnte, wenn der Fall des § 18 Abs. 2 FGG vorlag, also die sofortige Beschwerde statthaft war. Dann wäre das Ausgangsgericht daran gehindert gewesen, die Verfügung zu korrigieren. Auch im FamFG kann das Problem auftreten, dass einerseits bereits der Rechtsmittelweg eingeschlagen wurde, andererseits jedoch noch eine Korrektur der Entscheidung wegen einer offenbaren Unrichtigkeit von einem der Beteiligten begehrt wird.

---

472 Staudinger/Schilken, § 2364, Rn. 13.

473 Erman/Schlüter, § 2364, Rn. 3.

474 OLG Celle NdsRpfl 1955, 189.

475 So die überwiegende Meinung in der Literatur und die gefestigte Rechtsprechung. Vgl. ferner z. B. Staudinger/Schilken, § 2361, Rn. 23 m. w. N.

476 KGJ 50, 103 [105].

Einhellig wurde hierzu vertreten, dass die Berichtigung nach § 319 ZPO unabhängig von der Einlegung eines Rechtsmittels möglich sei.[477] So kann entweder der Antrag nach § 319 ZPO gestellt werden oder das Rechtsmittel eingelegt werden,[478] wobei bei letzterem auch eine Beschwer erforderlich ist. Dies bedeutete für das FGG, dass unabhängig von der Regelung des § 18 Abs. 2 FGG eine Berichtigung vorgenommen werden konnte.[479]

Für das FamFG ist dieser Grundsatz direkt übertragbar. Dies versteht sich letztlich von selbst. Die Berichtigung nach § 42 FamFG und die Änderung nach § 48 FamFG haben zwei völlig verschiedene Hintergründe. Während im Rahmen des Rechtsmittels die Entscheidung nochmals vollständig in sachlicher Hinsicht überprüft werden soll, ist dies bei § 42 FamFG nicht der Fall. Hier soll die Entscheidung ihrem Umfange nach bestehen bleiben. Eine Überprüfung in sachlicher Sicht ist hier überhaupt nicht angedacht. Mit § 42 FamFG wird keine neue Sachentscheidung beabsichtigt. Diese Vorschrift dient lediglich der Korrektur von Fehlern, die dem Gericht im Rahmen seiner Arbeit unterlaufen sind. Deshalb wird hier auch verlangt, dass die Unrichtigkeit „offenbar“ ist. Mit dieser Einschränkung der Voraussetzungen soll vermieden werden, dass das Gericht eine umfassende Sachprüfung durchzuführen hat. § 42 FamFG dient lediglich dazu, die Entscheidung so zu korrigieren, dass sie den Inhalt hat, den das Gericht ursprünglich wollte.

Auch dass der inhaltsgleiche § 319 ZPO als Vorschrift des Zivilprozesses dem Gericht die Möglichkeit eröffnet, die Berichtigung von Amts wegen durchzuführen, zeigt bereits, dass es sich hier nicht um eine Überprüfung im Umfang eines Rechtmittels handeln kann. Ansonsten hätte die Zivilprozessordnung das Institut des „Rechtsmittels aufgrund Amtsermittlung“ in sich; dies würde im Ergebnis dem § 48 FamFG entsprechen.

Dass Berichtigungsverfahren und Rechtmittel unabhängig voneinander sind, zeigt auch, dass die Kosten eines Rechtsmittel, das darauf abzielt, das zu erreichen, was auch mit der Berichtigung erreicht hätte werden können, auch dann dem Rechtsmittelführer auferlegt werden können, wenn das Rechtsmittel erfolgreich war, also letztlich die Berichtigung erfolgt ist.[480] Demnach bleibt hier die Korrektur wegen offenbarer Unrichtigkeiten von der Einlegung eines Rechtsmittels unberührt.

---

477 Stein/Jonas/Leipold, § 319, Rn. 30.

478 RGZ 110, 427 [429]; BayObLG OLGRspr 25 (1912), 130.

479 BayObLG Recht 1903, 316; BayObLG NJW-RR 1997, 57; Bassenge/Roth, § 18, Rn. 20; Jansen/ Briesemeister, § 18, Rn. 46.

480 OLG Zweibrücken JW 1919, 696.

d.) Ausschluss der Korrektur

aa.) Ausdrücklicher Ausschluss der Korrekturvorschriften

Für Ehesachen im Sinne des § 121 FamFG und Familienstreitsachen im Sinne des § 112 FamFG sind die §§ 42 und 43 FamFG nicht anwendbar, wie sich aus § 113 Abs. 1 Satz 1 FamFG ergibt. An deren Stelle tritt die entsprechende Anwendung der §§ 319 bis 321 ZPO. Auswirkung hat der Ausschluss der FamFG-Normen nur bei der Berichtigung des Tatbestandes nach § 320 ZPO. Das FamFG enthält keine entsprechende Vorschrift. Grundsätzlich besteht für die Korrektur von Tatsachenfeststellungen in der freiwilligen Gerichtsbarkeit kein Bedarf. Denn hier gilt einerseits der im Zivilprozess vorherrschende Mündlichkeitsgrundsatz. Andererseits stellt der gesamte Akteninhalt gemäß § 37 Abs. 1 FamFG die Grundlage der gerichtlichen Entscheidung dar.[481]

bb.) Ausschluss der Abänderung als Ausschluss der Korrektur?

Weiterhin ist zu überlegen, ob § 44 FamFG auch dann anwendbar ist, wenn das Gesetz eine Änderung der Entscheidung verbietet. So ist dies beispielsweise bei § 197 FamFG der Fall. Dort schließt das Gesetz in § 197 Abs. 3 Satz 2 FamFG eine Abänderung aus. Im FGG entsprach diese Norm dem § 56e Satz 3 Halbs. 2 FGG. Diese Frage ist ebenso zu lösen wie das bereits oben behandelte Problem der Korrektur der Entscheidung bei gleichzeitig eingelegtem Rechtsmittel: Letztlich endet die Berichtigung dort, wo die Änderung beginnt.[482]

e.) Ausschluss der Anfechtbarkeit nach § 42 Abs. 3 FamFG

Nach überwiegender Ansicht sollte jedoch bis zum Inkrafttreten des FamFG im Rahmen des FGG § 319 ZPO nicht vollumfänglich analog angewandt werden. Die Vorschrift des § 319 Abs. 3 ZPO sollte dabei im Verfahren der freiwilligen Gerichtsbarkeit keine Anwendung finden.[483] Dies hatte zur Folge, dass gegen Beschlüsse, die den Antrag auf Berichtigung zurückwiesen, dennoch ein Rechtsmittel statthaft gewesen wäre.

Der Gesetzgeber hat diese Unklarheit nunmehr beseitigt. Nach § 42 Abs. 3 Satz 1 FamFG ist der den Antrag auf Berichtigung zurückweisende Beschluss unanfechtbar. Sofern jedoch dem Antrag stattgegeben wird, ist hiergegen gemäß § 42 Abs. 3 Satz 2 FamFG die sofortige Beschwerde in entsprechender Anwendung der §§ 567 bis 572 ZPO statthaft. Dadurch wird ein Gleichlauf mit den Vorschriften der ZPO erreicht. Dort ist in § 319 Abs. 3 ZPO ebenso der ableh-

481 Keidel/Meyer-Holz, § 42 FamFG, Rn. 23.

482 BayObLGZ 1985, 184 [187].

483 Keidel/Kuntze/Schmidt, § 18, Rn. 62; OLG Zweibrücken ZMR 1987, 232.

nende Beschluss unanfechtbar. Gegen den stattgebenden Beschluss steht die sofortige Beschwerde zur Verfügung. Allerdings war es lange Zeit Übung, im Falle der Ablehnung eines Berichtigungsantrags dann eine sog. außerordentliche Beschwerde zuzulassen, wenn eine sog. greifbare Gesetzeswidrigkeit vorlag.[484]

Dies könnte sich jedoch spätestens mit dem Zivilprozessreformgesetz zum 1. Januar 2002 geändert haben. Ab diesem Zeitpunkt soll für außerordentliche Rechtsbehelfe kein Raum mehr sein. Einen solchen stellt aber die Beschwerde gegen einen ablehnenden Beschluss dar. Zur Frage der Überprüfung einer unanfechtbaren Entscheidung wird auf die Ausführungen zur außerordentlichen Beschwerde verwiesen.

Lediglich über § 44 FamFG lässt sich gegen den die Berichtigung ablehnenden Beschluss noch vorgehen.[485] Die Gehörsrüge ist statthaft bei allen unanfechtbaren instanzbeendenden Entscheidungen, dabei kommt es auf deren Form nicht an. Auch ist nicht entscheidend, in welchem Verfahren der Beschluss gefasst wurde, solange es sich dabei nicht um eine bloße Zwischenentscheidung handelt.[486] Weitere Voraussetzung ist ferner die Verletzung des Anspruchs auf rechtliches Gehör.

2. Ergänzung des Beschlusses

§ 43 FamFG ermöglicht es dem Gericht, eine bereits ergangene Entscheidung hinsichtlich einzelner Punkte zu ergänzen, soweit über einen Haupt- oder Nebenanspruch bzw. die Kosten ganz oder teilweise nicht entschieden wurde. Zum FGG wurde die analoge Anwendung der entsprechenden Vorschrift in der ZPO – § 321 ZPO – in der freiwilligen Gerichtsbarkeit allgemein bejaht.[487] Dies wurde noch dadurch untermauert, dass im früheren § 16 Abs. 2 Satz 3 Vertragshilfegesetz eine entsprechende Anwendung angeordnet wurde. Im Gegensatz zu den § 319 und § 320 ZPO, bei denen eine Berichtigung innerhalb des ergangenen Urteils stattfindet, wird bei § 321 ZPO eine zum bereits ergangenen Urteil hinzutretende Entscheidung getroffen.[488] § 321 ZPO dient jedoch nicht der Richtigstellung einer falschen Entscheidung.[489]

---

484 Keidel/Kuntze/Kahl, § 19, Rn. 39.

485 Zöller, § 319, Rn. 27; Musielak, § 319, Rn. 21.

486 Zöller, § 321a, Rn. 3.

487 Brehm, Rn. 389; Keidel/Kuntze/Schmidt, § 18, Rn. 67; Jansen/Briesemeister, § 18, Rn. 51, jeweils m. w. N.

488 Stein/Jonas/Leipold, § 321, Rn. 1.

489 BGH NJW 2006, 1351 [1352].

Mit Einführung des § 43 FamFG ist diese Problemlage als überholt anzusehen. Diese Vorschrift erlaubt es dem Gericht nunmehr ausdrücklich, ganz oder teilweise übergangene Anträge oder unterbliebene Kostenentscheidungen nachträglich im Beschluss zu ergänzen. Allerdings knüpft § 43 FamFG nicht an einen Widerspruch im Beschluss selbst an, vielmehr wird verlangt, dass sich aus den Verfahrensakten ergibt, dass ein Antrag übergangen wurde.[490] Auch die Frage der Antragsfrist hat sich erübrigt. Nach § 43 Abs. 2 FamFG ist jetzt eine Frist von zwei Wochen für die Antragstellung normiert.

II. § 320 ZPO analog

Hinsichtlich des Problems, bei Entscheidungen nachträglich den Tatbestand zu berichtigen, wurde seitens des FGG- und des FamFG-Gesetzgebers jeweils keine Regelung getroffen. Der FamFG-Gesetzgeber hat keine dem § 320 ZPO ähnliche Vorschrift vorgesehen, weil die formalen Anforderungen an den Beschluss als gering ausgestaltet wurden.[491] Insofern stellt sich die Frage, ob ein Rückgriff auf § 320 ZPO in analoger Anwendung möglich ist. Diesbezüglich gingen zum FGG die Meinungen in Literatur und Rechtsprechung auseinander. Diese Ansichten sind auf die neue Rechtslage uneingeschränkt übertragbar.

1. Ablehnung in der Rechtsprechung

Nach einer Entscheidung des *OLG München*[492] soll § 320 ZPO in der freiwilligen Gerichtsbarkeit nicht anwendbar sein. Dies liegt daran, dass für die Entscheidungsgründe ein Tatbestand, wie er für das Zivilverfahren in § 313 Abs. 1 Nr. 5, Abs. 2 ZPO vorgeschrieben ist, im FGG nicht vorgesehen war.

In einer Entscheidung zum Zivilprozess stellt das *OLG Köln*[493] fest, dass bei einem Urteil ohne Tatbestand eine Berichtigung über § 320 ZPO stets unzulässig sei. Dabei wird eine Korrektur mit Rücksicht auf die aus § 314 ZPO folgende urkundliche Beweiskraft des Tatbestandes abgelehnt. Das *OLG* sieht den Zweck der Berichtigung darin, zu verhindern, dass ein unrichtig beurkundeter Parteivortrag aufgrund dieser Beweiskraft eine somit fehlerhafte Grundlage für eine Entscheidung der höheren Instanz darstellt. Weiterhin sieht das Gericht auch die Gefahr, dass eine eigentlich gerechtfertigte Urteilsergänzung im Sinne

490 BT-Drs. 16/6308, S. 197.
491 BT-Drs. 16/6308, S. 197.
492 OLG München RzW 1953, 199.
493 OLG Köln OLGZ 1989, 78.

des § 321 ZPO aufgrund der fehlerhaften Beurkundung abzulehnen sei. Letztlich soll nach Ansicht des Gerichts eine Tatbestandsberichtigung nur soweit zulässig sein, wie die urkundliche Beweiskraft des Tatbestandes reicht.

2. Überwiegende Ansicht in Rechtsprechung und Literatur

Entgegen der Ansicht eines Teils der Rechtsprechung sehen deren überwiegende Teil[494] und die Literatur[495] § 320 ZPO im Verfahren der freiwilligen Gerichtsbarkeit für analog anwendbar an. Hier wird jedoch wiederum zwischen der Anwendbarkeit in den einzelnen Instanzen unterschieden. Zumindest bei einem Beschluss des Beschwerdegerichts soll § 320 ZPO anwendbar sein. Vor allem in der Rechtsprechung wird ein praktisches Bedürfnis an einer Korrektur der Entscheidungsfassung mittels dieser Vorschrift gesehen.[496]

Dagegen soll für Entscheidungen der höheren Instanz die Anwendung des § 320 ZPO nicht in Betracht kommen. Dies soll an der fehlenden urkundlichen Beweiskraft des Tatbestandes in diesen Urteilen liegen, der nur eine verkürzte Wiedergabe des in den Vorinstanzen vorgetragenen Parteivorbringens und gestellten Anträge enthält. Nach dieser Vorschrift unterliegt der Beurteilung durch dieses Gericht grundsätzlich nur dasjenige Parteivorbringen, das aus dem Berufungsurteil oder dem Sitzungsprotokoll ersichtlich ist. Hingegen wird der den Sach- und Streitstand bildende Sachverhalt, der sich aus dem Parteivorbringen ergibt, nur sehr eingeschränkt in das Revisionsurteil aufgenommen.[497] Tatsächliche Angaben außerhalb des Tatbestandes des Berufungsgerichts sind für die Entscheidung nicht zu berücksichtigen. Vielmehr wird eine Beschreibung des tatsächlichen Vorgangs aus praktischen Erwägungen in geraffter Form der Entscheidung des Revisionsgerichts hinzugefügt. Diese Angaben haben aber als Tatbestand keine eigenständige rechtliche Bedeutung. Sofern diese vom Tatbestand des Berufungsurteils abweichen, ist dies für das Revisionsverfahren ohne Belang, da dessen Grundlage der sachliche Inhalt des Tatbestandes des Berufungsurteils darstellt. Insofern würde auch die Berichtigung der Sachdarstellungen im Revisionsurteil zwecklos sein.[498]

494 BayObLGZ 1965, 137, OLG Schleswig SchlHA 1968, 123.

495 Keidel/Meyer-Holz, § 42, Rn. 23; Keidel/Kuntze/Schmidt, § 18, Rn. 65; Jansen/Briesemeister, § 18, Rn. 50.

496 OLG Hamm NJW 1967, 1619.

497 May, Revision, VII, Rn. 63.

498 RGZ 80, 172 [173 f.].

Brehm[499] hingegen geht davon aus, dass die analoge Anwendung des § 320 ZPO sich erübrige, weil die Beschlüsse im FamFG keinen Tatbestand enthalten.

3. Stellungnahme

Im FamFG wurde durch den Gesetzgeber keine Möglichkeit zur Berichtigung eines unrichtigen Tatbestandes vorgesehen. Grund hierfür waren die geringen formalen Anforderungen an Beschlüsse.[500] Allerdings berücksichtigt in seiner Entscheidung das Gericht den gesamten Inhalt des Verfahrens und nicht lediglich den sich im Tatbestand widerspiegelnden mündlichen Vortrag.[501]

Entgegen der Ansicht des OLG München meint § 320 ZPO hier mit dem Begriff „Tatbestand" nicht lediglich den so im Urteil bezeichneten Abschnitt. Vielmehr fallen darunter auch tatbestandliche Feststellungen in den Entscheidungsgründen.[502] Selbst bei einem Urteil, bei dem kein Tatbestand vorgeschrieben ist (§ 313a Abs. 1 Satz 1 ZPO und § 313b Abs. 1 Satz 1 ZPO, § 540 Abs. 1 Satz 1, Abs. 2 ZPO), ist eine Berichtigung möglich, wenn in den Entscheidungsgründen Parteivorbringen mit Tatbestandswirkung wiedergegeben wird.[503] Gerade aus dem Umstand heraus, dass ein Tatbestand in einer Entscheidung der freiwilligen Gerichtsbarkeit fehlt, ist es notwendig einen tatbestandlichen Inhalt in den Entscheidungsgründen zu korrigieren. Denn ein Urteil ohne jeglichen Bezug zum tatsächlichen Geschehen gibt es nicht. Ein solches würde nur dann gegeben sein, wenn ausschließlich über theoretische Fragen entschieden werden müsste. Dies ist jedoch der gerichtlichen Praxis fremd. Selbst Entscheidungen des Revisionsgerichts kommen ohne einen Bezug zum maßgeblichen Sachverhalt nicht aus. Zwar stellt dies dann nur die Wiedergabe des Tatsachenvortrags vor dem Berufungsgericht dar. Jedoch enthält jedes Urteil letztlich auch Aussagen zum tatsächlichen Vorgang. Insofern wäre es nicht nachzuvollziehen, wenn der ZPO-Gesetzgeber lediglich die Regelung des § 320 ZPO auf den als „Tatbestand" bezeichneten Teil des Urteils hätte erstrecken wollen. Weiterhin verkennt hier das OLG den Umstand, dass nach dem Gesetz der Tatbestand nicht abgesondert von den übrigen Teilen des Urteils zu verfassen ist. Schon aus diesem Grund gehören auch die in den Entscheidungsgründen vorgetragenen tatsächlichen Feststellungen zum Tatbestand.[504] Und so verhält es sich auch im Verfah-

499 Brehm, 4. Aufl., § 16, Rn. 22.
500 BT-Drs. 16/6308, S. 197.
501 MüKo-ZPO/Ulrici, § 42 FamFG, Rn. 1.
502 BGH NJW 1997, 1931.
503 Stein/Jonas/Leipold, § 320, Rn. 3.
504 RGZ 80, 172 [174].

ren der freiwilligen Gerichtsbarkeit. Denn auch hier findet eine gesetzlich vorgeschriebene Trennung zwischen Tatbestand und Entscheidungsgründen nicht statt. Hinsichtlich des Verfahrens vor dem Beschwerdegericht schreibt § 69 Abs. 2 FamFG lediglich vor, dass die Entscheidung mit Gründen zu versehen ist.

Auch die Argumente des *OLG Köln* können nicht überzeugen. Denn die Verknüpfung von Tatbestandsberichtigung nach § 320 ZPO und der Beweiskraft des Tatbestandes nach § 314 ZPO lässt sich nicht nachvollziehen. Weder geben die Gesetzesmaterialen dafür Hinweise, noch lassen sich andere Gründe dafür erkennen. Der damalige Gesetzgeber wollte vielmehr ein vereinfachtes, summarisches Verfahren schaffen. Dies soll dem Gericht aus praktischen Erwägungen heraus die Möglichkeit eröffnen, ohne Rücksicht auf § 318 ZPO den Tatbestand zu berichtigen. Durch § 314 ZPO erhielt § 320 ZPO lediglich eine gesteigerte Bedeutung.[505]

Die weitere Überlegung des *OLG Köln*, dass die Berichtigung des Tatbestandes eines Revisionsurteils nicht in Betracht kommt, weil die Darstellung des Vorbringens der Parteien nicht an der Beweiskraft des § 314 ZPO teilnehmen, ist wenig stichhaltig. Hier stellt sich vielmehr die Frage, was das Revisionsgericht überhaupt berichtigen soll. Das Tatsachenmaterial, das dieser Instanz vorliegt, stimmt mit dem des Berufungsgerichts überein. Im Revisionsurteil wird dieses nur wiederholt. Insofern wäre also eine Berichtigung auf der Ebene des Berufungsgerichts notwendig. Dies findet jedoch schon wieder dort seine Einschränkung, wo neues Tatsachenmaterial in der Revisionsinstanz eingeführt wird, etwa in der Revisionsverhandlung eine Parteierklärung abgegeben wird. Da dieser für das weitere Verfahren urkundliche Bedeutung zukommen kann, ist auch in dieser Instanz eine Berichtigung des Tatbestandes nach § 320 ZPO zulässig.[506]

Ferner ist – aus heutiger Sicht – auch zu berücksichtigen, dass § 313a ZPO und § 313b ZPO erst später eingefügt wurden[507] und insofern seitens des § 320 ZPO ursprünglich nicht von Urteilen ausgegangen wurde, die gänzlich ohne den Teil „Tatbestand" auskommen. Der Gesetzgeber des § 320 ZPO ging davon aus, dass es kein Urteil ohne Tatbestand geben wird. Insofern wurde bei der Einführung des § 313a ZPO und des § 313b ZPO das Problem übersehen, dass nicht

505 Weitzel, Tatbestand, S. 80 f.

506 BGHR ZPO § 320 Revisionsurteil 1.

507 § 313a ZPO und § 313b ZPO wurden zunächst durch das Gesetz zur Vereinfachung und Beschleunigung gerichtlicher Verfahren (Vereinfachungsnovelle) vom 03.12.1976 (BGBl. I S. 3281) eingefügt; später wurde § 313a Abs. 1 ZPO durch das Gesetz zur Entlastung der Rechtspflege vom 11.01.1993 (BGBl. I S. 50) nochmals grundlegend neu gefasst.

mehr eindeutig ist, auf was sich nunmehr der Begriff „Tatbestand" beziehen soll.

Die Stimmen, die bei Entscheidungen einer höheren Instanz eine Berichtigung analog § 320 ZPO ablehnen, übersehen, dass dort – insbesondere auf der Ebene des Gerichts der Rechtsbeschwerde – nichts anderes gelten kann wie bei den Entscheidungen des Revisionsgerichts im Zivilprozess. Eine Tatbestandsberichtigung im Sinne des § 320 ZPO ist in dieser Instanz dann unzulässig, wenn lediglich das tatbestandliche Vorbringen der Entscheidung des Beschwerdegerichts wiederholt wird. Sollten jedoch in der Rechtsbeschwerdeinstanz neue Tatsachen vorgebracht werden, so wäre zumindest diesbezüglich auch eine Berichtigung möglich.

Letztlich muss eine Tatbestandsberichtigung in analoger Anwendung des § 320 ZPO dort möglich sein, wo (ausnahmsweise) ein mündlicher Sachvortrag zu berücksichtigen ist.[508]

III. Zusammenfassung

Mit der Reform der freiwilligen Gerichtsbarkeit wurden auch die Voraussetzungen der Nachtragsentscheidungen normiert und an die Regelungen der anderen Verfahrensordnungen angepasst. Demnach lässt sowohl § 42 FamFG zu, eine offenbare Unrichtigkeit zu korrigieren, als auch § 43 FamFG, einen Beschluss zu korrigieren.

Lediglich die Möglichkeit, einen unrichtigen Tatbestand zu korrigieren, wurde vom Gesetzgeber bewusst nicht wegen der geringen formalen Anforderungen an den Beschluss in das Gesetz übernommen. Allerdings muss eine Berichtigung in analoger Anwendung des § 320 ZPO dort möglich sein, wo ein mündlicher Sachvortrag der Entscheidung zugrundegelegt wurde.

508 Keidel/Meyer-Holz, § 42, Rn. 23; BayObLG MDR 1989, 650.

G. Abänderung durch außerordentliche Rechtsbehelfe

I. Gegenvorstellung

Eine weitere Möglichkeit der Beteiligten, das Gericht zu einer erneuten Überprüfung seiner Entscheidung zu veranlassen, ist die sog. Gegenvorstellung. Diese verfolgt das Ziel, das bisher tätig gewesene Gericht zu veranlassen, seine Entscheidung aus tatsächlichen oder rechtlichen neuen, übergangenen oder übersehenen Erwägungen zu ändern.[509] Insofern ist die Gegenvorstellung eine form- und fristlose Anregung zur Abänderung einer Entscheidung.[510] Dieser Rechtsbehelf ist im Gesetz nicht verankert und beinhaltet – im Gegensatz zu den Beschwerden – ferner keinen Devolutiveffekt.[511]

Die dogmatischen Grundlagen der Gegenvorstellung sind dabei nicht klar entwickelt worden. Von manchen werden diese im Prozessrecht selbst gesehen.[512] Andere wiederum sehen darin eine Konkretisierung des grundrechtlich gewährten Petitionsrechts aus Art. 17 GG.[513] Teilweise wird auch die Rechtsschutz- und Rechtsweggarantie des Art. 19 Abs. 4 GG zur Begründung herangezogen.[514]

1. Statthaftigkeit der Gegenvorstellung

Die Gegenvorstellung kann auch in der freiwilligen Gerichtsbarkeit nicht uneingeschränkt gegen jede Entscheidung erhoben werden. Schon aus Gründen der Rechtssicherheit muss hier eine Begrenzung stattfinden.

Dabei soll hier zunächst der Grundsatz dargestellt werden und im Weiteren auf die Ausnahmen eingegangen werden, die auch bei einer Unanfechtbarkeit unter bestimmten Voraussetzungen von einer Statthaftigkeit der Gegenvorstellung ausgehen.

Zunächst ist die Gegenvorstellung dort unstatthaft, wo noch die Möglichkeit zur Erhebung von förmlichen Rechtsbehelfen besteht. Auch eine Korrektur der Entscheidung über § 42 FamFG oder § 43 FamFG muss dabei in Betracht gezogen werden. Ebenso eine Abänderung im Rahmen des § 48 FamFG darf nicht

---

509 BGH VersR 1982, 598.

510 Sternal FGPrax 2004, 171.

511 Brehm, Rn. 390; BLAH, Grundz § 567, Rn. 6.

512 BLAH. Grundz § 567, Rn. 6.

513 Jansen/Briesemeister, Vor §§ 19-30, Rn. 23.

514 BFH NJW 2006, 861.

aus den Augen verloren werden. Denn von den Beteiligten muss erwartet werden können, dass diese zunächst alle ihnen zu Verfügung stehenden Rechtsbehelfe ausschöpfen. Erst dann gebietet sich der Rückgriff auf außerordentliche Rechtsbehelfe.

In erster Linie sind hier die Entscheidungen zu nennen, die kraft Gesetzes unanfechtbar bzw. unabänderbar sind. Diese sind grundsätzlich mit einer Gegenvorstellung nicht mehr angreifbar. Darunter fällt etwa § 40 FamFG. Diese Regelung betrifft Verfügungen, durch welche die Genehmigung zu einem Rechtsgeschäft erteilt oder verweigert wird. Ferner ist eine Gegenvorstellung unstatthaft gegen Sachentscheidungen, die in letzter Instanz erlassen wurden.[515]

Diesem Grundsatz der Unstatthaftigkeit der Gegenvorstellung gegenüber den oben genannten Entscheidungen stehen jedoch verfassungsrechtlich gebotene Ausnahmen entgegen. Dabei unterscheiden Rechtsprechung und Literatur einerseits zwischen der Statthaftigkeit der Gegenvorstellung gegen unanfechtbare bzw. unabänderbare Entscheidungen der letzten Instanz, die gegen Verfahrensgrundrechte verstoßen und andererseits der Statthaftigkeit bei Vorliegen grober Verfahrensfehler.[516]

a.) Statthaftigkeit bei Verletzung von Verfahrensgrundrechten

Nach einhelliger höchstrichterliche Rechtsprechung ist eine Gegenvorstellung dann statthaft, wenn eine kraft Gesetzes unanfechtbare Entscheidung auf einer offenkundigen Verletzung des rechtlichen Gehörs, des Verfahrensgrundrechts hinsichtlich der Entscheidung durch den gesetzlichen Richter oder des Grundrechts auf ein objektives, willkürfreies Verfahren basiert. Hierbei hat das *Bundesverfassungsgericht*[517] festgestellt, dass aus Gründen der Rechtsstaatlichkeit und der Prozessökonomie, insbesondere im Hinblick auf dessen eigentliche Aufgaben, die Fachgerichte dazu verpflichtet sind, Verstöße gegen das Recht auf rechtliches Gehör selbst zu korrigieren.[518]

So hat das Gericht konstatiert, dass das in Art. 19 Abs. 4 Satz 1 GG normierte Verfahrensgrundrecht dem Bürger einen Anspruch auf eine tatsächlich wirksame gerichtliche Kontrolle garantiere.[519] Dies beinhalte, dass der Rechtsweg weder ausgeschlossen werden dürfe, noch die Wahrnehmung der Instanzen

---

515 Keidel/Kuntze/Kahl, Vorb. §§ 19-30, Rn. 11 a.

516 Darüber hinaus hat das OLG Düsseldorf die Statthaftigkeit bei Vorbringen neuer Tatsachen bejaht, OLG Düsseldorf FamRZ 1978, 125.

517 Speziell zur Gegenvorstellung in der freiwilligen Gerichtsbarkeit: BVerfG NJW 1987, 1319 ff.

518 BVerfGE 49, 252 [256 ff.].

519 BVerfGE 49, 252 [256].

in unzumutbarer, aus Sachgründen nicht mehr zu rechtfertigender Weise erschwert werden darf.[520] Für das *Bundesverfassungsgericht* folgt daraus, dass die Fachgerichte der normativen Geltung der Grundrechte in jedem Verfahren tatsächliche Wirkung verschaffen müssen.[521] Dabei sind die Fachgerichte in doppelter Weise verpflichtet: Sie hätten einerseits die negative Pflicht, Eingriffe in grundrechtlich geschützte Bereiche, die mit dem Grundgesetz nicht im Einklang stehen, zu unterlassen und andererseits obliege ihnen auch die positive Pflicht, die Grundrechte durchzusetzen.[522] Dabei misst das *Bundesverfassungsgericht* dem Verfahrensrecht eine besondere Rolle zu, in dem es über den geordneten Verfahrensablauf hinaus auch dazu dient, dem einzelnen Verfahrensbeteiligten zu seinem verfassungsmäßigen Recht zu verhelfen. Dies führe im Weiteren zur Pflicht, das Verfahrensrecht verfassungskonform auszulegen und anzuwenden mit der Konsequenz, das Auslegungsergebnis aufzugreifen, dass für die Verwirklichung und Durchsetzung der Grundrechte am effektivsten erscheint.[523] Gerade aus prozessökonomischen Gründen solle ein Verstoß gegen ein Verfahrensgrundrecht bereits durch die Vorinstanzen korrigiert werden und die Verfahrensbeteiligten durch die Fachgerichte nicht auf die Verfassungsbeschwerde verwiesen werden.[524] Diese Pflicht erweitere sich noch dahingehend, dass gemäß dem Gebot der Erschöpfung des Rechtswegs im Instanzenzug eingetretene Grundrechtsverstöße bereits dort richtig zu stellen seien.[525] Gerade bei der Prüfung, ob eine Verletzung eines Verfahrensgrundrechts vorliege, übe das Verfassungsgericht eine Tätigkeit aus, die mit denen der Instanzgerichte identisch sei, zumal hierbei bereits eine umfangreiche Rechtsprechung vorliege und nur äußerst selten neue Fragen aufgeworfen würden.[526] Diese Aufgabe könnten unterschiedslos ebenso gut auch die Fachgerichte übernehmen, ohne dabei den vermeidbaren Weg über die Verfassungsbeschwerde nehmen zu müssen. Dieser Umweg wäre nicht nötig, wenn seitens der Instanzgerichte die Anwendung der Prozessvorschriften an den Grundrechten ausgerichtet werden würde. Ferner stellt die Korrektur einer fehlerhaften Entscheidung durch das Bundesverfassungsgericht das Problem dar, dass dadurch in deren Rechtskraft eingegriffen werden müsste, was wiederum im Konflikt mit der Rechtssicherheit stehe.[527]

---

520 BVerfGE 49, 252 [256 f.].
521 BVerfGE 49, 252 [257].
522 BVerfGE 49, 252 [257].
523 BVerfGE 49, 252 [257].
524 BVerfGE 49, 252 [257].
525 BVerfGE 49, 252 [258].
526 BVerfGE 49, 252 [259].
527 BVerfGE 49, 252 [258 f.].

Ulrici[528] stellt dagegen fest, dass durch die Entscheidung des Bundesverfassungsgerichts dem Betroffenen die Untätigkeit des Gesetzgebers im Hinblick auf eine umfassende Regelung zum Rechtsschutz bei der Verletzung von Verfahrensgrundrechten auferlegt wurde. Er weist ferner darauf hin, dass dort Probleme entstehen können, wo die Fachgerichte von einer nicht fristgebundenen Gegenvorstellung ausgehen und dadurch die Frist des § 93 Abs. 1 BVerfGG unterlaufen werde und dies nicht zur Entlastung des Bundesverfassungsgerichts beitrage. In diesem Zusammenhang bezieht sich *Ulrici* auf ein Urteil des Bundesfinanzhofs. In dieser Entscheidung hat der *BFH* festgestellt, dass die Einlegung einer Gegenvorstellung keiner Frist unterliege.[529]

b.) Statthaftigkeit bei Vorliegen grober Verfahrensfehler

Hinsichtlich der Statthaftigkeit der Gegenvorstellung bei Vorliegen grober Verfahrensfehler gehen die Meinungen schon in der Rechtsprechung auseinander.

So wird in der Rechtsprechung vertreten, dass eine Gegenvorstellung in einem solchen Fall nicht statthaft sei. Dabei werden zwei Argumente vorgebracht: Einerseits sähen die Verfahrensordnungen für die Abänderung einer formell und materiell rechtskräftigen Entscheidung nur die Wiedereinsetzung und die Wiederaufnahme vor. Andererseits sei das Gericht an seine eigene Entscheidung gebunden und könne diese auch bei groben Verfahrensfehlern nicht mehr abändern.[530] Auch das Rechtsmittelsystem widerspreche der Statthaftigkeit einer Gegenvorstellung in diesem Bereich. Denn das erkennende Gericht sei nach einer bereits getroffenen Sachentscheidung unzuständig geworden hinsichtlich einer nochmaligen Überprüfung der eigenen Erkenntnis. Diese Zuständigkeit sei ihm nur als Ergebnis des Devolutiveffektes zugefallen; es verliere diese wieder nach der erfolgten Entscheidung. Die Möglichkeit einer erneuten Entscheidung durch das gleiche Gericht eröffne sich nur bei Erhebung eines zulässigen Rechtsmittels, worunter die Gegenvorstellung allerdings nicht falle.[531]

Vom *Bundesfinanzhof*[532] wird die Ansicht vertreten, die Gegenvorstellung sei insgesamt als verfassungswidrig zu betrachten. Begründet wird dies einerseits mit der fehlenden Rechtssicherheit und andererseits mit dem vom *Bundes-*

---

528 MüKo-ZPO/Ulrici, § 44 FamFG, Rn. 18.

529 BFH NJW 2006, 861.

530 BFH AP 1980 Nr. 1 zu § 329 ZPO.

531 OLG Hamm JR 1957, 25 [26].

532 BFH NJW 2008, 543 f. als Vorlagebeschluss an den Gemeinsamen Senat der obersten Gerichtshöfe des Bundes (Az. GmS-OGB 3/07), der vom Bundesfinanzhof mit Beschluss vom 1. Juli 2009 (Az. V S 10/07) wieder zurückgenommen wurde.

verfassungsgericht[533] in seinem Plenarbeschluss vom 30. April 2003 aufgestellten Postulat der Rechtsmittelklarheit. Dem wurde in der Literatur jedoch entgegnet, dass es einen Bestandteil des Rechtsstaatsprinzips darstelle, dass eine Überprüfung einer eigentlich unanfechtbaren Entscheidung durch den iudex a quo in Ausnahmefällen dennoch zulässig sein kann.[534] Auch wurden praktische Erwägungen angeführt, die für die Zulässigkeit der Gegenvorstellung sprechen.[535] Für den Fall eines Verstoßes gegen Verfahrensgrundrechte hat der *Bundesgerichtshof*[536] die Gegenvorstellung als das geeignete Mittel anerkannt, um sich gegen solch einen Verstoß zu wehren und damit insgesamt dem Justizgewähranspruch zur Geltung zu verhelfen. Dies gilt zumindest solange, bis seitens des Gesetzgebers eine entsprechende Regelung getroffen werde, die auch Verletzungen außerhalb der Anhörungsrüge mitumfasse.

Jedoch wird auch von einem Teil der Rechtsprechung die Statthaftigkeit der Gegenvorstellung bei groben Verstößen gegen das Verfahrensrecht bejaht. Dabei müsse jedoch ein besonders schwerer Verfahrensfehler vorliegen.[537] Dies sei dann der Fall, wenn eine Entscheidung jeder gesetzlichen Grundlage entbehre und inhaltlich dem Gesetz fremd sei.[538] Teilweise wird dies auch mit dem Begriff der greifbaren Gesetzeswidrigkeit bezeichnet, wobei beide Bezeichnungen den gleichen Inhalt aufweisen.[539] Diese Ansicht wird damit begründet, dass ansonsten der jeweilige Verfahrensbeteiligte eine Berichtigung der auf schweren Verfahrensfehlern beruhenden Entscheidung nur über eine Verfassungsbeschwerde erreichen könne[540] und dies schon aus verfahrensökonomischen Gründen zu vermeiden sei.

c.) Stellungnahme

Ulrici ist zuzustimmen, wenn er die Entscheidung des Bundesverfassungsgerichts zur Frage der Statthaftigkeit der außerordentlichen Rechtsbehelfe in Abgrenzung zur Anhörungsrüge als „nicht vollständig“[541] überzeugend bezeichnet. Denn das Bundesverfassungsgericht beantwortet hierbei nicht die Frage, welchen Weg der Betroffene zu bestreiten hat, wenn die Anhörungsrüge nicht statt-

533 BVerfGE 107, 395 ff.
534 Rüsken, NJW 2008, 483.
535 Zuck, ZRP 2008, 47.
536 BGH NJW-RR 2007, 1654.
537 BGH BB 1986, 96.
538 BGHZ 28, 349 [350].
539 BGH NJW-RR 1994, 1212 [1213] m. w. N.
540 KG NJW-RR 2000, 1085.
541 MüKo-ZPO/Ulrici, § 44 FamFG, Rn. 18.

haft ist, dennoch aber Verfahrensgrundrechte verletzt wurden. Für diese Rechtsschutzlücke besteht aus verfassungsrechtlicher Sicht jedoch das erhebliche Bedürfnis nach einem Rechtsbehelf.

Auch im Hinblick auf die Aufgaben der Verfassungsgerichtsbarkeit ist eine Beseitigung solch fehlerhafter Entscheidungen durch die Verfassungshüter weitestgehend zu vermeiden, schon um diese nicht in ihrer Funktionsfähigkeit zu beeinträchtigen. Denn deren ureigenste Aufgabe besteht darin, das Grundgesetz auszulegen, und dies insbesondere bei Fragen, die für die gesamte staatliche Ordnung von Bedeutung sind.[542] Sinn der Verfassungsbeschwerde ist es nicht, Fehler zu korrigieren, die bereits durch die Fachgerichtsbarkeit hätten aus der Welt geschafft werden können.[543] Somit kann festgestellt werden, dass die Instanzgerichte das Recht, aber auch die Pflicht haben, Verstöße gegen Verfahrensgrundrechte selbst zu korrigieren und dass ein Einschreiten seitens des Verfassungsgerichts nur dort geboten erscheint, wo seitens der Rechtsordnung eine solche Korrektur als nicht mehr vertretbar angesehen wird.[544] Daraus lässt sich nunmehr entnehmen, dass eine grundsätzlich auch unanfechtbare Entscheidung bei Verletzung von Verfahrensgrundrechten außerhalb des Art. 103 Abs. 1 GG ebenso durch die Instanzgerichte beseitigt werden kann und beseitigt werden muss.

2. Verhältnis zu § 44 FamFG

Mit Inkrafttreten des Anhörungsrügegesetzes zum 1. Januar 2005 wurde in das FGG § 29a eingeführt. § 44 FamFG übernimmt diese Norm – abgesehen von redaktionellen Änderung – inhaltsgleich. Diese Vorschrift gibt den Beteiligten einen Rechtsbehelf für den Fall der entscheidungserheblichen Verletzung des Anspruchs auf rechtliches Gehör an die Hand. Voraussetzung für dessen Erhebung ist ferner, dass weder ein Rechtsmittel, ein anderer Rechtsbehelf noch eine andere Abänderungsmöglichkeit einschlägig ist. Die Einführung dieses neuen förmlichen Rechtsbehelfs war nötig geworden, nachdem durch eine Entscheidung des Bundesverfassungsgerichts[545] der Gesetzgeber aufgefordert wurde, in den einzelnen Verfahrensordnungen für diese Fälle Vorsorge zu treffen.

Nach Schaffung dieser neuen Möglichkeit, Entscheidungen anzugreifen, entbrannte in der Rechtsprechung wie auch der Literatur ein Streit darüber, inwiefern nunmehr noch eine Gegenvorstellung statthaft ist. Einerseits wurde ar-

542 BVerfGE 49, 252 [259].

543 Schumann, FS Baumgärtel, S. 493.

544 BVerfGE 49, 252 [259 f.].

545 BVerfGE 107, 395 ff.

gumentiert, die Anhörungsrüge schließe alle anderen außerordentlichen Rechtsbehelfe kategorisch aus. Andere hingegen meinten, nur hinsichtlich der Verletzung des Anspruchs auf rechtliches Gehör könne ein außerordentlicher Rechtsbehelf nicht mehr erhoben werden, darüber hinaus – insbesondere in Fällen einer greifbaren Gesetzeswidrigkeit – sei dies durchaus noch möglich.

Die Vertreter der Ansicht, dass nach der Einführung der Anhörungsrüge[546] nunmehr keine außerordentlichen Rechtsbehelfe mehr statthaft sind, leiten aus diesem Umstand einen allgemeinen Rechtsgedanken ab. Nach diesem Gedanken soll sowohl bei der Verletzung von Verfahrensgrundrechten als auch in sonstigen Fällen einer greifbaren Gesetzeswidrigkeit eine Selbstkorrektur durch das erkennende Gericht möglich sein. Dadurch sollen generell die außerordentlichen Rechtsbehelfe ausgeschlossen sein.[547]

Dagegen wird die Gegenansicht schon durch die Gesetzesbegründung gestützt. In dieser wird festgestellt, dass erstens die Anhörungsrüge nur auf den Fall der Verletzung des Anspruchs auf rechtliches Gehör beschränkt wurde und zweitens gerade durch diese bewusst gewählte Beschränkung die Gegenvorstellung nicht ausgeschlossen werden soll.[548] Auch eine analoge Anwendung der Regelungen über die Anhörungsrüge für die Fälle, in denen nicht der Gehörsanspruch verletzt wurde, sondern Verfahrensfehler vorliegen, wird abgelehnt. Die klare inhaltliche Beschränkung dieser Norm auf die Verletzung des Gehörsanspruchs steht einer Analogie im Wege.[549] Gerade weil mit der ZPO-Reform der Individualrechtsschutz erheblich reduziert wurde, ist die Beibehaltung der außerordentlichen Rechtsbehelfe aus verfassungsrechtlicher Sicht dringlich geboten.[550]

546 Vor Einführung des § 29a FGG im Jahre 2005 wurde zunächst analog auf § 321a ZPO zurückgegriffen, der im Rahmen des Zivilprozessreformgesetzes im Jahre 2002 in Kraft trat.

547 BayObLG FGPrax 2003, 25 [26].

548 BR-Drs. 663/04, S. 33.

549 BFH NJW 2006, 861.

550 Vollkommer, Anm. WuB VII A. § 774 ZPO 1.02 (S. 910); Vollkommer, FS Beys, S. 1698 f.

II. Außerordentliche Beschwerde

1. Außerordentliche Beschwerde in der freiwilligen Gerichtsbarkeit

Neben der Gegenvorstellung ist in der freiwilligen Gerichtsbarkeit auch die außerordentliche Beschwerde als außergesetzlicher Rechtsbehelf anerkannt. Diese hat sich zum Gewohnheitsrecht entwickelt und wurde neben den Fachgerichten auch durch die Verfassungsgerichtsbarkeit bestätigt. Die außerordentliche Beschwerde ist gegen unanfechtbare Entscheidungen statthaft, die mit der Rechtsordnung schlechthin unvereinbar sind, weil sie nach Art, Inhalt oder wegen der Entscheidung vor einem unzuständigen Gericht jeder gesetzlichen Grundlage entbehren und inhaltlich dem Gesetz fremd sind.[551] Schlagwortartig wird dies oft unter dem Begriff des krassen Unrechts zusammengefasst.[552] Jedoch herrscht hinsichtlich dieser Formel keine Einigkeit. Teilweise werden diese Kriterien von den Gerichten kumulativ, teilweise alternativ angewandt.[553] Anders wiederum fällt die Entscheidung bei einem Ermessensfehlgebrauch aus. Hier soll schon genügen, wenn das Gericht seinen Ermessensspielraum verkannt hat.[554]

Das Problem dieser Formel der greifbaren Gesetzeswidrigkeit liegt darin, dass damit Voraussetzungen geschaffen wurden, die sehr schwer zu fassen sind[555] und einer Subsumtion kaum zugänglich sind. Insofern lässt sich über die Statthaftigkeit der außerordentlichen Beschwerde nur etwas im Rahmen einer Fallgruppenbildung sagen. Auf der Ebene der Instanzgerichte entwickelte sich mit der Zeit dieser Rechtsbehelf immer mehr zu einer Art Billigkeitskontrolle.[556]

Gerade die Formulierung, dass die Entscheidung dem Gesetz „inhaltlich fremd“ sein müsse, hat viel zu den Unklarheiten beigetragen. *Wax* hat versucht, dieses Kriterium zu präzisieren. Danach reicht ein schwerer und eindeutiger Verstoß gegen die Verfahrensvorschriften nicht aus. Darüber hinaus muss die Entscheidung eine Rechtsfolge beinhalten, die seitens des Gesetzes überhaupt nicht vorgesehen ist, bei der also unter Berücksichtigung des Gesetzes nicht festgestellt werden kann, ob diese richtig oder falsch ist, weil sie so im Gesetz gar nicht vorgesehen ist.[557]

---

551 BGH NJW-RR 1986, 738.
552 Chlosta, NJW 1993, 2160.
553 Wax, FS Lüke, S. 944.
554 Wax, FS Lüke, a.a.O.
555 Günter, Rechtssicherheit, S. 14.
556 Günter, Rechtssicherheit, S. 23.
557 Wax, FS Lüke, S. 945.

Auch die Abgrenzung im Rahmen des Begriffs der greifbaren Gesetzwidrigkeit ist bis heute ungeklärt. Fraglich ist hier, wie die Fälle, in denen die außerordentliche Beschwerde zugelassen wird, von denen zu unterscheiden sind, in denen sie erfolglos bleibt. Fest steht, dass nicht bei jeder grob und offenkundig fehlerhaften Entscheidung dieser Rechtsbehelf zum Erfolg führen kann. Zur Abgrenzung von den weniger schweren Verstößen wird nach den Auswirkungen auf die Beteiligten gefragt, also um die Folgen der fehlerhaften Entscheidung.[558]

2. Verhältnis zu § 44 FamFG

Mit Einführung des § 29a FGG im Jahre 2005 durch das Anhörungsrügengesetz[559] und der Übernahme des Regelungsgehalts in § 44 FamFG wurde ein Rechtsbehelf geschaffen, der den Beteiligten die Möglichkeit eröffnen soll, bei Verletzung ihres Anspruchs auf rechtliches Gehör das Verfahren fortzusetzen. Insofern weist der Anwendungsbereich der außerordentlichen Beschwerde einerseits und der Anhörungsrüge des § 44 FamFG andererseits Überschneidungen auf. Zumal bei beiden Rechtsbehelfen die Verletzung des Anspruchs auf rechtliches Gehör eine Voraussetzung darstellt. Dies führte in der Rechtsprechung wie auch in der Literatur zu einer Kontroverse über die Statthaftigkeit der außerordentlichen Beschwerde.

a.) § 44 FamFG als ausschließliche Korrekturmöglichkeit

Nach einer Entscheidung des *Bundesgerichtshofs*[560] aus dem Jahre 2002 soll die außerordentliche Beschwerde nicht mehr statthaft sein, und zwar auch dann nicht, wenn eine Entscheidung greifbar gesetzeswidrig ist und dabei insbesondere ein Verfahrensgrundrecht verletzt wird. Der *Bundesgerichtshof* lehnt eine Analogie ab und stellt dabei fest, dass durch die Schaffung der in § 321a ZPO normierten Anhörungsrüge seitens des Gesetzgebers die Problematik der Verletzung von Verfahrensgrundrechten erkannt wurde. Im Vergleich zur Situation vor dem Inkrafttreten des § 321a ZPO, in der keinerlei Abhilfemöglichkeit bestand, ist nunmehr eine Überprüfung der vorausgehenden Entscheidung explizit vorgesehen.

Der *BGH* sieht in seiner Entscheidung auch keine verfassungsrechtlichen Bedenken. Zwar fordere die Verfassung eine Abhilfe bei Verletzung von Ver-

558 Wax, FS Lüke, S. 948

559 Gesetz über Rechtsbehelfe bei Verletzung des Anspruchs auf rechtliches Gehör (Anhörungsrügengesetz) vom 9. Dezember 2004, in Kraft getreten am 1. Januar 2005, BGBl. I 2004, S. 3220.

560 BGH NJW 2002, 1577.

fahrensgrundrechten innerhalb der angerufenen Gerichtsbarkeit. Dies bedinge jedoch nicht, dass dem Betroffenen der Zugang zu einer weiteren Instanz eröffnet werde. Dabei verweist das Gericht dann allerdings auf die Möglichkeit, den Verfassungsverstoß mittels einer Gegenvorstellung in der ursprünglichen Instanz zu korrigieren. Eine Abhilfe auf dieser Ebene ist schon aus prozessökonomischen Gründen zu befürworten. Auch führt diese zu der vom Gesetzgeber beabsichtigten Entlastung des Bundesverfassungsgerichts. Für den Fall, dass das erkennende Gericht den Verstoß gegen die Verfahrensgrundrechte nicht ausräumen werde, empfiehlt der *BGH* die Erhebung einer Verfassungsbeschwerde.

Diese Entscheidung hat in der Literatur teilweise Zustimmung erfahren. Dort wurde angemerkt, dass durch das ZPO-Reformgesetz[561] aus dem Jahre 2002 der dreistufige Rechtszug für die Beschwerde abgeschafft wurde und diese Kompetenz allein dem BGH übertragen wurde. Würde man neben diesem Rechtsweg weiterhin die außerordentliche Beschwerde zulassen, würde dies dazu führen, dass zwei parallele Rechtszüge existierten; nur einer davon wäre gesetzlich geregelt.[562]

Auch die Frage nach den Voraussetzungen stellt für die Vertreter dieser Ansicht ein Problem dar. Im Rahmen der außerordentlichen Beschwerde war zu keinem Moment klar dargelegt worden, unter welchen Bedingungen diese erfolgreich sein wird. Vielmehr entwickelte sich im Laufe der Zeit eine Anhäufung von Einzelfallentscheidungen, die wenig zur Rechtssicherheit beitrugen.[563]

b.) Zulässigkeit der außerordentlichen Beschwerde neben § 44 FamFG

Dagegen wenden sich jedoch teilweise die Instanzgerichte.[564] Nach deren Ansicht ist die außerordentliche Beschwerde weiterhin dort statthaft, wo eine Entscheidung greifbar gesetzeswidrig ist. Diese Rechtsprechung stellt sich gegen die Ansicht des *BGH*, der davon ausgeht, dass durch die Anhörungsrüge eine außerordentliche Beschwerde nicht mehr statthaft ist. Dabei übersieht der *BGH* allerdings, dass die Anhörungsrüge nur den Fall der Verletzung des Anspruchs auf rechtliches Gehör in entscheidungserheblicher Weise umfasst. Der Fall der greifbaren Gesetzeswidrigkeit ist dadurch nicht abgedeckt. Dies liegt zunächst daran, dass das Bundesverfassungsgericht in seiner Entscheidung dem Gesetzgeber nur einen Auftrag hinsichtlich eines Rechtsbehelfs bei Verletzung des An-

561 Zivilprozessreformgesetz vom 27. Juli 2001, in Kraft getreten am 1. Januar 2002, BGBl. I 2001, S. 1887.

562 Pape, NZI 2003, 14; Schnabl, S. 167 f.

563 Zöller, vor § 567, Rn. 7.

564 OLG München FGPrax 2005, 278.

spruchs auf rechtliches Gehör erteilte.[565] Und innerhalb dieses umrissenen Bereichs handelte die Legislative.[566] Somit stellt sich die Frage, inwiefern bei einer greifbaren Gesetzeswidrigkeit Abhilfe zu schaffen ist. Nach der Ansicht des *OLG München*[567] bestehen für diesen Fall drei Möglichkeiten: Verfassungsbeschwerde, Gegenvorstellung oder die bereits bisher angewandte außerordentliche Beschwerde. Dieser *OLG-Senat* möchte die außerordentliche Beschwerde zumindest dort anwenden, wo ohne eingehende Prüfung einem Beteiligten das Rechtsschutzbedürfnis abgesprochen wurde und diesem dadurch die erstmalige Möglichkeit zu einer richterlichen Prüfung seines Begehrens abgeschnitten wird.[568] Denn eine Verfassungsbeschwerde scheidet schon aus prozessökonomischen Gründen aus. Weiterhin führt das *OLG* aus, dass auch das Gebot des effektiven Rechtsschutzes fordere, dass zunächst auf der Ebene der Fachgerichte etwaige Verstöße zu korrigieren seien. Damit würde auch die Aufgabenverteilung zwischen den Fachgerichten einerseits und der Verfassungsgerichtsbarkeit andererseits in Frage gestellt werden, was letztlich auch für den Rechtssuchenden zu einer Verkürzung des Rechtsschutzes führen würde. Nach Ansicht der Münchener Richter erscheine auch die Gegenvorstellung hier nicht als das Mittel der Wahl. Aufgrund des ihr fehlenden Devolutiveffektes führe ihre Erhebung dazu, dass das erkennende Gericht seine eigene Entscheidung zu überdenken habe. Dieses ursprüngliche Gericht hat jedoch bereits über diese Frage entschieden. Insofern ist eine Selbstkorrektur kaum zu erwarten; diese stellt eine Ausnahme dar. Den Beteiligten ist in einem solchen Fall vielmehr mit einer Entscheidung des höheren Gerichtes gedient.[569] Letztlich bleibt in dieser Konstellation als einzige Möglichkeit zur Korrektur, die außerordentliche Beschwerde zuzulassen.

c.) Stellungnahme

Dem Umstand, dass im Gesetzgebungsverfahren zur Anhörungsrüge nur auf die Fälle des Verstoßes gegen den Anspruch auf rechtliches Gehör eingegangen wurde, lässt sich allein gesehen noch kein Für oder Wider der außerordentlichen Beschwerde entnehmen. Einerseits war der Legislative durchaus bekannt, dass es neben der Gehörsverletzung noch weitere Fälle gibt, in denen außerordentliche Rechtsbehelfe als statthaft anerkannt wurden. Insofern hätte man von ihr

565 BVerfGE 107, 395 ff.

566 BT-Drs. 15/3706, S. 13 ff.; Treber, NJW 2005, 97 [100].

567 OLG München FGPrax 2005, 278 [279].

568 OLG München a.a.O.

569 OLG München FGPrax 2005, 278 [280].

erwarten können, klarzustellen, dass neben den in der Anhörungsrüge geregeltem Fall für außerordentliche Rechtsbehelfe kein Raum mehr besteht.

Andererseits war der Auftrag des Bundesverfassungsgerichts an den Gesetzgeber nur auf die Schaffung eines Rechtsbehelfs bei Verletzung des Anspruchs auf rechtliches Gehör gerichtet. Von anderen Konstellationen war dabei zu keiner Zeit die Rede. Insofern könnte der Aussage der Verfassungshüter auch zu entnehmen sein, dass die Fälle, die nicht die Gehörsverletzung betreffen, durchaus weiterhin über die außerordentliche Beschwerde zu lösen wären. Somit hätte das Gesetzgebungsverfahren durchaus mit dem Hintergedanken betrieben werden können, dass letztlich die Fälle außerhalb der Gehörsverletzung weiterhin im Rahmen der bestehenden Rechtsprechung gelöst werden sollen. Dies zeigen auch die Gesetzesmaterialien. Darin wurde festgestellt, dass „die bisher in diesen Fällen zur Anwendung gekommenen außerordentlichen Rechtsbehelfe wie die außerordentliche Beschwerde oder die Gegenvorstellung [...] durch die Beschränkung dieses [Gesetzes-] Entwurfs auf eine Erweiterung der Rügemöglichkeiten bei Anhörungsverstößen nicht ausgeschlossen werden“[570] sollen. Ferner spricht der Gesetzgeber nur davon, dass die Anhörungsrüge als subsidiärer Rechtsbehelf ausgestaltet wurde. Darüber, dass bereits von der Rechtsprechung anerkannte Rechtsbehelfe nunmehr abgeschafft werden sollen, ist der Gesetzesbegründung nichts zu entnehmen. Vielmehr soll die Anhörungsrüge „nur dann zum Zuge kommen, wenn der Anhörungsverstoß nicht im Rahmen anderer zur Überprüfung der Entscheidung gegebener Rechtsbehelfe oder Rechtsmittel behoben werden kann“.[571] Was genau unter dem Begriff der gegebenen Rechtsbehelfe oder Rechtsmittel zu verstehen ist, bleibt offen. Allerdings lässt sich den Materialien nicht entnehmen, dass damit nur die gesetzlich vorgesehenen Rechtsbehelfe gemeint sind. Unter diesen Begriff könnten genauso auch die außerordentlichen gefasst werden.

Teilweise wird in Rechtsprechung[572] und Literatur[573] das Argument vorgebracht, die Schaffung außergesetzlicher Rechtsbehelfe durch die Gerichte verstoße gegen das verfassungsrechtliche Prinzip der Rechtsmittelklarheit. Dabei stellt sich jedoch die Frage, an wen sich diese Mahnung zu richten hat. Adressat hierbei waren nicht die Gerichte, sondern der Gesetzgeber. Bei der Rechtsmittelklarheit geht es darum, die Legislative dazu anzuhalten, im Rahmen des Prozessrechts die Rechtsmittel so auszugestalten, dass für jeden ohne große Umstände zu erkennen ist, unter welchen Voraussetzungen ein Rechtsmittel statthaft

570 BT-Drs. 15/3706, S. 14.
571 BT-Drs. 15/3706, S. 13.
572 BVerfGE 49, 252 ff.; NJW 2007, 2358; BGH NJW 2007, 3786.
573 Keidel/Meyer-Holz, Anh. § 58, Rn. 58; Bork/Jacoby/Schwab/Müther, Vor § 58, Rn. 11.

ist und welche Bedingungen zu erfüllen sind, damit es erfolgreich ist. Dieses Prinzip der Rechtsmittelklarheit enthält im Gegenzug allerdings nicht das Verbot für die Rechtsprechung, in bestimmten Ausnahmefällen eine weitere Überprüfung durchzuführen.

Das Prinzip der Rechtsmittelklarheit soll für den Rechtssuchenden klar und deutlich machen, welche Voraussetzungen er für ein erfolgreiches Rechtsmittel zu erfüllen hat. Es dient somit dem Schutz des Einzelnen. Aber auch die Möglichkeit der außergesetzlichen Korrektur bestimmter Entscheidungen dient dem Einzelnen. Wenn diese Alternative den Gerichten aber durch die Rechtsmittelklarheit genommen wird, dann kehrt sich der ursprüngliche Vorteil, die Voraussetzungen des jeweiligen Rechtsmittels klar zu erkennen, ins Gegenteil um. Plötzlich hätte der Rechtssuchende dort keine Chance mehr, gegen eine falsche Entscheidung vorzugehen, wo er dies vorher hatte. Diese Einschränkung des Rechtsschutzes war vom Bundesverfassungsgericht sicherlich nicht bezweckt.

In die gleiche Richtung geht das Argument, durch die außergesetzlichen Rechtsbehelfe würde die Rechtssicherheit auf Spiel gesetzt. Dies soll geschehen, weil sich einer der Beteiligten auf die letztinstanzliche Entscheidung verlassen hat, diese nunmehr aber durch einen außergesetzlichen Akt nochmals überprüft und ggf. geändert wird. Doch stellt sich dabei die Frage, ob sich die Beteiligten auf eine Entscheidung verlassen können, die greifbar gesetzeswidrig ist und dass diese grob falsche Entscheidung Bestand haben kann. Wenn zugunsten eines der Beteiligten eine Entscheidung gefällt wird, und diesem dessen Rechtsanwalt zugestellt wird, dann wird letzterer seinem Mandanten wohl offenbaren, dass diese etwas auf tönernen Füssen steht. Dies würde der Anwalt wohl schon deshalb machen, um bei einer eventuell späteren Abänderung nicht in die Haftung genommen zu werden, insbesondere dann, wenn sich sein Mandant auf die Entscheidung eingestellt hat. Schon allein aus diesem Grund kann sich niemand auf eine offensichtlich falsche Entscheidung verlassen und nicht damit rechnen, dass diese auch Rechtssicherheit entfaltet. Gerade in der freiwilligen Gerichtsbarkeit, in der ein Widerstreit zwischen Rechtssicherheit einerseits und öffentlichem Interesse an einer objektiv richtigen Entscheidung andererseits vorherrscht, muss jeder der Beteiligten damit rechnen, dass insbesondere bei einer grob falschen Entscheidung eine Änderung vorgenommen werden kann.

Diejenigen, welche die außerordentlichen Beschwerden nunmehr vollständig für ausgeschlossen halten, konnten bisher nicht erklären, wie sie die Fälle behandeln wollen, in denen zwar keine Verletzung des Anspruchs auf rechtliches Gehör stattfand, die aber dennoch durch ein krasses Unrecht geprägt sind. Der *BGH* rät dabei, der iudex a quo solle den von ihm begangenen Verstoß mittels einer Gegenvorstellung korrigieren.[574] Dies stellt eine Lösung dar, mit der sich der *BGH* in seinem eigenen Urteil widerspricht. Einerseits stellt er fest, dass eine außerordentliche Beschwerde gegen das Prinzip der Rechtsmittelklarheit verstößt. Andererseits aber schlägt er zur Abhilfe die Gegenvorstellung vor, die ebenso wenig im Gesetz geregelt ist. Anscheinend hat der *BGH* das Bedürfnis erkannt, fehlgegangene Entscheidungen korrigieren zu können und zu müssen. Er ist sich aber selbst nicht im Klaren darüber, wie eine solche Lösung auszusehen hat. Dies zeigt eine Entscheidung aus dem Jahre 2004 zum Insolvenzverfahren. In dieser hat der BGH über die in der Insolvenzordnung abschließend geregelten Beschwerdegründe hinaus eine Beschwerde zugelassen. Diese Durchbrechung des Enumerationsprinzips geschah wegen des Gebots des effektiven Rechtsschutzes aus Art. 19 Abs. 4 GG. Der *BGH* hält dies dort für geboten, wo in ein Grundrecht des Betroffenen eingegriffen wird und insofern seitens der jeweiligen Verfahrensordnung kein Rechtsmittel vorgesehen ist.[575] Von manchen wird diese Entscheidung bereits als neuer Einstieg in die (Wieder-) Zulassung der außerordentlichen Beschwerde gesehen.[576]

Auch zeigt eine weitere Entscheidung des BGH[577] zur freiwilligen Gerichtsbarkeit vom 14. März 2007, dass die außerordentliche Beschwerde noch nicht aufgegeben wurde. In diesem Verfahren musste sich das Gericht mit der Frage befassen, unter welchen Voraussetzungen eine nach § 68b Abs. 3 Satz 2 FGG unanfechtbare Anordnung dennoch überprüft werden kann. Zu überprüfen war die Anordnung einer psychiatrischen Untersuchung. Der *BGH* stellt hierbei fest, ohne dabei den Begriff der außerordentlichen Beschwerde explizit zu verwenden, dass der Betroffene trotz der Unanfechtbarkeit der Anordnung eine Beschwerde nach den §§ 19, 20 FGG einlegen konnte, wenn die Maßnahme einen existenziellen Eingriff in höchstpersönliche Rechte darstelle und deshalb objektiv willkürlich sei. Zwar stellt das Gericht heraus, dass dies nicht bei jeder zweifelsfrei rechtsfehlerhaften Entscheidung vorliege. Denn hinzukommen müsse, dass die Rechtsanwendung gemessen am Maßstab der Art. 3 Abs. 1 und 103 Abs. 1 GG nicht mehr verständlich sei und sich deshalb der Schluss nahe liege, dass die Entscheidung von sachfremden Erwägungen getragen werde.

Zwar könnten jetzt Gegner der außerordentlichen Beschwerde einwenden, der *BGH*[578] habe in einer späteren Entscheidung vom 23. Mai 2007 diese Ansicht wiederum revidiert. Denn dort habe das Gericht ebenso für die freiwillige

---

574 BGH NJW 2002, 1577.

575 BGH NJW 2004, 2015.

576 Jansen/Briesemeister, Vor §§ 19-30, Rn. 30.

577 BGH NJW 2007, 3575.

578 BGH NJW-RR 2007, 1295.

Gerichtsbarkeit die außerordentliche Beschwerde für nicht statthaft erachtet. Gegenstand dieser war eine Beschwerde über eine Endentscheidung eines Beschwerdegerichts. In diesem Verfahren hatte zunächst das Amtsgericht dem Antrag auf Ersetzung einer gerichtlichen Urkunde im Jahre 2001 stattgegeben. Ein später erneut gestellter Antrag wurde jedoch im Jahre 2004 zurückgewiesen. Gegen diesen Beschluss wurde Beschwerde erhoben, die vom Landgericht als unzulässig verworfen wurde. Im nächsten Schritt wurde die „weitere Beschwerde" eingelegt, die durch das Oberlandesgericht als außerordentliche Beschwerde behandelt wurde. Dieser wurde wegen greifbarer Gesetzeswidrigkeit stattgegeben und das Verfahren an das Landgericht zurückverwiesen. Letzteres hat dann die erste Entscheidung aus dem Jahre 2001 aufgehoben. Diese Entscheidung war Gegenstand der vom Landgericht als zulässig erachteten Rechtsbeschwerde. Diese war nunmehr nach Ansicht des *BGH* unstatthaft.

Gegenstand der vorgenannten Entscheidung des BGH war eine Endentscheidung. Die bereits erwähnten Entscheidungen aus den Jahren 2004 und 2007 betrafen jedoch unanfechtbare Zwischenentscheidungen. Insofern kann in die Ablehnung dieser Beschwerde durch den BGH nicht hineininterpretiert werden, das Gericht sehe generell keinen Anwendungsbereich mehr für diesen außerordentlichen Rechtsbehelf. Diesbezüglich ist dem Gericht zuzustimmen. Denn der BGH hielt dabei lediglich an dem Dogma fest, dass durch diese Beschwerde keine weitere Rechtsmittelinstanz eröffnet werden solle. Ansonsten würde die Gefahr bestehen, dass ein Ende des Rechtsmittelzuges nicht mehr abzusehen wäre.[579] *Brehm* sieht auch keine verfassungsrechtliche Pflicht, die fordert, eine Entscheidung mehrfach zu überprüfen. Ihm ist jedoch zuzustimmen, wenn es um richterliche Akte geht, für die das Gesetz nicht einmal eine erstmalige Überprüfung vorsieht. Denn in solch einem Fall ist das Gebot des effektiven Rechtsschutzes in Frage gestellt. Die außerordentliche Beschwerde, deren Grundlage gerade dieses Grundrecht bildet, bietet dem Betroffenen dann die letzte Möglichkeit, eine unanfechtbare Entscheidung doch noch richterlich überprüfen zu lassen.

Ein weiterer Anwendungsbereich der außerordentlichen Beschwerde liegt bei den Zwischen- und Nebenentscheidungen, die nicht durch eine Anfechtung der Hauptentscheidung korrigiert werden können. Ein Beispiel hierfür ist die Verweisung bei Unzuständigkeit des angerufenen Gerichts. Nach § 3 Abs. 3 Satz 1 FamFG ist diese Entscheidung unanfechtbar. Allerdings sah der Gesetzgeber in dieser mangelnden Überprüfbarkeit auch die Gefahr von willkürlichen Entscheidungen. Deshalb stellt dieser in der Gesetzesbegründung heraus, dass der verweisende Beschluss dann keine Bindungswirkung entfalte, wenn diesem

579 Brehm, FS Leipold, 821 [823].

keine rechtliche Grundlage innewohne und dieser dadurch objektiv willkürlich erscheine.[580] Jedoch führt die Maßgabe in der Gesetzesbegründung, dass eine willkürliche Verweisung zu keiner Bindungswirkung führe, noch nicht zur Lösung des Problems. Denn das verweisende Gericht geht davon aus, dass es die Rechtssache abgegeben hat. Das empfangende Gericht hingegen kann bei Beachtung der fehlenden Bindung keine Entscheidung treffen. Das Verfahren hängt somit „in der Luft". Die Beteiligten befinden sich im juristischen Niemandsland. Sich allein auf eine fehlende Bindungswirkung zu verlassen, reicht für den Abschluss des Verfahrens nicht aus.

Auch ist damit nicht die Frage geklärt, wie vorzugehen ist, wenn einer der Beteiligten vorträgt, die Verweisung entbehre jeglicher rechtlichen Grundlage. Es bleibt offen, ob hier das verweisende oder das abgebende Gericht entscheidet. Gerade in Anbetracht dieser Unwägbarkeiten ist die außerordentliche Beschwerde das Mittel der Wahl. Zumal hier nicht unbedingt auch das rechtliche Gehör verletzt wurde und somit die Anhörungsrüge dann ausscheidet. Durch die außerordentliche Beschwerde kann eine Entscheidung herbeigeführt werden, die für beide Gerichte bindend ist und den Beteiligten ermöglicht, das Verfahren ohne eine Rechtsunsicherheit weiterzubetreiben.

III. Zusammenfassung

Die Statthaftigkeit der Gegenvorstellung und der außerordentlichen Beschwerde ist – wie in anderen Verfahrensordnungen – auch in der freiwilligen Gerichtsbarkeit umstritten.

Die Gegenvorstellung ist dabei sowohl bei der Verletzung von Verfahrensgrundrechten als auch bei Vorliegen grober Verfahrensfehler statthaft. Dies ergibt sich einerseits aus Gründen der Rechtsstaatlichkeit, andererseits aus der Verfahrensökonomie. Dem steht auch das durch das Bundesverfassungsgericht aufgestellte Postulat der Rechtsmittelklarheit nicht entgegen. Denn dessen Adressat ist der Gesetzgeber und nicht die Rechtsprechung. Auch ist festzustellen, dass ein Konflikt zwischen der Gegenvorstellung und der in § 44 FamFG normierten Anhörungsrüge nicht besteht. Denn letztere bezieht sich ausschließlich auf die Verletzung des Gehörsanspruchs.

Auch die außerordentliche Beschwerde ist weiterhin insbesondere im Falle einer greifbaren Gesetzeswidrigkeit als statthaft anzuerkennen, was sich ebenso mit der Rechtsstaatlichkeit begründen lässt. Im Hinblick auf das Verhältnis zur Anhörungsrüge gehen manche zwar davon aus, dass durch diese die außeror-

580 BT-Drs. 16/6308, S. 175.

dentliche Beschwerde als überholt anzusehen ist. Auch hier ist festzustellen, dass dem ebenso nicht das Postulat der Rechtsmittelklarheit entgegensteht. Letztlich lässt sich damit aber nicht erklären, welcher Rechtsbehelf statthaft sein soll, wenn zwar keine Verletzung des Anspruchs auf rechtliches Gehör vorliegt, die Entscheidung aber dennoch von krassem Unrecht geprägt ist. Gerade für diese Fälle ist die außerordentliche Beschwerde der statthafte Rechtsbehelf.

H. Wiederaufnahme

Die Wiederaufnahme des Verfahrens war – im Gegensatz zu allen anderen Verfahrensordnungen – im FGG nicht geregelt.[581] Ein Großteil von Rechtsprechung und Literatur ließen eine Wiederaufnahme in Streitsachen zu. In den anderen Verfahren sollte eine Wiederaufnahme dann zulässig sein, wenn eine Korrektur der Entscheidung nach den Vorschriften des FGG nicht möglich war.

Mit Einführung des FamFG hat sich die Fragestellung zur Wiederaufnahme grundlegend geändert. § 48 Abs. 2 FamFG erklärt nunmehr die Wiederaufnahme auch in der freiwilligen Gerichtsbarkeit für statthaft. Damit wurde letztlich die zu dieser Fragestellung in Literatur und Rechtsprechung ganz überwiegende Ansicht, dass eine Wiederaufnahme dann als statthaft anzusehen ist, wenn alle anderen Rechtsbehelfe ausgeschöpft sind, in Gesetzesform überführt.[582] Jedoch legt diese Norm keine spezifischen Regelungen fest, sondern verweist vielmehr auf die entsprechenden Normen der Zivilprozessordnung. Dies wurde bewusst gewählt, um dem Ziel der Harmonisierung der Verfahrensordnungen Rechnung zu tragen.[583]

§ 48 Abs. 2 FamFG enthält eine Verweisung in die Zivilprozessordnung auf die Regelungen zur Wiederaufnahme. Diese Verweisung ist dynamisch angelegt. Dies bringt zwar den Vorteil mit sich, dass das Prozessrecht vereinheitlicht wird. Daraus ergeben sich jedoch auch Nachteile. Das fängt schon damit an, dass im Zivilprozess von den Parteien gesprochen wird, in der freiwilligen Gerichtsbarkeit jedoch der Begriff der Beteiligten vorherrscht. Beide Begriffe sind nicht deckungsgleich. Dies ergibt sich schon daraus, dass in der freiwilligen Gerichtsbarkeit der Verfahrensgegenstand anders strukturiert ist. Im FamFG wurde dieser Begriff in bewusster Abweichung zur Partei gewählt, damit bestimmten Personen die Möglichkeit zur Mitwirkung gegeben werden kann, anderen jedoch nicht.[584] Schon aus diesem Grund findet in § 7 FamFG eine Unterscheidung zwischen dem sog. Muss-Beteiligten (§ 7 Abs. 2 FamFG) und dem sog. Kann-Beteiligten (§ 7 Abs. 3 FamFG) statt. Eine solche Unterscheidung ist dem Zivilprozess fremd. *Abramenko*[585] verweist hier auf § 579 Abs. 1 Nr. 4 ZPO. Dort ist als Wiederaufnahmegrund der Fall geregelt, dass eine Partei nicht regelkonform vertreten war. Da in der freiwilligen Gerichtsbarkeit jedoch durch den Kann-

---

581 BayObLGZ 1948-51, Nr. 101 (S. 420); Jansen/Briesemeister, § 18, Rn. 55; Bassenge/Roth, § 18, Rn. 26.

582 BT-Drs. 16/6308, S. 198.

583 BT-Drs. 16/6308, S. 198.

584 Keidel/Zimmermann, § 7 FamFG, Rn 3.

585 Prütting/Helms/Abramenko, § 48, Rn. 23.

Beteiligten ein sehr weiter und vor allem offener Beteiligten-Begriff etabliert wurde, kann dies dazu führen, dass bei einem „beliebigen Beteiligten“ die Rechtskraft der Entscheidung hinterfragt werden muss. Verschärft wird dieses Problem noch dadurch, dass im Verfahren der freiwilligen Gerichtsbarkeit viele Beteiligte nur zur Wahrung des rechtlichen Gehörs geladen werden. *Abramenko* verweist in diesem Zusammenhang auf die Auseinandersetzung um den Versorgungsausgleich. Hier sind die Träger von Pensions- bzw. Rentenkassen am Verfahren beteiligt. Würde hier jedoch dem Gericht ein Fehler im Sinne des § 579 Abs. 1 Nr. 4 ZPO unterlaufen, so müsste das Verfahren nochmals durchgeführt werden, was u. U. auch zu einem erheblichen erneuten finanziellen Aufwand führen kann.

Ferner ist das der Wiederaufnahme in der ZPO zugrundeliegende Zwei-Parteien-System nicht ohne Weiteres auf das Verfahren der freiwilligen Gerichtsbarkeit übertragbar. *Abramenko* führt hierzu an, dass es hierbei zu einer Verschiebung der ursprünglichen Rollen der Beteiligten kommen würde. Als Beispiel kann hier wieder eine Entscheidung über den Versorgungsausgleich angeführt werden: Die Eheleute wären nunmehr die „Beklagten“, der Träger der Pensions- und Rentenkasse der „Kläger“. Dieses Problem wirkt sich im Übrigen auch dann aus, wenn es sich um eine sog. echte Streitsache handelt. Darüber hinaus führt *Abramenko* an, dass in § 580 Nr. 1 ZPO der Begriff „Gegner“ verwendet wird, was auf einen entsprechenden Gegensatz zwischen den Beteiligten hinweist. Dies wirft im Ergebnis die Frage auf, ob die Wiederaufnahme in der freiwilligen Gerichtsbarkeit nur dort ihre Anwendung finden kann, wo ein solch konträres Gegenüberstehen gegeben ist. Dies verneint *Abramenko* allerdings. Denn er stellt fest, dass der Gesetzgeber eine Beschränkung auf diese Konstellationen nicht beabsichtigt hat, was sich letztlich auch aus § 48 Abs. 2 FamFG ergibt.

Zur Lösung dieses Problems schlägt *Abramenko*[586] vor, danach zu entscheiden, ob derjenige Beteiligte, der behauptet, seine Rechte seien im Verfahren verletzt worden, beschwert i. S. d. § 59 FamFG ist. Nur beim Vorliegen einer Beschwer im Sinne dieser Norm besteht ein Interessengegensatz, der Parallelen zu der Wiederaufnahme im Zivilprozess aufweist. Konsequenterweise folgert *Abramenko* daraus, dass die §§ 578 ff. ZPO in der freiwilligen Gerichtsbarkeit uneingeschränkt im Rahmen der sog. echten Streitsachen Anwendung finden können. Außerhalb der echten Streitsachen sollen die Regelungen über die Wiederaufnahme auch dort anwendbar sein, wo eine größere Anzahl Beteiligter besteht, die in gleicher Weise ihr Recht verfolgen. Hier möchte *Abramenko* jedem beschwerdeberechtigten Beteiligten die auf die Partei zugeschnittenen Rechte

586 Prütting/Helms/Abramenko, § 48, Rn. 24.

der §§ 578 ff. ZPO zubilligen. Dadurch sollen sich auch die Fälle lösen lassen, in denen mehrere Beteiligte vorhanden sind, diese aber in ganz unterschiedlicher Weise am Ausgang des Verfahrens interessiert sind. Denn durch die Beschwerdeberechtigung hat er eine Position im Verfahren erlangt, die ihm zunächst die Möglichkeit einräumt, die erstinstanzliche Entscheidung anzufechten. Daraus soll sich dann auch die Konsequenz ergeben, dass dieser auch Verfahrensfehler im Rahmen der Wiederaufnahme geltend macht. Diese Grundsätze sollen sich auch auf das Amtsverfahren übertragen lassen.

Abramenko ist zuzustimmen, wenn er fordert, dass die Prämissen der zivilprozessualen Wiederaufnahme nicht einfach auf die freiwillige Gerichtsbarkeit übertragen werden können. Zu unterschiedlich sind die einzelnen Konstellationen. Wo es im Zivilprozess nur darum geht, über zwei gegensätzliche Interessen zu entscheiden, müssen im FamFG umfassendere Problemkreise berücksichtigt werden. Zwar kennt die freiwillige Gerichtsbarkeit auch das Gegenüberstehen der Beteiligten. In vielen Konstellationen geht es jedoch über diese Situation hinaus. Dann nämlich, wenn mehr als zwei Beteiligte im Verfahren involviert sind und nicht ausschließlich konträre Interessen vertreten. Gerade dann empfiehlt es sich, danach zu unterscheiden, wer im Verfahren beschwert ist. Dadurch kann einerseits festgestellt werden, wer konkret antragsberechtigt ist. Andererseits kann die Anzahl der Berechtigten nicht ausufern, insbesondere vor dem Hintergrund, dass über § 7 Abs. 3 FamFG grundsätzlich beliebig viele Personen im Verfahren beteiligt werden können.

Weiterhin würde man den Anspruch auf richterliches Gehör stark strapazieren, wenn nur den Muss-Beteiligten die Möglichkeit der Wiederaufnahme eröffnet werden würde. Dann würde es vom Beteiligten-Begriff abhängen, wem konkret richterliches Gehör zusteht. Gerade bei den Kann-Beteiligten, die von Amts wegen seitens des Gerichts hinzugezogen wurden, würde die Verweigerung der Möglichkeit der Wiederaufnahme zu absurden Ergebnissen führen: Einerseits wünscht das Gericht deren Beteiligung, andererseits soll diesen dann jedoch nicht der gesamte Rechtsmittel-Kanon zur Verfügung stehen. Die logische Konsequenz wäre die Erhebung einer Gehörsrüge.

I. Wiederaufnahme von Amts wegen

Die Wiederaufnahme in der Zivilprozessordnung ist als Klage ausgestaltet, wie sich aus § 578 Abs. 2 ZPO ergibt. Dies erfordert insofern ein Tätigwerden der Parteien. Dagegen geht § 48 Abs. 1 FamFG grundsätzlich davon aus, dass eine Entscheidung in der freiwilligen Gerichtsbarkeit auch von Amts wegen abgeändert werden kann. Somit stellt sich die Frage, ob auch eine Wiederaufnahme durch das Gericht selbst initiiert werden kann.

1. Ablehnende Ansicht

Stimmen in der Literatur lehnen eine Wiederaufnahme von Amts wegen ab.[587] Dies ergibt sich zunächst aus der entsprechenden Anwendung des § 586 ZPO. Weiterhin geht der Gesetzgeber davon aus, dass diese nur auf Antrag erfolgen kann.[588]

2. Zustimmende Ansicht

Dagegen geht *Ulrici*[589] davon aus, dass durchaus eine Wiederaufnahme auch von Amts wegen stattfinden kann. Er begründet dies mit den Eigenarten der freiwilligen Gerichtsbarkeit. Denn nur so können die Eigenarten des Amtsverfahrens berücksichtigt werden. Dies ist gerade deshalb notwendig, weil dem Gericht in diesem Bereich die Fürsorge für bestimmte Interessen übertragen wird, und zwar unabhängig vom Tätigwerden eines Beteiligten.

3. Stellungnahme

Gegen eine Wiederaufnahme von Amts wegen im Bereich der Amtsverfahren lassen sich keine stichhaltigen Gründe vorbringen. Wer für dieses Verfahren ein amtswegiges Vorgehen ablehnt, stellt die Grundsätze der freiwilligen Gerichtsbarkeit in Frage. Eine für die freiwillige Gerichtsbarkeit maßgebende Maxime ist die Fürsorge gegenüber bestimmten Personen. Aus diesem Grunde gibt es das Amtsverfahren. Hier ist es schon nicht erforderlich, dass die von der Fürsorge betroffene Person keinen Antrag zur Einleitung des Verfahrens stellen muss.[590] Ferner wurde dem Gericht außerhalb der Antragsverfahren die Kompetenz zugesprochen, eine erlassene Entscheidung auch ohne Antrag abzuändern. Bei der Wiederaufnahme soll nunmehr jedoch ohne Grund und in Abweichung von der eigentlichen Systematik ein Antrag erforderlich sein. Es bleibt offen, warum

---

587 Keidel/Engelhardt, § 48 FamFG, Rn. 28; Prütting/Helms/Abramenko, § 48, Rn. 25; Bumiller/Harders, § 48 FamFG, Rn. 10; Bassenge/Roth, § 48, Rn. 7; Bahrenfuss/Rüntz, § 48, Rn. 27; Schulte-Bunert/Weinreich/Oberheim, § 48, Rn. 21; Bork/Jacoby/Schwab/Elzer, § 48 FamFG, Rn. 26; Schulte-Bunert, Rn. 215.

588 BT-Drucks. 16/6308, S. 198.

589 MüKo-ZPO/Ulrici, § 48 FamFG, Rn. 15.

590 Brehm, 4. Aufl., § 10, Rn. 3.

beim Amtsverfahren, in dem das Gericht Herrin des Verfahrend ist, nunmehr bei der Wiederaufnahme keine Kompetenzen mehr haben soll. Zwar sieht dies auch die Gesetzesbegründung so vor. Diese bleibt jedoch auf halbem Wege stehen. Denn sie äußert sich nicht dazu, wie bei einem Antragsverfahren vorzugehen ist. Die Aussagen des Gesetzgebers sind hierzu viel zu allgemein, um daraus einen Schluss für alle Verfahrensarten der freiwilligen Gerichtsbarkeit zu ziehen. Der Gesetzgeber hat anscheinend dem Ziel der Harmonisierung der verschiedenen Verfahrensordnungen mehr Gewicht beigemessen als dass eine Regelung entwickelt wurde, die auf die Eigenschaften einer jeden Verfahrensart eingeht.

Abramenko[591] spricht ferner davon, dass das Gericht in keinem Fall von Amts wegen tätig werden „muss". Was im Umkehrschluss bedeutet, dass das Gericht hier jedoch tätig werden kann.

Ferner kann auch die Begründung, dass im Rahmen der alten Rechtslage ebenso ausschließlich das Gericht auf Antrag tätig wurde, nicht überzeugen. Im FGG war die Wiederaufnahme überhaupt nicht vorgesehen. Diese konnte nur über eine analoge Anwendung der Regelungen der §§ 578 ff. ZPO umgesetzt werden. Eine analoge Anwendung stellt jedoch eine Ausnahme dar. Dementsprechend können die in diesem Zusammenhang angewandten Normen nicht weiter ausgedehnt werden, als sie in der ursprünglichen Form vorliegen. Im FamFG hat der Gesetzgeber nunmehr jedoch die Wiederaufnahme geregelt, indem er eine entsprechende Anwendung der Regelungen des Zivilprozesses eröffnete. Allerdings ließ er dabei offen, inwiefern die ZPO-Normen auf die einzelnen Verfahrensarten der freiwilligen Gerichtsbarkeit anzuwenden sind.

Auch spricht der Umstand, dass Bezug auf die Wiederaufnahme der ZPO genommen wird, ebenso dafür, dass eine Wiederaufnahme von Amts wegen nicht ausgeschlossen ist. Die in § 48 Abs. 2 FamFG vorliegende Verweisungsform stellt eine sog. Verweisungsanalogie dar. Diese ist gekennzeichnet durch die Verwendung der Begriffe „sinngemäß", „analog" oder auch „entsprechend".[592] Dadurch erspart sich der Gesetzgeber eine ausführliche Parallelregelung,[593] was jedoch auch Unklarheiten mit sich bringt.[594] Verstärkt wird dieses Problem noch dadurch, dass sich die Tatbestände von Verweisungsnorm und Verweisungsobjekt nicht decken, sondern nur ähnlich sind und dadurch die Regelung des Verweisungsobjekts nicht unverändert übernommen werden kann.[595] Denn allein durch die entsprechende Anwendung der Regelungen der Wieder-

591 Prütting/Helms/Abramenko, § 48, Rn. 25.

592 Debus, S. 55.

593 Schneider, Rn. 376.

594 Maties, JR 2007, 265.

595 Karpen, S. 78.

aufnahme in der ZPO bedeutet dies nicht automatisch, dass diese nunmehr strikt auch auf die Verfahren der freiwilligen Gerichtsbarkeit anzuwenden sind. Durch eine entsprechende Anwendung wird nicht unmittelbar der Inhalt des Verweisungsziels inkorporiert. Schon aus diesem Grund sind unsachgemäße Gleichsetzungen zu vermeiden und darf eine Differenzierung, die sich an den zu regelnden Sachverhalten und den unterschiedlichen Gesetzeszwecken orientiert, nicht ausgeschlossen werden.[596] Hierin liegt der Unterschied zu einer strikten bzw. unmittelbaren Verweisung.[597] Dies bedeutet somit, dass die Verweisung in § 48 Abs. 2 FamFG nicht dazu führt, dass die Vorschriften der ZPO zur Wiederaufnahme nicht strikt auch in der freiwilligen Gerichtsbarkeit anzuwenden sind, sondern dass durch die entsprechende Anwendung durch den Gesetzgeber ein Spielraum geschaffen wurde, der es erlaubt, die ZPO-Vorschriften an die Gegebenheiten des FamFG anzupassen. Insofern steht § 48 Abs. 2 FamFG einer Wiederaufnahme von Amts wegen nicht entgegen; denn wenn es möglich ist, ein Verfahren von Amts wegen einzuleiten, dann muss daraus zwangsläufig auch folgen, dass alle folgenden Verfahrenshandlungen ebenso von Amts wegen initiiert werden können.

Auch in anderen Verfahrensordnungen erfolgt eine entsprechende Verweisung auf die ZPO-Vorschriften zur Wiederaufnahme. Dies ist etwa in § 179 SGG der Fall. Im Bereich der Sozialgerichtsbarkeit ist jedoch allgemein anerkannt, dass die ZPO-Regelungen nur insoweit anwendbar sind, soweit dies mit den Verfahrensgrundsätzen dieser Gerichtsbarkeit vereinbar ist.[598]

II. Wiederaufnahme in Sondervorschriften

1. Verschollenheitsgesetz

In Verschollenheitssachen enthält das sog. Todeserklärungsverfahren in den §§ 30 bis 33a VerschG[599] sowie in Art. 2 § 3 VerschÄndG[600] eine Regelung darüber, unter welchen Voraussetzungen eine Wiederaufnahme des Verfahrens möglich ist.[601] Dabei stellt sich die Frage, ob neben diesen Regelungen auch die

596 Larenz, S. 251; BSG SozR 4-1500 § 160 Nr. 5; BFHE 158, 185 [187].

597 Clemens, AöR 111, 79.

598 Lüdtke, § 179, Rn. 4; Meyer-Ladewig/Leitherer, § 179, Rn. 1.

599 Verschollenheitsgesetz vom 4. Juli 1939, RGBl. I, S. 1186 ff, in der Fassung vom 15. Januar 1951, BGBl. I, S. 63 ff.

600 Gesetz zur Änderung von Vorschriften des Verschollenheitsrechts vom 15. Januar 1951, BGBl. I, S. 59 ff.

601 BayObLG NJW 1959, 1970 [1971].

Vorschriften der ZPO über die Wiederaufnahme angewandt werden können. Dies wurde teilweise verneint.[602] In der Rechtsprechung hingegen finden die §§ 587 ff. ZPO neben den Verfahrensvorschriften des Verschollenheitsgesetzes Anwendung.[603] Denn gerade bei Verstößen gegen die Lauterkeits- und Wahrheitspflicht oder bei Erschütterung der Entscheidungsgrundlage kann das Verfahren im Verschollenheitsrecht die Wiederaufnahme nicht ersetzen. Ferner lässt sich nur so eine Rückwirkung erreichen.[604]

2. Landwirtschaftssachen und Höfe-Recht

Auch in Landwirtschaftssachen war zunächst für die damalige britische Besatzungszone in § 37 Abs. 4 der Verfahrensordnung für Landwirtschaftssachen (LVO)[605] ein der Wiederaufnahme nachgebildeter Rechtsbehelf vorgesehen. Diese Regelung wurde durch die gänzliche Aufhebung der LVO im Rahmen des § 26 der Verfahrensordnung für Höfesachen (HöfeVfO)[606] im Jahre 1976 abgeschafft. Als Nachfolgevorschrift sollte § 11 HöfeVfO dienen,[607] der aber keine dem § 37 Abs. 4 LVO entsprechende Norm enthält. § 12 Abs. 2 HöfeVfO wird als Wiederaufnahmenorm angesehen.[608]

III. Zusammenfassung

Im FamFG ist die Wiederaufnahme – im Vergleich zum FGG – ausdrücklich in § 48 Abs. 2 FamFG geregelt. Dabei bediente sich der Gesetzgeber eines Verweises in die Vorschriften der Zivilprozessordnung zur Wiederaufnahme. Dieser Umstand bringt jedoch die Frage mit sich, wer der ursprünglich Beteiligten das Wiederaufnahme-Verfahren initiieren kann, zumal die ZPO von einem Zwei-Parteien-System ausgeht. Aus diesem Grund ist für dieses Recht danach zu unterscheiden, ob eine Beschwer im Sinne des § 59 FamFG vorliegt.

Als weitere Frage resultiert aus dem Verweis in die ZPO, ob eine Wiederaufnahme auch von Amts wegen möglich ist. Eine Verneinung würde jedoch die

602 Jansen/Briesemeister, § 18, Rn. 58.
603 OLG Neustadt/Weinstr. MDR 1956, 238.
604 OLG Neustadt/Weinstr. MDR 1956, 238 [239].
605 Verfahrensordnung für Landwirtschaftssachen (LVO) vom 2. Dezember 1947, Verordnungsblatt für die Britische Zone, S. 157 ff.
606 Art. 2 des Zweiten Gesetzes zur Änderung der Höfeordnung vom 29. März 1976, BGBl. I, S. 881 ff.
607 Faßbender, § 26 HöfeVfO, Rn. 1.
608 Faßbender/Hötzel, § 12 HöfeVfO, Rn. 2 ff.

Grundsätze der freiwilligen Gerichtsbarkeit unterlaufen, die eben auch ein Handeln von Amts wegen beinhalten. Weiterhin lässt sich dem Gesetzeswortlaut nichts Gegenteiliges entnehmen.

I. Zusammenfassung

Die seit mehreren Jahrzehnten andauernden Reformüberlegungen in der freiwilligen Gerichtsbarkeit mündeten im Jahre 2009 in das Inkrafttreten des Gesetzes über das Verfahren in Familiensachen und in den Angelegenheiten der freiwilligen Gerichtsbarkeit. Ziel dieser Generalreform war unter anderem, Regelungslücken zur Gestaltung einer zusammenhängenden Verfahrensordnung zu schließen. Dabei sollte einerseits das Gesetz anhand der Erkenntnisse aus dem FGG weiterentwickelt werden, andererseits jedoch auch die bereits bestehende Elastizität erhalten bleiben. Weiterhin lag dem Gesetzgeber daran, die Regelungen der freiwilligen Gerichtsbarkeit mit den anderen Verfahrensordnungen abzustimmen. Dies sollte insbesondere die Abschaffung der im Vergleich zu anderen Systemen bestehenden Abweichungen bedeuten. Beabsichtigt war in diesem Zusammenhang die Stärkung der Übersichtlichkeit des Gesetzeswerkes und der Rechtssicherheit.[609]

Im Hinblick auf die Abänderbarkeit von Entscheidungen war die Reform nicht vollumfassend. Zwar wurden einige aus dem FGG bekannten Problemkreise entschärft. Andere Bereiche hingegen wurden entweder gänzlich übergangen oder nur ansatzweise gelöst. So ließ der FamFG-Gesetzgeber die Frage der materiellen Rechtskraft ungeklärt. Für deren Feststellung ist weiterhin auf die bereits zur alten Rechtslage entwickelten Grundsätze zurückzugreifen. Dies bedeutet, dass nicht generell von den Wirkungen der materiellen Rechtskraft ausgegangen werden kann. Vielmehr muss wegen der Vielschichtigkeit der Verfahren im FamFG jeweils nach dem Einzelfall über diese Wirkung entschieden werden. Eine allgemeine Aussage, ob nun in der freiwilligen Gerichtsbarkeit in allen Verfahren die Entscheidungen materiell rechtskräftig werden, lässt sich damit nicht treffen.

Das FamFG geht – im Gegensatz zu den Grundsätzen des FGG – im Allgemeinen von der Befristung der Rechtsmittel aus. Dadurch wurde einerseits ein Gleichlauf mit der Beschwerde im Zivilprozess erreicht, denn dort existiert eine unbefristete Beschwerde nicht mehr. Weiterhin kann dadurch eine Verfahrensbeschleunigung erreicht werden. Die Verwirkung, die im FGG durch die unbefristeten Rechtsmittel ein Problem darstellte, hat sich in diesem Kontext nunmehr in weiten Teilen erübrigt. Der Eintritt der formellen Rechtkraft lässt sich durch die befristeten Rechtsmittel erheblich einfacher feststellen.

Eine Abänderung ist nach der neuen Gesetzeslage nur dann abänderbar, wenn sich die zugrundeliegende Sach- oder Rechtslage wesentlich geändert hat. Der Gesetzgeber hat sich jedoch zum Kriterium der Wesentlichkeit nicht explizit

609 BT-Drs. 16/6308, S. 164.

geäußert. Dabei kann auf die bereits zur Zivilprozessordnung entwickelten Überlegungen zu dieser Begrifflichkeit zurückgegriffen werden. Dies darf jedoch insbesondere bei betragsmäßigen Änderungen der zugrundeliegenden Umstände nicht dazu führen, dass an starren Betrags- oder Prozentsätzen festgehalten wird. Vielmehr ist bei auf solchen Änderungen fußenden Abänderungen auf den konkreten Einzelfall abzustellen. Dies bedeutet, dass die bereits etablierten Grenzen zwar als Anhaltspunkte dienen können, das konkrete Moment jedoch nicht aus den Augen verloren werden darf.

Bei den sog. Nachtragsentscheidungen wurden die zur bisherigen Rechtslage etablierten Erkenntnisse in weiten Zügen in das FamFG übernommen. Nunmehr ist normiert, dass ein Beschluss bei offenbaren Unrichtigkeiten berichtigt sowie dieser bei einem übergangenen Antrag oder einer unterbliebenen Kostenentscheidung ergänzt werden kann. Lediglich die Frage, ob auch der Tatbestand eines Beschlusses berichtigt werden kann, wurde vom Gesetzgeber verneint. Allerdings gibt es trotz der an einen Beschluss gestellten geringen formalen Anforderungen in bestimmten Konstellationen ein Bedürfnis nach solch einer Korrektur.

In der freiwilligen Gerichtsbarkeit wurde nunmehr die Wiederaufnahme ausdrücklich geregelt. Jedoch verweist das FamFG hier auf die in der Zivilprozessordnung festgelegten Voraussetzungen. Diese der Rechtsvereinheitlichung geschuldeten Verweisung wirft jedoch mehr Probleme auf, als dass sie zur Klärung beiträgt. Der Gesetzgeber hat hier übersehen, dass die in der ZPO geregelte Wiederaufnahme von einem Zwei-Parteien-System ausgeht. Die freiwillige Gerichtsbarkeit kennt diese Konstellation nur in einem Teilbereich. In anderen Verfahren sind somit die Grundsätze der ZPO nicht ohne Weiteres übertragbar. Auch ließ der Gesetzgeber ungeklärt, ob auch eine Wiederaufnahme von Amts wegen möglich ist. Aus diesem Schweigen kann zumindest entnommen werden, dass diese nicht ausgeschlossen sein soll. Deren Zulässigkeit ergibt sich schon aus dem der freiwilligen Gerichtsbarkeit innewohnenden Fürsorgegedanken.

Literaturverzeichnis

Abramenko, Andrik: Die Anhörungsrüge nach dem neuen FamFG: Praktische Probleme und Lösungen. *in*: Praxis der Freiwilligen Gerichtsbarkeit 2009, S. 198 ff.

Bahrenfuss, Dirk: FamFG – Gesetz über das Verfahren in Familiensachen und in den Angelegenheiten der freiwilligen Gerichtsbarkeit. Berlin: 2009, zit.: Bahrenfuss/Bearbeiter, §, Rn.

Bärmann, Johannes: „Echtes Streitverfahren" in der freiwilligen Gerichtsbarkeit. *in*: Archiv für civilistische Praxis 154 (1955), S. 373 ff.

ders.: Freiwillige Gerichtsbarkeit und Notarrecht. Berlin, Heidelberg, New York: 1968, zit.: Bärmann, Freiwillige Gerichtsbarkeit, §.

Bärmann, Johannes; *Pick*, Eckhart; *Merle*, Werner: Wohnungseigentumsgesetz. 9. Auflage. München: 2003, zit.: Bärmann/Pick/Merle, §, Rn.

Bartholomeyczik, Horst: Erbeinsetzung, andere Zuwendungen und Erbschein. Tübingen: 1942, zit.: Bartholomeyczik, Erbeinsetzung, S.

Bassenge, Peter; *Roth*, Herbert: Gesetz über die Angelegenheiten der freiwilligen Gerichtsbarkeit. Rechtspflegergesetz. 11. Auflage. Heidelberg: 2007, zit.: Bassenge/Roth, §, Rn.

Baumbach, Adolf; *Lauterbach*, Wolfgang: Zivilprozessordnung mit Gerichtsverfassungsgesetz und anderen Nebengesetzen. 26. Auflage. München: 1961, zit.: Baumbach/Lauterbach, 26. Aufl., §, Anm.

Baumbach, Adolf; *Lauterbach*, Wolfgang; *Albers*, Jan; *Hartmann*, Peter: Zivilprozessordnung mit Gerichtsverfassungsgesetz und anderen Nebengesetzen. 70. Auflage. München: 2012, zit.: BLAH, §, Rn.

Baumgärtel, Gottfried: Die Verwirkung prozessualer Befugnisse im Bereich der ZPO und des FGG. *in*: Zeitschrift für Zivilprozess, Band 67 (1954), S. 423 ff.

ders.: Die Zulässigkeit er Wiederholung einer Beschwerde nach Erschöpfung des Instanzenzuges. *in*: Juristen-Zeitung 1959, 437 ff.

Baur, Fritz: Freiwillige Gerichtsbarkeit. 1. Buch: Allgemeines Verfahrensrecht. Tübingen: 1955, zit.: Baur, §.

Bettermann, Karl August: Das erfolglose Vorverfahren als Prozessvoraussetzung des verwaltungsgerichtlichen Verfahrens. *in*: Deutsches Verwaltungsblatt 1959, S. 308 ff.

Birkenbihl, Ferdinand: Die freiwillige Gerichtsbarkeit. Berlin: 1900, zit.: Birkenbihl, §, Ziff.

Birr, Christiane: Verjährung und Verwirkung. 2. Auflage. Berlin: 2006, zit.: Birr, Verwirkung, Rn.

Bonvie, Horst: Änderung von Entscheidungen der freiwilligen Gerichtsbarkeit. Berlin: 1982, zit.: Bonvie, S.

Bork, Reinhard: Die Erneuerung der Freiwilligen Gerichtsbarkeit aus deutscher Sicht. *in*: Zeitschrift für Zivilprozeß. Band 117 (2004), S. 399 ff.

Bork, Reinhard; *Jacoby*, Florian; *Schwab*, Dieter: FamFG – Kommentar zum Gesetz über das Verfahren in Familiensachen und in den Angelegenheiten der freiwilligen Gerichtsbarkeit. Bielefeld: 2009, zit.: Bork/Jacoby/Schwab/Bearbeiter, §, Rn.

Bosch, F. W.: Zivilprozeß und Freiwillige Gerichtsbarkeit. *in*: Archiv für civilistische Praxis 149 (1944), 32 ff.

Bötticher, Eduard: Abänderbarkeit und Rechtskraft im Funktionsbereich der Freiwilligen Gerichtsbarkeit. *in*: Juristen-Zeitung 1956, S. 582 ff.

Braun, Johann: Grundfragen der Abänderungsklage. Tübingen: 2004, zit.: Braun, Abänderungsklage, S.

Braun, Johann: Zinstitel und Abänderungsklage. *in*: Zeitschrift für Zivilprozeß. Band 108 (1995), S. 319 ff.

Brehm, Wolfgang: Die außerordentliche Beschwerde in der freiwilligen Gerichtsbarkeit. *in*: Festschrift für Dieter Leipold zum 70. Geburtstag, S. 821 ff. Tübingen: 2009.

ders.: Freiwillige Gerichtsbarkeit. 3. Auflage. Stuttgart: 2002, zit.: Brehm, Rn.

ders.: Freiwillige Gerichtsbarkeit. 4. Auflage. Stuttgart: 2009, zit.: Brehm, 4. Aufl., §, Rn.

Bühl, Günter: Unterhaltsrecht. 2. Auflage. Bielefeld: 1963, zit.: Bühl, Unterhaltsrecht, S.

Bumiller, Ursula; *Harders*, Dirk: Gesetz über das Verfahren in Familiensachen und in den Angelegenheiten der freiwilligen Gerichtsbarkeit (FamFG). 9. Auflage. München: 2009, zit.: Bumiller/Harders, §, Rn.

Bumiller, Ursula; *Winkler*, Karl: Freiwillige Gerichtsbarkeit. 8. Auflage. München: 2006, zit.: Bumiller/Winkler, §, Rn.

Buß, Thomas: De minimis non curat lex. *in*: Neue Juristische Wochenschrift 1998, S. 337 ff.

Chlosta, Joachim: Zulässigkeit er außerordentlichen Beschwerde. *in:* Neue Juristische Wochenschrift 1993, S. 2160 ff.

Clemens, Thomas: Die Verweisung von einer Rechtsnorm auf andere Vorschriften. *in*: Archiv des öffentlichen Rechts 111 (1986), S. 63 ff.

Debus, Clemens: Verweisungen in deutschen Rechtsnormen. Berlin: 2008, zit.: Debus, S.

Demharter, Johann: Gesetzesentwurf zur Änderung des WEG und anderer Gesetze – Ein kritischer Überblick über die wichtigsten Änderungen. *in*: Neue Zeitschrift für Miet- und Wohnungsrecht 2006, S. 489 ff.

Di Fabio, Udo: Die Ermessensreduzierung. *in*: Verwaltungsarchiv 86 (1995), S. 214 ff.

Dorndorf, Eberhard: Rechtsbeständigkeit von Entscheidungen und Wiederaufnahme des Verfahrens in der Freiwilligen Gerichtsbarkeit. Bielefeld: 1969, zit.: Dorndorf, S.

Dorner, Emil: Das Reichsgesetz über die Angelegenheiten der freiwilligen Gerichtsbarkeit. Karlsruhe: 1899, zit.: Dorner, §, Ziff.

Drewes, Fritz: Einziehung und Kraftloserklärung von Erbscheinen und Testamentsvollstreckerzeugnissen. *in:* Juristische Wochenschrift 1926, S. 2427 ff.

Dütz, Wilhelm: Rechtsstaatlicher Gerichtsschutz im Privatrecht. Bad Homburg v.d.H., Berlin, Zürich: 1970, zit.: Dütz, Gerichtsschutz, S.

Eger, Georg: Reichs-Haftpflicht-Gesetz betreffend die Verbindlichkeit zum Schadensersatz für die bei dem Betriebe von Eisenbahnen, Bergwerken, Steinbrüchen, Gräbereien und Fabriken herbeigeführten Tödtungen und Körperverletzungen vom 7. Juni 1871. Breslau: 1876, zit.: Eger, Reichs-Haftpflicht-Gesetz, S.

Engel, Hans-Ulrich: Beweisinterlokut und Beweisbeschluß im Zivilprozeß. Köln, Berlin; Bonn, München: 1992, zit.: Engel, S.

Erichsen, Hans-Uwe; *Knoke*, Ulrich: Bestandskraft von Verwaltungsakten. *in*: Neue Zeitschrift für Verwaltungsrecht 1983, S. 185 ff.

Erman, Walter: Bürgerliches Gesetzbuch. Band 2: §§ 759 – 2385. 13. Auflage. Köln: 2011, zit.: Erman/Bearbeiter, §, Rn.

Eyermann, Erich: Verwaltungsgerichtsordnung. 12. Auflage. München: 2006, zit.: Eyermann, §, Rn.

Faßbender, Hermann J.; *Hötzel*, Hans-Joachim; *von Jeinsen*, Ulrich; *Pikalo*, Alfred: Höfeordnung. 3. Auflage: Münster: 1994, zit.: Faßbender, §, Rn.

Fastrich, Lorenz: Revisibilität der Ermittlung ausländischen Rechts. *in*: Zeitschrift für Zivilprozeß, Band 97 (1984), S. 423 ff.

Fehnel, Hans-Werner: Hausratsverordnung. Berlin: 1986, zit.: Fehnel, Hausratsverordnung, §, Rn.

Freudenthal, Hugo; *Sauerländer*, Johann David: Zivilprozessordnung nebst dem Einführungsgesetz und den zugehörigen Nebengesetzen. 4. Auflage. München: 1926, zit.: Freudenthal/Sauerländer, §, Anm.

Gäbelein, Wolfgang: Zur Abänderbarkeit von Entscheidungen. *in*: Juristen-Zeitung 1955, S. 260 ff.

ders.: Grenzen der Abänderbarkeit nach § 18 Absatz 1 FGG. Frankfurt am Main: 1951, zit.: Gäbelein, S.

Gaul, Dieter: Die Durchsetzung des Schutzes eines betriebsgeheimen Knowhow. *in*: Wettbewerb in Recht und Praxis 1988, S. 215 ff.

Gaul, Hans Friedhelm: Bemerkungen zur Wiederaufnahme im geltenden und künftigen Recht der freiwilligen Gerichtsbarkeit. *in*: Festschrift für Walther J. Habscheid zum 65. Geburtstag. S. 99 ff. Bielefeld: 1989.

Germelmann, Claas-Hinrich; *Matthes*, Hans-Christoph; *Prütting*, Hanns; *Müller-Glöge*, Rudi: Arbeitsgerichtsgesetz. 7. Auflage. München: 2009, zit.: GMP/Bearbeiter, §, Rn.

Gern, Alfons: Die Ermessensreduzierung auf Null. *in*: Deutsches Verwaltungsblatt 1987, S. 1194 ff.

Graba, Hans-Ulrich: Die Abänderung von Unterhaltsvergleich und Unterhaltstitel. *in*: Neue Juristische Wochenschrift 1988, 2343 ff.

Gruber, Urs Peter: Nachträgliche Sachverhaltsänderung im FGG-Verfahren. *in*: Der deutsche Rechtspfleger 1999, S. 478 ff.

Günter, Peter: Rechtssicherheit vs. materielle Gerechtigkeit – Außerordentliche Rechtsbehelfe im Zivilprozess. Hamburg: 2006, zit.: Günter, Rechtssicherheit, S.

Habscheid, Walther J.: Freiwillige Gerichtsbarkeit. 7. Auflage. München: 1983, zit.: Habscheid, §.

ders.: Schiedsverfahren und Freiwillige Gerichtsbarkeit. *in:* Zeitschrift für Zivilprozeß 66 (1953), 188 ff.

Hahn, Carl; *Mugdan*, Benno: Die gesamten Materialien zu den Reichs-Justizgesetzen. Band 7: Materialien zum Gesetz über die Angelegenheiten der freiwilligen Gerichtsbarkeit. Aalen: 1983 (Neudruck der Ausgabe Berlin, 1898.), zit.: Hahn/Mugdan, S.

Hähnlein, Uwe: Der Vorbescheid im Erkenntnisverfahren der freiwilligen Gerichtsbarkeit. Münster, New York: 1990, zit.: Hähnlein, S.

Hain, Karl-Eberhard; *Schlette*, Volker; *Schmitz*, Thomas: Ermessen und Ermessensreduktion – ein Problem im Schnittpunkt von Verfassungs- und Verwaltungsrecht. *in*: Archiv des öffentlichen Rechts, Band 122 (1997), S. 32 ff.

Heilbron, Brigitte: Freies pflichtgemäßes Ermessen des Richters. Breslau: 1929, zit.: Heilbron, S,

Holzner, Barbara: Die Änderung von Sorgerechtsentscheidungen gem. § 1696 Abs. 1 BGB. München: 2004, zit.: Holzner, S.

Hummel, Fritz: Hintereinander geschaltete Klagen auf Abänderung des Unterhalts. *in*: Zeitschrift für das gesamte Familienrecht 1972, S. 124 ff.

Jacoby, Florian: Der Regierungsentwurf für ein FamFG. *in*: Zeitschrift für das gesamte Familienrecht 2007, S. 1703 ff.

Jansen, Paul: FGG. Gesetz über die Angelegenheiten der freiwilligen Gerichtsbarkeit.
– Erster Band: Einleitung; §§ 1 bis 34 FGG. 2. Auflage. Berlin: 1969, zit.:

Jansen, 2. Aufl., §, Rn.
– Erster Band: Einleitung; §§ 1 bis 34 FGG. 3. Auflage. Berlin: 2006, zit.: Jansen/Bearb., §, Rn.

Jauernig, Othmar; *Hess*, Burkhard: Zivilprozessrecht. 30. Auflage. München: 2011, zit.: Jauernig/Hess, §, Rn.

Johannsen, Kurt H.; *Henrich*, Dieter: Familienrecht. 5. Auflage. München: 2010, zit.: Johannsen/Henrich/Bearbeiter, §, Rn.

Josef, Eugen: Die materielle Rechtskraft der Entscheidungen im Streitverfahren der freiwilligen Gerichtsbarkeit im Gegensatze zu der der Urtheile in bürgerlichen Rechtsstreitigkeiten. *in*: Zeitschrift für Zivilprozeß 31 (1903), 71 ff.

Karpen, Hans-Ulrich: Die Verweisung als Mittel der Gesetzgebungstechnik. Berlin: 1970, zit.: Karpen, S.

Keidel, Theodor: Freiwillige Gerichtsbarkeit. 16. Auflage. München: 2009, zit.: Keidel/Bearbeiter, §, Rn.

Keidel, Theodor; *Kuntze*, Joachim; *Winkler*, Karl: Freiwillige Gerichtsbarkeit. 13. Auflage. München: 1992, zit.: Keidel/Kuntze/Bearbeiter, 13. Aufl., §, Rn.

dies.: Freiwillige Gerichtsbarkeit. 15. Auflage. München: 2003, zit.: Keidel/Kuntze/Bearbeiter, 15. Aufl., §, Rn.

Kleine-Cosack, Michael: Bundesrechtsanwaltsordnung. 5. Auflage. München: 2008, zit.: Kleine-Cosack, §, Rn.

Klicka, Thomas; *Oberhammer*, Paul: Außerstreitverfahren. 3. Auflage. Wien: 2000, zit.: Klicka/Oberhammer, Rn.

Klüsener, Bernd: Freiwillige Gerichtsbarkeit. Köln, Berlin, Bonn, München: 1987, zit.: Klüsener, Rn.

Knack, Hans Joachim; *Henneke*, Hans-Günter: Verwaltungsverfahrensgesetz (VwVfG). 9. Auflage. Köln: 2010, zit.: Knack/Henneke, §, Rn.

Koussoulis, Stelios: Beiträge zur modernen Rechtskraftlehre. Köln, Berlin, Bonn, München: 1986, zit.: Koussoulis, S.

Kretzschmar, Ferdinand: Das Erbrecht. 2. Auflage. Leipzig: 1913, zit.: Kretzschmar, Erbrecht, §.

Kummer, Peter: Wiedereinsetzung in den vorigen Stand. München: 2003, zit.: Kummer, Wiedereinsetzung, Rn.

Larenz, Karl: Methodenlehre der Rechtswissenschaft. 5. Auflage. Berlin: 1983, zit.: Larenz, S.

Lechner, Hans; *Zuck*, Rüdiger: Bundesverfassungsgerichtsgesetz. 5. Auflage. München: 2006, zit.: Lechner/Zuck, §, Rn.

Leipold, Dieter: Urteilswirkungen und Rechtsfortbildung. *in*: Ritsumeikan Law Review 1989, S. 161 ff., zit.: Leipold, Urteilswirkungen und Rechtsfortbildung, S.

Lent, Friedrich: Freiwillige Gerichtsbarkeit. 2. Auflage. München: 1954, zit.: Lent, 2. Aufl., §.

ders.: Friedrich: Freiwillige Gerichtsbarkeit. 3. Auflage. München: 1958, zit.: Lent, 3. Aufl., §.

Lipp, Volker: Freiheit und Fürsorge: Der Mensch als Rechtsperson. Tübingen: 2000, zit.: Lipp, Fürsorge, S.

Löwe-Rosenberg: Die Strafprozeßordnung und das Gerichtsverfassungsgesetz. 26. Auflage. Erster Band. Einleitung; §§ 1-47; Sachregister. Berlin: 2006, zit.: LR-Bearbeiter, §, Rn.

Lüdtke, Peter-Bernd: Sozialgerichtsgesetz. 3. Auflage. Baden-Baden 2009, zit.: Lüdtke, §, Rn.

Marschner, Rolf; *Volckart*, Bernd: Freiheitsentziehung und Unterbringung. 4. Auflage. München: 2001, zit.: Marschner/Volckart, §, Rn.

Maties, Martin: Die gesetzlich angeordnete entsprechende Anwendung. *in*: Juristische Rundschau 2007, S. 265 ff.

Maunz, Theodor; *Dürig*, Günter: Grundgesetz, Band VI. Art. 86-106 b, zit.: Maunz/Dürig/Bearbeiter, Art., Rn.

Maurer, Hartmut: Rechtsstaatliches Prozessrecht. *in*: Festschrift 50 Jahre Bundesverfassungsgericht. Zweiter Band: Klärung und Fortbildung des Verfassungsrechts. S. 467 ff. Tübingen: 2001.

May, Artur: Die Revision in den zivil- und verwaltungsgerichtlichen Verfahren (ZPO, ArbGG, VwGO, SGG, FGO). 2. Auflage. Köln, Berlin, Bonn, München: 1997, zit.: May, Revision, Kapitel, Rn.

Menzel, Andreas: Grundfragen der Verwirkung dargestellt insbesondere anhand des Öffentlichen Rechts. Frankfurt am Main, Bern, New York, Paris: 1987, zit.: Menzel, Grundfragen, S.

Meyer-Ladewig, Jens; *Keller*, Wolfgang; *Leitherer*, Stephan: Sozialgerichtsgesetz. 8. Auflage. München: 2005, zit.: Meyer-Ladewig/Bearbeiter, §, Rn.

Müller, Hanswerner: Wiederaufnahme in Angelegenheiten der freiwilligen Gerichtsbarkeit? *in*: Deutsche Notar-Zeitung 1953, S. 184 ff.

Münchener Kommentar zum Bürgerlichen Gesetzbuch, zit.: MüKo-BGB/Bearbeiter, §, Rn.

– Band 2: Schuldrecht Allgemeiner Teil. §§ 242 – 432. 5. Auflage. München: 2007.

– Band 8: Familienrecht II: §§ 1589-1921 – KJHG. 3. Auflage. München: 1992.

Münchener Kommentar zur Zivilprozessordnung, zit.: MüKo-ZPO/Bearbeiter, §, Rn.
– Band 2: §§ 511-945. 3. Auflage. München: 2007.
– Band 4: Gesetz über das Verfahren in Familiensachen und in den Angelegenheiten der freiwilligen Gerichtsbarkeit (FamFG). München: 2010.

Musielak, Hans-Joachim: Kommentar zur Zivilprozessordnung. 6. Auflage. München: 2011, zit.: Musielak/Bearbeiter, §, Rn.

Musielak, Hans-Joachim; *Borth*, Helmut: Familiengerichtliches Verfahren. 1. und 2. Buch. München: 2009, zit.: Musielak/Borth, §, Rn.

Mutius, Albert von: Das Widerspruchsverfahren der VwGO als Verwaltungsverfahren und Prozeßvoraussetzung. Berlin: 1969, zit.: v. Mutius, S.

Niklas, Uwe: Das Erfordernis der „wesentlichen" Änderung der Verhältnisse in § 323 I ZPO. Frankfurt am Main, Bern, New York, Paris: 1988, zit.: Niklas, Erfordernis, S.

Nothdurft, Franz: Der Begriff des Beteiligten in der freiwilligen Gerichtsbarkeit. Leipzig: 1925, zit.: Nothdurft, S.

Ossenbühl, Fritz: Gesetz und Recht – Die Rechtsquellen im demokratischen Rechtsstaat. *in*: Handbuch des Staatsrechts der Bundesrepublik Deutschland. Band 5: Rechtsquellen, Organisation, Finanzen. Heidelberg: 2007, zit.: Ossenbühl, HdbStR, §, Rn.

Palandt, Otto: Bürgerliches Gesetzbuch. 71. Auflage. München: 2012, zit.: Palandt/Bearbeiter, §, Rn.

Pape, Gerhard: Selbstkorrektur oder außerordentliche Beschwerde wegen „greifbarer Gesetzwidrigkeit"? *in:* Neue Zeitschrift für das Recht der Insolvenz und Sanierung 2003, S. 12 ff.

Papier, Hans-Jürgen: Justizgewähranspruch. *in*: Handbuch des Staatsrechts der Bundesrepublik Deutschland. Band VI: Freiheitsrechte. Heidelberg: 1989, zit.: Papier, HdbStR, §, Rn.

ders.: Richterliche Unabhängigkeit und Dienstaufsicht. *in*: Neue Juristische Wochenschrift 1990, S. 8 ff.

ders.: Die richterliche Unabhängigkeit und ihre Schranken. *in*: Neue Juristische Wochenschrift 2001, S. 1089 ff.

Pikart, Heinz; *Henn*, Karl Eugen: Lehrbuch der freiwilligen Gerichtsbarkeit. Köln: 1963, zit.: Pikart/Henn, §.

Planck, Gottlieb: Entwurf eines Gesetzes über das Verfahren in Vormundschaftssachen und sonstigen das Familienrecht betreffenden Angelegenheiten für das Deutsche Reich. Berlin: 1881, zit.: Planck, Motive, S.

Prütting, Hanns; *Helms*, Tobias: FamFG – Gesetz über das Verfahren in Familiensachen und in den Angelegenheiten der freiwilligen Gerichtsbarkeit mit

Gesetz über Gerichtskosten in Familiensachen. 2. Auflage. Köln: 2011, zit.: Prütting/Helms/Bearbeiter, §, Rn.

Ratte, Theo: Wiederholung der Beschwerde und Gegenvorstellung. Berlin: 1975, zit.: Ratte, Wiederholung, S.

Rausnitz, Julius: Das Reichsgesetz über die Angelegenheiten der freiwilligen Gerichtsbarkeit vom 17. Mai 1989. Berlin: 1900, zit.: Rausnitz, §, Rn.

Reiß, Martin Thomas: Die Wirksamkeit vormundschaftsgerichtlich genehmigter Verträgt. *in*: Rheinische Notar-Zeitschrift 2001, 203 ff.

ders.: Verfassungsrecht und Vormundschaftsrecht – Auswirkungen des Beschlusses des BVerfG vom 18.1.2000, 1 BvR 321/96 für die Praxis der vormundschaftgerichtlichen Genehmigung. *in*: Mitteilungen des Bayerischen Notarvereins, der Notarkasse und der Landesnotarkammer Bayern 2000, 373 ff.

Rosenberg, Leo: Lehrbuch des deutschen Zivilprozessrechts. 6. Auflage. München, Berlin: 1954, zit.: Rosenberg, 6. Aufl., §.

Rothe, Wolfgang: Möglichkeiten und Schranken der Abänderung von Entscheidungen in der freiwilligen Gerichtsbarkeit. Kiel: 1964, zit.: Rothe, S.

Rüfner, Wolfgang: Grundrechtsadressaten. *in*: Handbuch des Staatsrechts der Bundesrepublik Deutschland. Band V: Allgemeine Grundrechtslehren. Heidelberg: 1992, zit.: Rüfner, HdbStR, §, Rn.

Rupp, Hans Heinrich: „Ermessen", „unbestimmter Rechtsbegriff" und kein Ende. *in*: Festschrift für Wolfgang Zeidler. Band 1. S. 455 ff.

Rüsken, Reinhart: Wird die Gegenvorstellung abgeschafft? – Die Anrufung des Gemeinsamen Senats durch den BFH. *in*: Neue Juristische Wochenschrift 2008, S. 481 ff.

Saenger, Ingo: Zivilprozessordnung. 3. Auflage. Baden-Baden: 2009, zit.: Hk-ZPO/Bearbeiter, §, Rn.

Schäfer, Ulrike: Abänderbarkeit und Rechtskraft im Verfahren der freiwilligen Gerichtsbarkeit. Bielefeld: 1992, zit.: Schäfer, S.

Schiffczyk, Klaus: Das „freie Ermessen" des Richters im Zivilprozeßrecht. Augsburg: 1979, zit.: Schiffczyk, S.

Schlegelberger, Franz: Gesetz über die Angelegenheiten der freiwilligen Gerichtsbarkeit. Band 1: §§ 1-124. 5. Auflage. Köln, Berlin: 1937, zit.: Schlegelberger, FGG, §, Rn.

ders.: Gesetz über die Angelegenheiten der freiwilligen Gerichtsbarkeit. Band 1: §§ 1-124. 7. Auflage. Köln, Berlin: 1956, zit.: Schlegelberger, FGG, 7. Aufl., §, Rn.

Schleicher, Klaus: Rechtliches Gehör und (persönlich-) mündliche Anhörung in familienrechtlichen Angelegenheiten und im Freiheitsentziehungsverfahren der Freiwilligen Gerichtsbarkeit. Bielefeld: 1988, zit.: Schleicher, Rechtliches Gehör, S.

Schlosser, Peter: Gestaltungsklagen und Gestaltungsurteile. Bielefeld: 1966, zit.: Schlosser, Gestaltungsurteile, S.

Schmidt-Lorenz, Tilman: Richterliches Ermessen im Zivilprozess. Freiburg: 1983, zit.: Schmidt-Lorenz, S.

Schmidt-Räntsch, Jürgen: Deutsches Richtergesetz. 6. Auflage. München: 2009, zit.: Schmidt-Räntsch, §, Rn.

Schnabl, Daniel: Die Anhörungsrüge nach § 321a ZPO. Tübingen: 2007, zit.: Schnabl, S.

Schneider, Egon: Ausnahmebeschwerde und Ausnahmeberufung. *in*: Monatsschrift für Deutsches Recht 2001, S. 845 ff.

ders.: Wiederholung der Beschwerde und Gegenvorstellung im Zivilprozeß. *in*: Deutsche Richter-Zeitung 1965, S. 288 ff.

Schneider, Hans: Gesetzgebung. 3. Auflage. Heidelberg: 2002, zit.: Schneider, Rn.

Schneider, Heinrich von; *Ehard*, Hans: Gesetz über die Angelegenheiten der freiwilligen Gerichtsbarkeit. München: 1932, zit.: Schneider/Ehard, §, Rn.

Schneider, K.: Das Beschlussverfahren und die Rechtskraft in privatrechtlichen streitigen Angelegenheiten der freiwilligen Gerichtsbarkeit. *in*: Zeitschrift für Zivilprozeß 29 (1901), S. 96 ff.

Schuckmann, Hans-Joachim von: Noch eine Reform? Erste Schritte auf dem Weg zu einem neuen FGG. *in*: Rechtspfleger-Studienhefte 2002, S. 169 ff.

Schulte-Bunert, Kai: Das neue FamFG. Köln: 2009, zit.: Schulte-Bunert, Rn.

Schulte-Bunert, Kai; *Weinreich*, Gerd: FamFG. Köln: 2009, zit.: Schulte-Bunert/Weinreich/Bearbeiter, §, Rn.

Schumann, Ekkehard: Die Gegenvorstellung im Zivilprozeßrecht. *in*: Festschrift für Gottfried Baumgärtel, S. 491 ff. Köln, München: 1990.

Schwarze, Erich: Der Inhalt des Erbscheins nach dem bürgerlichen Gesetzbuche. Berlin: 1911, zit.: Schwarze, Erbschein, S.

Sdorra, Peter: „Ermessen“ und „Unbestimmter Rechtsbegriff“ im Vormundschaftsrecht. Münster: 1991, zit.: Sdorra, S.

Siegert, Karl: Die Prozeßhandlungen, ihr Widerruf und ihre Nachholung. Berlin: 1929, zit.: Siegert, S.

Siméon-David, Pierre: Recht und Rechtszug im Deutschen Reiche. Zweiter Band. 14. und 15. Auflage. Berlin: 1927, zit.: Siméon-David, §.

Smid, Stefan: Wirkungen von Entscheidungen in Verfahren nach dem FGG. *in*: Juristische Schulung 1996, S. 49 ff.

Soergel, Hans Theodor: Bürgerliches Gesetzbuch, Band 8: Familienrecht II (§§ 1589-1921). EheG, HausratsVO. 12. Auflage. Stuttgart, Berlin, Köln, Mainz: 1987, zit.: Soergel/Bearbeiter, §, Rn.

Staudigl, Siegfried: Zur Beseitigung des prozessualen Anerkenntnisses in Unterhaltssachen. *in*: Zeitschrift für das gesamte Familienrecht 1980, S. 221 f.

Staudinger, J. von: Kommentar zum Bürgerlichen Gesetzbuch mit Einführungsgesetz und Nebengesetzen, zit.: Staudinger/Bearbeiter, §, Rn.
– IV. Band. Familienrecht. Teil 3a. §§ 1589-1698b. 10./11. Auflage. Berlin: 1966.
– EGBGB/IPR. Internationales Verfahrensrecht in Ehesachen (§§ 606, 606 a, 621, 328 ZPO; Art. 7 § 1 FamRÄndG). Berlin: 1997.
– Einleitung zum Bürgerlichen Gesetzbuch; Buch 1: Allgemeiner Teil; §§ 1-14 Verschollenheitsgesetz. Berlin: 2004.
– Buch 5. Erbrecht. §§ 2339-2385. Berlin: 2004.
– Buch 2. Recht der Schuldverhältnisse; Einl zu §§ 241 ff., §§ 241-243. Berlin: 2005.

Stein/Jonas: Kommentar zur Zivilprozessordnung. 22. Auflage, zit.: Stein/Jonas/Bearbeiter, §, Rn.
– Band 5: §§ 328-510b. Tübingen: 2006.
– Band 4: §§ 253-327. Tübingen: 2008.

Stelkens, Paul; *Bonk*, Heinz Joachim; *Sachs*, Michael: Verwaltungsverfahrensgesetz. 7. Auflage. München: 2008, zit.: Stelkens/Bonk/Sachs, §, Rn.

Stern, Klaus: Das Staatsrecht der Bundesrepublik Deutschland. Band III/1: Allgemeine Lehren der Grundrechte. München: 1988, zit.: Stern, Staatsrecht III/1, §.

Sternal, Werner: Entwicklungen und Tendenzen bei den außerordentlichen Rechtsbehelfen in Verfahren der freiwilligen Gerichtsbarkeit. *in*: Praxis der Freiwilligen Gerichtsbarkeit 2004, S. 170 ff.

Stier-Somlo, Fritz: Das freie Ermessen in Rechtsprechung und Verwaltung. *in*: Festschrift Paul Laband. S. 445 ff., Tübingen: 1908.

Stilz, Eberhard: Das Justizgewährungsdefizit. *in*: Verhandlungen des 66. Deutschen Juristentages. Band II/1. S. R 43 ff. München: 2006.

Treber, Jürgen: Neuerungen durch das Anhörungsrügengesetz. *in*: Neue Juristische Wochenschrift 2005, S. 97 ff.

Umbach, Dieter C.; *Clemens*, Thomas; *Dollinger*, Franz-Wilhelm: Bundesverfassungsgerichtsgesetz. 2. Auflage. Heidelberg: 2005, zit.: Umbach/Bearbeiter, §, Rn.

Unberath, Hannes: Das neue FamFG – Von obrigkeitsstaatlicher Zwangsfürsorge zu rechtsstaatlicher Verfahrensordnung. *in*: Gründen und Stiften: Festschrift zum 70. Geburtstag des Jenaer Gründungsdekans und Stiftungsrechtlers Olaf Werner, S. 569 ff. Baden-Baden: 2009.

Unger, A.: Die Rechtsmittel im Verfahren der freiwilligen Gerichtsbarkeit nach Reichsrecht. *in*: Zeitschrift für deutschen Zivilprozess 41 (1911), S. 143 ff.

Vogel, Hans-Jochen: Vorwort. *in*: Bericht der Kommission für das Recht der freiwilligen Gerichtsbarkeit. Köln: 1977, zit.: Vogel, Kommissionsbericht, S.

Vollkommer, Max: Zum Fortbestand der früheren „Außerordentlichen Rechtsbehelf" – nach der ZPO-Reform 2002 –. *in*: Festschrift für Kostas E. Beys dem Rechtsdenker in attischer Dialektik. Band 2, S. 1697 ff. Athen: 2003.

Volp, Fromut: Änderung der Rechts- und Sachlage bei Unterlassungstiteln. *in*: Gewerblicher Rechtsschutz und Urheberrecht 1984, S. 486 ff.

Wax, Peter: Von der Beschwerde wegen greifbarer Gesetzwidrigkeit zur Beschwerde wegen unzumutbarer Härte.: *in*: Verfahrensrecht am Ausgang des 20. Jahrhunderts. Festschrift für Gerhard Lüke zum 70. Geburtstag, S. 941 ff. München: 1997.

Weißler, Adolf: Das Erbscheinsverfahren. Erster Band. Berlin: 1920, zit.: Weißler, Nachlaßverfahren, S.

Weitzel, Jürgen: Tatbestand und Entscheidungsqualität. Berlin: 1990, zit.: Weitzel, Tatbestand, S.

Wellstein, Georg: Das Reichsgesetz über die Angelegenheiten der Freiwilligen Gerichtsbarkeit. Berlin: 1899, zit.: Wellstein, §, Ziff.

Weychardt, Dieter: Zur Frankfurter Unterhaltsrechtsprechung. *in*: Der Amtsvormund 1980, S. 673 ff.

Wieczorek, Bernhard; *Schütze*, Rolf A.: Zivilprozeßordnung und Nebengesetze. Zweiter Band: §§ 128-541. 3. Teilband, 1. Teil: §§ 300-354. 3. Auflage. Berlin: 2007, zit.: Wieczorek/Schütze/Bearbeiter, §, Rn.

Wulff, Arne: Staatssekretär Prof. Dr. Dr. h.c. Franz Schlegelberger. Frankfurt am Main, Bern, New York, Paris: 1991, zit.: Wulff, S.

Zimmermann, Herbert: Zur Abgrenzung der öffentlichrechtlichen Streitverfahren in der freiwilligen Gerichtsbarkeit. *in*: Der deutsche Rechtspfleger 1978, S. 285 ff.

Zöller, Richard: Zivilprozessordnung. 26. Auflage. Köln: 2012, zit.: Zöller/Bearbeiter, §, Rn.

Zuck, Rüdiger: Rechtspolitik am Scheideweg: Was wird aus der Gegenvorstellung? *in*: Zeitschrift für Rechtspolitik 2008, S. 44 ff.